U0888194

新时代高校青年教师思想政治工作研究

Research on the Ideological and Political Work of Young University Teachers in the New Era

郗厚军 著

社会科学文献出版社
SOCIAL SCIENCES ACADEMIC PRESS (CHINA)

图书在版编目(CIP)数据

新时代高校青年教师思想政治工作研究 / 郗厚军著. -- 北京：社会科学文献出版社，2021.1
(中国社会科学博士后文库)
ISBN 978 - 7 - 5201 - 7800 - 6

Ⅰ. ①新… Ⅱ. ①郗… Ⅲ. ①高等学校 - 青年教师 - 思想政治教育 - 研究 - 中国 Ⅳ. ①G645.16

中国版本图书馆 CIP 数据核字（2021）第 021401 号

· 中国社会科学博士后文库 ·
新时代高校青年教师思想政治工作研究

著　　者 / 郗厚军

出 版 人 / 王利民
责任编辑 / 曹义恒

出　　版 / 社会科学文献出版社 · 政法传媒分社（010）59367156
地址：北京市北三环中路甲 29 号院华龙大厦　邮编：100029
网址：www.ssap.com.cn
发　　行 / 市场营销中心（010）59367081　59367083
印　　装 / 三河市龙林印务有限公司

规　　格 / 开　本：787mm × 1092mm　1/16
印　张：18.5　字　数：312 千字
版　　次 / 2021 年 1 月第 1 版　2021 年 1 月第 1 次印刷
书　　号 / ISBN 978 - 7 - 5201 - 7800 - 6
定　　价 / 118.00 元

本书如有印装质量问题，请与读者服务中心（010 - 59367028）联系

版权所有 翻印必究

第九批《中国社会科学博士后文库》编委会及编辑部成员名单

（一）编委会

主　任： 王京清

副主任： 崔建民　马　援　俞家栋　夏文峰

秘书长： 邱春雷

成　员（按姓氏笔画排序）：

卜宪群　王立胜　王建朗　方　勇　史　丹
邢广程　朱恒鹏　刘丹青　刘跃进　孙壮志
李　平　李向阳　李新烽　杨世伟　杨伯江
吴白乙　何德旭　汪朝光　张车伟　张宇燕
张树华　张　翼　陈众议　陈星灿　陈　甦
武　力　郑筱筠　赵天晓　赵剑英　胡　滨
袁东振　黄　平　朝戈金　谢寿光　樊建新
潘家华　冀祥德　穆林霞　魏后凯

（二）编辑部（按姓氏笔画排序）：

主　任： 崔建民

副主任： 曲建君　李晓琳　陈　颖　薛万里

成　员： 王　芳　王　琪　刘　杰　孙大伟　宋　娜
张　昊　苑淑娅　姚冬梅　梅　玫　黎　元

序　言

博士后制度在我国落地生根已逾30年，已经成为国家人才体系建设中的重要一环。30多年来，博士后制度对推动我国人事人才体制机制改革、促进科技创新和经济社会发展发挥了重要的作用，也培养了一批国家急需的高层次创新型人才。

自1986年1月开始招收第一名博士后研究人员起，截至目前，国家已累计招收14万余名博士后研究人员，已经出站的博士后大多成为各领域的科研骨干和学术带头人。其中，已有50余位博士后当选两院院士；众多博士后入选各类人才计划，其中，国家百千万人才工程年入选率达34.36%，国家杰出青年科学基金入选率平均达21.04%，教育部“长江学者”入选率平均达10%左右。

2015年底，国务院办公厅出台《关于改革完善博士后制度的意见》，要求各地各部门各设站单位按照党中央、国务院决策部署，牢固树立并切实贯彻创新、协调、绿色、开放、共享的发展理念，深入实施创新驱动发展战略和人才优先发展战略，完善体制机制，健全服务体系，推动博士后事业科学发展。这为我国博士后事业的进一步发展指明了方向，也为哲学社会科学领域博士后工作提出了新的研究方向。

习近平总书记在2016年5月17日全国哲学社会科学工作座谈会上发表重要讲话指出：一个国家的发展水平，既取决于自然科学发展水平，也取决于哲学社会科学发展水平。一个没有发达的自然科学的国家不可能走在世界前列，一个没有繁荣的哲学社会科学的国家也不可能走在世界前列。坚持和发展中国特色社会主义，需要不断在实践和理论上进行探索、用发展着的理论指导发展着的实践。在这个过程中，哲学社会科学具有不可替代的重要地位，哲学社会科学工作者具有不可替代的重要作用。这是党和国家领导人对包括哲学社会科学博士后在内的所有哲学社会科学领域的研究者、工作者提出的殷切希望！

中国社会科学院是中央直属的国家哲学社会科学研究机构，在哲学社会科学博士后工作领域处于领军地位。为充分调动哲学社会科学博士后研究人员科研创新积极性，展示哲学社会科学领域博士后优秀成果，提高我国哲学社会科学发展整体水平，中国社会科学院和全国博士后管理委员会于2012年联合推出了《中国社会科学博士后文库》（以下简称《文库》），每年在全国范围内择优出版博士后成果。经过多年的发展，《文库》已经成为集中、系统、全面反映我国哲学社会科学博士后优秀成果的高端学术平台，学术影响力和社会影响力逐年提高。

下一步，做好哲学社会科学博士后工作，做好《文库》工作，要认真学习领会习近平总书记系列重要讲话精神，自觉肩负起新的时代使命，锐意创新、发奋进取。为此，需做到：

第一，始终坚持马克思主义的指导地位。哲学社会科学研究离不开正确的世界观、方法论的指导。习近平总书记深刻指出：坚持以马克思主义为指导，是当代中国哲学社会科学区别于其他哲学社会科学的根本标志，必须旗帜鲜明加以坚持。马克思主义揭示了事物的本质、内在联系及发展规律，是“伟大的认识工具”，是人们观察世界、分析问题的有力思想武器。马克思主义尽管诞生在一个半多世纪之前，但在当今时代，马克思主义与新的时代实践结合起来，愈来愈显示出更加强大的生命力。哲学社会科学博士后研究人员应该更加自觉坚持马克思主义在科研工作中的指导地位，继续推进马克思主义中国化、时代化、大众化，继续发展21世纪马克思主义、当代中国马克思主义。要继续把《文库》建设成为马克思主义中国化最新理论成果的宣传、展示、交流的平台，为中国特色社会主义建设提供强有力的理论支撑。

第二，逐步树立智库意识和品牌意识。哲学社会科学肩负着回答时代命题、规划未来道路的使命。当前中央对哲学社会科学愈发重视，尤其是提出要发挥哲学社会科学在治国理政、提高改革决策水平、推进国家治理体系和治理能力现代化中的作用。从2015年开始，中央已启动了国家高端智库的建设，这对哲学社会科学博士后工作提出了更高的针对性要求，也为哲学社会科学博士后研究提供了更为广阔的应用空间。《文库》依托中国社会科学院，面向全国哲学社会科学领域博士后科研流动站、工作站的博士后征集优秀成果，入选出版的著作也代表了哲学社会科学博士后最高的学术研究水平。因此，要善于把中国社会科学院服务党和国家决策的大智库功能与《文库》的小智库功能结合起来，进而以智库意识推动品牌意识建设，最终树立《文库》的智库意识和品牌意识。

第三，积极推动中国特色哲学社会科学学术体系和话语体系建设。改革开放30多年来，我国在经济建设、政治建设、文化建设、社会建设、生态文明建设和党的建设各个领域都取得了举世瞩目的成就，比历史上任何时期都更接近中华民族伟大复兴的目标。但正如习近平总书记所指出的那样：在解读中国实践、构建中国理论上，我们应该最有发言权，但实际上我国哲学社会科学在国际上的声音还比较小，还处于有理说不出、说了传不开的境地。这里问题的实质，就是中国特色、中国特质的哲学社会科学学术体系和话语体系的缺失和建设问题。具有中国特色、中国特质的学术体系和话语体系必然是由具有中国特色、中国特质的概念、范畴和学科等组成。这一切不是凭空想象得来的，而是在中国化的马克思主义指导下，在参考我们民族特质、历史智慧的基础上再创造出来的。在这一过程中，积极吸纳儒、释、道、墨、名、法、农、杂、兵等各家学说的精髓，无疑是保持中国特色、中国特质的重要保证。换言之，不能站在历史、文化虚无主义立场搞研究。要通过《文库》积极引导哲学社会科学博士后研究人员：一方面，要积极吸收古今中外各种学术资源，坚持古为今用、洋为中用；另一方面，要以中国自己的实践为研究定位，围绕中国自己的问题，坚持问题导向，努力探索具备中国特色、中国特质的概念、范畴与理论体系，在体现继承性和民族性，体现原创性和时代性，体现系统性和专业性方面，不断加强和深化中国特色学术体系和话语体系建设。

新形势下，我国哲学社会科学地位更加重要、任务更加繁重。衷心希望广大哲学社会科学博士后工作者和博士后们，以《文库》系列著作的出版为契机，以习近平总书记在全国哲学社会科学座谈会上的讲话为根本遵循，将自身的研究工作与时代的需求结合起来，将自身的研究工作与国家和人民的召唤结合起来，以深厚的学识修养赢得尊重，以高尚的人格魅力引领风气，在为祖国、为人民立德立功立言中，在实现中华民族伟大复兴中国梦征程中，成就自我、实现价值。

是为序。

中国社会科学院副院长

中国社会科学院博士后管理委员会主任

2016 年 12 月 1 日

序言二

人才培养，关键在教师。教师思想政治状况对学生成长成才具有很强的示范性。党的十八大以来，习近平总书记立足于实现中华民族伟大复兴中国梦对建设教育强国和培养时代新人迫切渴求的政治高度，通过调研考察、会议讲话、座谈交流等方式，特别强调要把加强教师队伍建设作为基础性工作来抓，多次指出各级党委要牢牢把握社会主义大学的办学方向，切实加强和改进高校思想政治工作，强化教师队伍特别是青年教师队伍的思想政治建设，并聚焦新时代教师思想政治工作中带有方向性、全局性和重大性的理论与实践问题，提出了一系列具有理论深度和时代高度的新思想、新观点、新举措，对“新时代需要什么样的好老师、如何培养好老师”这一建设性问题给出了有力回答。可以说，站在新时代起点探讨高校教师思想政治工作，既是对党和国家进行教师队伍建设改革的时代回应，也是对当前教师队伍整体素质如何提升的反思，更是对思想政治教育学科拓展研究领域的学术探索。

事实上，摆在读者面前的这本著作，就是在这样一个时代背景下产生的。毋庸讳言，青年教师是高校教师队伍中的生力军，是推动高等教育事业科学发展、办好人民满意教育、培养时代新人的重要力量。高校青年教师与“00后”大学生年龄相差不大，与大学生接触较多，对大学生思想和行为的政治引导、道德引领与价值引航更直接。加强新时代高校青年教师思想政治工作研究，对贯彻落实党的教育方针、确保学校办学方向、培养社会主义建设者和接班人，具有重大而深远的影响。

作为郗厚军的博士研究生导师，我建议他基于前期研究成果，继续围绕教师思想政治工作开展学术研究。于是，他聚焦青年教师这一特殊研究对象，算是较为顺利地完成了博士学位论文选题的写作计划。得知《新时代高校青年教师思想政治工作研究》入选第九批《中国社会科学博士后文库》，我由衷地感到欣慰，现在还依然记得在公示后他第一个打电话告诉我入选文库结果时的场景。在这里，我也特别感谢各位专家评委对厚军研究能力和研究成果的肯定与支持。

从学术研究的视角来看，近年来学界在对高校思想政治工作的整体认识中，往往将注意力更多地集中于针对大学生而开展的思想政治工作，却忽略了对作为教育主导力量的教师队伍所进行的思想政治工作。相较而言，对学生思想政治工作的理论与实践研究都很成熟，但对教师思想政治工作的研究则相对滞后，不仅研究内容较为笼统、宽泛，还从一般意义上表现出对教师思想政治工作"重生轻师""价值否定""无须教育"等认知偏差，这无疑对党的思想政治工作在高校工作中的整体部署和有效开展极为不利，应从理论上予以明确与纠正。实际上，这一研究状况也证实了教师思想政治工作问题是思想政治教育学科一个研究空间比较大的课题。当然，如果你真正进入这个研究领域，就会发现要想做好这个研究课题也绝非一件容易的事情，它既需要耗费大量时间阅读学界文献，又需要实地调查教师思想动态，更需要逻辑严谨地形成观点体系。而且，根据以往的研究状况和相关评价来看，这项研究工作着实不太容易得到学界的"特别认可"。但是，正如习近平总书记所言："哲学社会科学创新可大可小，揭示一条规律是创新，提出一种学说是创新，阐明一个道理是创新，创造一种解决问题的办法也是创新。"① 因此，在选题确定以后，我在指导厚军论文写作期间，也会经常问他一些比较"刁钻"的问题——教师思想政治工作何以必要？教师思想政治工作何以可能？教师思想政治工作何以实现？希望他能提出和探索出一些具有创新性的观

① 习近平：《在哲学社会科学工作座谈会上的讲话》，人民出版社2016年版，第20页。

点，因为对这些问题的科学回答直接关系到对教师思想政治工作的学术理解。如果对这些基本问题不能有彻底的理论讲解和澄明，那就不能说服人，更不用说指导实践。

应当看到，尽管研究教师思想政治工作对学生身份的博士研究生而言是有一点为难的，但这并不意味着这个选题就不可触及。我欣喜地看到，厚军作为这个研究领域的一名“小学生”，一直在努力，一直在积累，一直在探索，围绕教师思政工作研究主题，近几年已经发表了《国外高校师德建设的实践特质、内在逻辑及经验借鉴》《习近平总书记关于高校教师思想政治工作论述的理论意涵、主要内容及基本特质》《把握好新时代思政课教师队伍建设的辩证法》《新中国70年高校教师思想政治工作的历程与经验》《恪守师德底线，探寻崇高导向》等系列论文。毕业后，厚军作为博士后研究人员仍将教师思想政治工作作为自己的重要学术研究方向，并获立了两项有关教师思想政治工作的省部级课题，这本著作也有幸入选第九批《中国社会科学博士后文库》，可谓学有所获，值得称赞。

总的来说，厚军的这本著作，以高校青年教师思想方面的实际问题以及高校青年教师思想政治工作自身存在的现实矛盾为中心，开展了对高校青年教师思想政治工作学理阐释、理论依循、历史梳理、现实剖析、优化路径等内容的较为细致和深入的理性探究，在内容布局、资料使用、逻辑结构、学术研究等方面都有许多独到之处。当然，由于教师思想政治工作是一个“常论常新”的问题，因而该书的研究也难免会存有一些局限和不足。例如，书中探究高校青年教师思想政治工作的理论基础如何具体指导实践的问题有待进一步深化，对如何建立健全高校青年教师思想政治工作体制机制的探讨仍需进一步深思。但瑕不掩瑜，该书仍然是值得一读的好书，而其存在的局限问题可以在其今后的接续研究中逐步解决。在该书即将出版之时，厚军邀我为之作序，我便欣然应允。作为他的博士研究生导师，我希望厚军能够沉下心来，戒骄戒躁，再接再厉，学术精进，能在新时代教师思想政治工作研究领域取得更丰硕的系列研究成果。

是为序。

康秀云

2020 年 10 月

于东北师范大学教育部师德师风建设基地

摘　要

加强和改进高校青年教师思想政治工作，关系到教育强国建设、高等教育事业发展、优秀人才培养以及教师自身专业成长，具有重要的战略意义。目前来看，较之于“学生思想政治工作”研究而言，“教师思想政治工作”研究依然存有诸多薄弱环节和问题，需要进一步强化与破解。可以说，站在新时代历史节点上开展高校青年教师思想政治工作研究，是对党和国家全面深化新时代高校教师队伍建设改革的积极响应，是对当前部分高校青年教师师德师风失范情况的问题反思，也是拓展思想政治教育研究领域的学术探索。围绕研究主题，本书在依循“为什么—是什么—怎么办”逻辑进行研究的基础上，探讨和回应了“高校青年教师需不需要思想政治工作”和“谁来做高校青年教师思想政治工作”等问题，从整体视域对高校青年教师思想政治工作的基本概述、理论依循、历史演进、现状剖析、内容构成和优化策略等问题展开了积极探究，以期为新时代高校青年教师思想政治工作理论建构和实践探索提供智慧之思与有益参照。全书除前言、附录和后记等辅文以外，有六章内容。

第一章，新时代高校青年教师思想政治工作的基本概述。重在解决高校青年教师思想政治工作“是什么”和“为什么”的问题，包括对象分析、意涵阐释、战略意义和发展趋向四个方面。在对象分析方面，着重分析了高校青年教师的思想特点及成长背景。在理论阐释方面，以思想政治工作和思想政治教育的概念辨析为切入点，着重描述高校青年教师思想政治工作在新时代背景下的基本内涵；提出高校青年教师思想政治工作“四为服务”的政治定位、满足人民对教育的美好期待和要求的根本目的、培养造就堪当民族复兴大任的大国良师的根本任务以及促进高校青年教师全面发展的个体价值；指出高校青年教师要明师道、铸师魂、讲师德、怀师爱、强师技和重师智的任务要求。在战略意义方面，主要分析高校青年教师思想政治工作“四个关乎”的重要作用。在发展趋向方面，强调新时代高校青年教师思想政治工作要突出政治属性、教育属性、人民属性和文化属性。

第二章，新时代高校青年教师思想政治工作的理论依循。重在找寻高校青年教师思想政治工作的理论依循。包含理论基础、理论依据和知识借鉴三个方面。在理论基础上，着重探究了社会存在与社会意识辩证关系原理、马克思主义人学理论以及灌输论；在理论依据上，主要论述了人类灵魂工程师思想、教育者先受教育理论、师德需要教育培养以及新时代“四有好老师”要求；在知识借鉴上，简要介绍了费希特的“学者的使命”思想、阿普尔的“意识形态与课程”理论、马斯洛的“需要层次”理论以及巴赫金的“交往对话”理论。对以上理论依循的积极探究，为我们回应和解答“高校青年教师思想政治工作何以存在、何以可能”的问题提供了重要理论支撑和智慧支持。

第三章，新中国成立以来高校青年教师思想政治工作的历史沿革。重在通过回顾高校青年教师思想政治工作的发展历程，总结历史经验、把握工作规律、汲取实践智慧、发扬优良传统，从而增强开拓新时代高校青年教师思想政治工作的勇气和力量。主要是以新中国成立、改革开放起航和党的十八大召开为历史节点，将高校青年教师思想政治工作划分为三个阶段，着重考察每一个历史阶段高校青年教师思想政治工作的目标、内容、原则和实践做法。另外，对新中国成立以来高校青年教师思想政治工作的基本经验做了系统梳理，即围绕办学育人中心工作，遵循教育者先受教育的规律，解决思想问题和解决实际问题相统一，引导教师走与实践、与工农相结合的道路，坚持高校党委的全面领导。

第四章，高校青年教师思想政治工作的现状分析。重在聚焦高校青年教师思想政治工作的成绩与问题。通过文献查阅、个案访谈和实地考察等方式，科学考察了高校青年教师的思想动态，归纳概述了高校青年教师思想政治工作取得的显著成绩，即基本形成高校党委统一领导的工作格局、不断建立健全思想政治工作相关规章制度以及助力高校青年教师成长发展的环境渐趋完善。同时，提出当前高校青年教师思想政治工作依然存在党和国家高度重视与高校支持工作相对薄弱之间的矛盾、思想政治工作“供给”与青年教师“需求”之间的矛盾、客观环境深刻变化与思想政治工作创新发展之间的矛盾、个体成长发展的多样需求与教育内容方法相对单一之间的矛盾等现实问题，并重新审视和回答了“高校青年教师思想政治工作是否可有可无”“如何正确认识高校青年教师思想政治工作”“我们需要怎样的高校青年教师思想政治工作”等问题。

第五章，新时代高校青年教师思想政治工作的重点内容。重在阐释新时代高校青年教师思想政治工作的重点内容。包括理想信念教育、办学方向导向、思想认知提升和师德师风建设四个方面。提出在理想信念教育方面，要以“四个讲明白”筑牢高校青年教师理想信念根基。在办学方向导向方面，要以“四个坚持不懈”保证高校青年教师社会主义办学方向。在思想认知提升方面，要以“四个正确看待”提升高校青年教师思想认识水平。在师德师风建设方面，要以“四个相统一”加强高校青年教师师德师风建设。

第六章，新时代高校青年教师思想政治工作的优化路向。重在解答新时代高校青年教师思想政治工作“谁来做”和“如何做”的问题。包括原则依循、工作创新、队伍建设和领导机制四个方面。在原则依循方面，提出做好高校青年教师思想政治工作，要切实遵循政治导向与业务提升相结合、从严要求与关心爱护相结合、正面引导与解疑释惑相结合、问责惩处与注重激励相结合以及教育培养与自我修养相结合的原则。在工作创新方面，着重推进高校青年教师思想政治工作改革创新，指出要在课程育人、科研育人、实践育人、文化育人、网络育人和服务育人等方面下功夫、见成效。在队伍建设方面，提出要着力配优建强一支有思想、讲政治和懂教育的专兼职相结合的高校青年教师思想政治工作队伍，做高校青年教师的知心人、热心人和引路人。在领导机制方面，强调不断完善体制机制，加强党的全面领导，提升党组织做思想政治工作的能力。

关键词： 新时代　高校青年教师思想政治工作　立德树人

Abstract

Strengthening and improving the ideological and political work of young university teachers is of great strategic significance to the construction of a strong educational country, the development of higher education, the cultivation of outstanding talents and the professional growth of teachers themselves. Socialism with Chinese characteristics has entered a new era. At present, compared with the study of "student's ideological and political work", the study of "teacher's ideological and political work" still has many weak links and problems that need to be further strengthened and solved. To a certain extent, they have increased the difficulties of ideological and political work of young university teachers. It can be said that standing at the historical node of the new era to carry out the research on the ideological and political work of young university teachers is a positive response to the Party and the state's comprehensive deepening reform of the construction of the university teachers in the new era. It is also a reflection on the current situation of some young teachers' moral anomie in universities, and an academic exploration of expanding the research field of ideological and political work in universities. Around the research theme, this book, based on the logical research of "why-what-how", responds directly and answers scientifically such questions as "do young university teachers need ideological and political work" and "who will do the ideological and political work of young university teachers". In order to provide wisdom and useful reference for the theoretical construction and practical exploration of the ideological and political work of young university teachers in the new era, it actively explores the theoretical overview, historical evolution, analysis of current situation, content composition and optimization strategies of the ideological and political work of young university teachers from the overall perspective. In addition to the introduction, conclusion and appendix and the other supplementary texts, there are six chapters in total.

Chapter One: Basic overview. The key point is placed on solving the problems of "what the ideological and political work of young university teachers is" and "why we need the ideological and political work of young university teachers". It includes four aspects: object analysis, theoretical interpretation, strategic significance and development trend. In the aspect of object analysis.

The ideological characteristics and growing background of young university teachers are emphatically analyzed. In terms of theoretical interpretation, it takes the difference between the concept of "ideological and political work" and "ideological and political education" as the breakthrough point, focusing on describing the basic connotation of ideological and political work of young university teachers in the new era. It puts forward the political orientation of "four services" of ideological and political work of young university teachers, the fundamental aim of meeting the people's good expectations and requirements for education, the basic task of cultivating good teachers for the national renaissance and the individual value of promoting the all-round development of young university teachers. It points out that young university teachers should know the principles of teaching, shape the soul of teachers, strive for the morality of teachers, carry the love of teachers, promote the skills of teachers and pay attention to the wisdom of teachers. In terms of strategic significance, it mainly analyses the important role of the "four concerns" in the ideological and political work of young university teachers. In terms of development trend, it is emphasized that the ideological and political work of young university teachers in the new era should highlight political attribute, educational attribute, people attribute and cultural attribute.

Chapter Two: The theory of following. The key point is to find out the theoretical follow-up of the ideological and political work of young university teachers. It contains three aspects: theoretical foundation, theoretical basis, and knowledge reference. In the theoretical foundation, it focuses on the principle of dialectical relationship between social existence and social consciousness, Marxist theory of human and instillation theory. On the basis of theory, it mainly analyzes the thoughts of human soul engineers, the theory of educator's receiving education first, the need for education and cultivation of teachers' morality, and the requirements of "four good teachers" in the new era. In terms of knowledge reference, it briefly introduces Fichte's thought of "scholar's mission", Apple's theory of "ideology and curriculum", Maslow's theory of "hierarchy of needs" and Bahtin's theory of "communication and dialogue". The active inquiry into the above theories provides us with important theoretical support and wisdom support in responding to and answering the question "Why does the ideological and political work of young university teachers exist and how is it possible?"

Chapter Three: Historical Investigation. To enhance the courage and strength of ideological and political work of young university teachers in the new era, we should put emphasis on reviewing the development process of ideological and political work of young university teachers, summing up historical experience, grasping working rules, absorbing practical wisdom and carrying forward good traditions. Taking the founding of the New China, the beginning of reform and opening up and the convening of the Eighteenth National Congress of the Communist Party of China as historical nodes, It divides the ideological and political work of young university teachers into three stages and focus on the objectives, contents, principles and practices of ideological and political work of young university teachers in each historical stage, Besides, the basic experience of ideological and political work of young university teachers has been systematically sorted out since the founding of the People's Republic of China: centering on the work of running schools and educating people, following the law that educators receive education firstly, solving unification of ideological problems and practical problems, guiding teachers to take the road of combining practice and combining workers and peasants, and adhering to the overall leadership of the Party Committee of universities.

Chapter Four: Analysis of the current situation. It focuses on the achievements and problems of ideological and political work of young university teachers. By the means of literature review and on-the-spot investigations, Scientific investigation of the ideological trends of young university teachers, it scientifically summarizes the remarkable achievements of ideological and political work of young university teachers, including basically forming the work pattern of unified leadership of Party committees in universities, continuously establishing and improving the relevant rules and regulations of ideological and political work, and gradually improving the environment for the growth and development of young university teachers. At the same time, it is pointed out that there are still practical problems of ideological and political work such as contradictions between the great concern of the Party and the state and the relatively weak support in universities, the contradictions between the "supply" of ideological and political work and the "demand" of young teachers, the contradictions between the profound changes of objective environment and the innovative development of ideological and political work, the contradictions between the diverse needs of individual development and the relatively simple method or educational content. It also re-examined and answered the question that "is the ideological and political work of young university teachers possible or not", "how to correctly understand the ideological and political work of young university teachers", "what kind of ideological and political work of young university teachers do we need" and other problems.

Chapter Five: Content Composition. It mainly explains the main content of ideological and political work of young university teachers in the new era, including four aspects: education of ideal and belief, orientation of running a school, improvement of ideological cognition and construction of teachers' morality and style. In the aspect of ideal and belief education, it is proposed that the foundation of ideal and belief of young university teachers should be firmly established by "four explanations". As for the orientation of running a school, the "four perseverance" should be adopted to ensure the socialist orientation of young university teachers. In terms of ideological and cognitive improvement, we should enhance the ideological and cognitive level of young university teachers with the "Four Correct Views". In terms of the construction of teachers' morality, we should strengthen the construction of young university teachers' morality by "four unification".

Chapter Six: Optimization Strategy. The key is to answer the questions of "who will do" and "how to do" the ideological and political work of young university teachers in the new era. It includes three aspects: principle following, work innovation and team construction and leadership system. In terms of principles following, it's necessary to combine political orientation with professional promotion, combine strict requirements with care, combine positive guidance with doubts and explanations, combine accountability and punishment with emphasizing encouragement, and combine education with self-cultivation. In the aspect of work innovation, we should focus on promoting the reform and innovation of ideological and political work of young university teachers, and put more efforts on organizational education, curriculum education, scientific research education, practical education, cultural education, network education and service education. In terms of team construction, it puts forward to build an ideological and political team combining full-time with part-time of young university teachers with ideological, political and educational skills, and make them be bosom companions, enthusiastic friends, and guides for young university teachers. In terms of leadership mechanism, it emphasizes the continuous improvement of institutional mechanisms, strengthening the party's overall leadership, and enhancing the party's ability to do ideological and political work.

Keywords: The New Era; Ideological and Political Work of Young University Teachers; Build Morality and Cultivate People

目　录

Contents

绪　论

高校教师队伍素质直接影响甚至决定着大学办学治校、育人育才的能力与水平。加强高校教师队伍建设是新时代高等教育事业发展最为重要的基础性工作之一。高校青年教师作为高校教师队伍的重要组成部分，是办好人民满意的高等教育、推动高等教育事业科学发展以及培养社会主义建设者和接班人的先锋力量。他们的思想观念、政治立场、价值取向、道德情操和业务能力，直接关系到社会主义大学的办学方向和高校“培养什么样的人、如何培养人以及为谁培养人”这个根本问题。这无疑对高校青年教师思想政治工作教育、引领、服务和保障等功能的作用发挥提出了现实要求。站在新的历史起点上，为深入学习和贯彻习近平总书记关于高校教师队伍建设的重要讲话精神，培养和造就一支“政治素质过硬、业务能力精湛和育人水平高超”的高校青年教师队伍，各地高校必须正确认识高校教师思想政治工作作为一项重大政治任务和战略工程的极端重要性，切实把高校青年教师思想政治工作摆到更加突出的位置，不断提升高校青年教师的思想政治素质，积极引导广大高校青年教师做党和人民满意的好老师，“努力成为先进思想文化的传播者、党执政的坚定支持者，更好担起学生健康成长指导者和引路人的责任”。①

一、研究缘起

1. 新时代高等教育事业发展的新要求

中国特色社会主义新时代是一个充满美好生活理想而又必须为之付出

① 《习近平谈治国理政》第2卷，外文出版社2017年版，第379页。

艰辛奋斗的时代。在这个新时代，夺取中国特色社会主义伟大胜利的目标更加明确，建成全面社会主义现代化强国的任务更加艰巨，满足人民对美好生活向往的愿景更加迫切，实现中华民族伟大复兴中国梦的梦想更加临近，提供中国智慧和中国贡献的力量更加强大。实现这一时代愿景、完成这一时代任务，“知识和人才的重要性就愈发突出，教育的地位和作用就愈发凸显”。[①] 党和国家“对高等教育的需要比以往任何时候都更加迫切，对科学知识和卓越人才的渴求比以往任何时候都更加强烈”。[②] “国家繁荣、民族振兴、教育发展，需要我们大力培养造就一支师德高尚、业务精湛、结构合理、充满活力的高素质专业化教师队伍，需要涌现一大批好老师。”[③] “建设社会主义现代化强国，需要一大批各方面各领域的优秀人才。这对我们教师队伍能力和水平提出了新的更高的要求。同样，随着信息化不断发展，知识获取方式和传授方式、教和学关系都发生了革命性变化。这也对教师队伍能力和水平提出了新的更高的要求。”[④] 时代的使命呼唤高校教师更加努力发挥重要作用，成为推动新时代伟大任务实现的重要力量，而高校青年教师作为“双一流”大学、学科建设的主体力量，作为掌握和传递先进科学知识的主体力量，是高等教育事业发展的生力军和先锋队，承担着实现民族复兴、建设教育强国、服务社会发展、满足人民需要和培养时代新人的艰巨任务。这一任务紧迫而又逼人，迫切需要广大高校青年教师坚持“为人民服务，为中国共产党治国理政服务，为巩固和发展中国特色社会主义制度服务，为改革开放和社会主义现代化建设服务”[⑤] 的发展方向。而确保这一“四为服务”发展方向沿着正确的轨道前进，就离不开高校青年教师思想政治工作功能和作用的有效发挥，使他们认清责任、紧跟时代、肩负使命、锐意进取，自觉把个人的前途命运同我国社会发展的现实目标和未来方向紧密联系在一起，努力为蓝图任务变成美丽现实贡献更多智慧和力量。

---

① 《习近平关于社会主义社会建设论述摘编》，中央文献出版社 2017 年版，第 58 页。

② 同上书，第 61 页。

③ 习近平：《做党和人民满意的好老师：同北京师范大学师生代表座谈时的讲话》，人民出版社 2014 年版，第 4 页。

④ 习近平：《在北京大学师生座谈会上的讲话》，人民出版社 2018 年版，第 8 页。

⑤ 《习近平谈治国理政》第 2 卷，外文出版社 2017 年版，第 377 页。

2. 党和国家愈加重视高校青年教师思想政治工作

党的十八大以来，以习近平同志为核心的党中央立足于实现伟大复兴中国梦对优秀教师迫切渴求的战略高度，聚焦高校教师工作带有根本性和方向性的重大问题，从顶层设计上对高校青年教师思想政治工作做出了一系列重大部署和决策并加以推进。这成为新时代高校党建工作和思想政治工作的新亮点。2012 年 1 月 4 日，习近平在会见第二十次全国高校党建工作会议代表时指出："青年教师作为高校教学的重要力量，与学生沟通互动多，对学生影响很大。要把加强青年教师队伍思想政治建设作为高校党的建设一个重大问题来抓，深入细致做好青年教师的思想引导工作。"[①] 2012 年 6 月 19—20 日，习近平在北京高校调研时强调："切实加强和改进高校思想政治工作，强化大学生思想政治教育，强化教师队伍特别是青年教师队伍的思想政治建设。"[②] 2013 年 5 月 4 日，中共中央组织部等部门联合颁布《关于加强和改进高校青年教师思想政治工作的若干意见》，明确提出："加强高校青年教师队伍建设，提高青年教师思想政治素质，促进青年教师全面发展，引导广大高校青年教师为实现中华民族伟大复兴的中国梦贡献力量。"[③] 2014 年 9 月 29 日，教育部颁布《关于建立健全高校师德建设长效机制的意见》，明确指出"大力加强和改进师德建设，努力培养造就一支师德高尚、业务精湛、结构合理、充满活力的高素质专业化高校教师队伍"[④]，并提出高校师德"红七条"的要求。2015 年 1 月，中办、国办印发《关于进一步加强和改进新形势下高校宣传思想工作的意见》，积极倡导"大力提高高校教师队伍思想政治素质"，"着力加强教师思想政治工作"。[⑤] 2017 年 12 月 4 日，教育部印发《高校思想政治工作质量提升工程实施纲要》，提出要"加强教师队伍管理，严把教师聘用、人才引进政治考核关，依法依规加大对各类违反师德和学术不端行为查处

① 《习近平在会见第二十次全国高校党建工作会议代表时强调：为建设能够培养高质量大学生的社会主义大学提供坚强的思想政治和组织保证》，《党建》2012 年第 2 期。

② 《习近平在北京高校调研时强调：高校党建要继续坚持和贯彻好正确指导原则》，《党建》2012 年第 7 期。

③ 《关于加强和改进高校青年教师思想政治工作的若干意见》（教党〔2013〕12 号），2013 年 5 月 4 日。

④ 《关于建立健全高校师德建设长效机制的意见》（教师〔2014〕10 号），2014 年 9 月 29 日。

⑤ 《中办国办印发〈关于进一步加强和改进新形势下高校宣传思想工作的意见〉》，《中国高等教育》2015 年第 Z1 期。

力度，及时纠正不良倾向和问题”。[①] 2018 年 1 月 17 日，教育部印发《关于全面落实研究生导师立德树人职责的意见》，强调要打造一支政治素质过硬、师德师风高尚、业务素质精湛的研究生导师队伍。2018 年 1 月 20 日，国务院等部门联合印发《关于全面深化新时代教师队伍建设改革的意见》，指出要“着眼青年教师群体特点，有针对性地加强思想政治教育”。[②] 2019 年 11 月 15 日，教育部等七部门印发《关于加强和改进新时代师德师风建设的意见》，提出要“全面加强教师队伍思想政治工作”。[③] 2020 年 4 月 22 日，教育部等八部门印发《关于加快构建高校思想政治工作体系的意见》，指出要“构建全校齐抓教师思想政治素质的工作体系，组织开展宣传师德典型、深化学术诚信教育，加强对海外归国和青年教师的思想引导”。[④] 这些重要政策和重大部署无不蕴含着对高校教师思想政治工作的深入论述和高度阐发，具有很强的思想性和丰富的理论性，是指导做好新时代高校教师教育工作的纲领性文件和价值性依循，有利于进一步增强做好高校青年教师思想政治工作的责任感和使命感。

3. 近年来高校教师师德师风失范情况频发

长期以来，广大高校青年教师忠诚于党和人民的教育事业，为高等教育事业的改革发展做出了重大贡献。当然，我们也要看到，一方面，高校作为意识形态工作的一个前沿阵地，社会上的各种思想观点都会在这里交汇，我们要从意识形态极端重要性的高度来正确看待高校教师思想政治工作的现实紧迫性。另一方面，当前社会转型时期所带来的负面效应也对高校青年教师产生了重要影响。这些新形势和新情况反映到高校青年教师群体上则表现为：一些高校青年教师学术不端丑闻令公众扼腕，个别高校青年教师道德失范行为令公众愤慨。这严重损害了高校青年教师的社会形象。另外，这也充分说明，一些高校的教师思想政治工作缺失或缺位问题较为严重，迫切需要加强和改进，以全面提升高校青年教师思想道德素质。

---

① 《高校思想政治工作质量提升工程实施纲要》（教党［2017］62 号），2017 年 12 月 4 日。

② 《中共中央国务院关于全面深化新时代教师队伍建设改革的意见》，《人民日报》2018 年 2 月 1 日。

③ 《关于加强和改进新时代师德师风建设的意见》（教师［2019］10 号），2019 年 11 月 15 日。

④ 《关于加快构建高校思想政治工作体系的意见》（教思政［2020］1 号），2020 年 4 月 22 日。

二、研究述评

本部分梳理和归纳学界已有关于“高校青年教师思想政治工作研究”的相关成果，旨在通过概括学界关于选题研究的现状，增强本选题的针对性和实效性。

1. 研究成果的类别分布

概括来讲，学界已有“高校青年教师思想政治工作研究”相关成果主要集中在以下三个方面。

（1）高校青年教师思想政治工作相关文件文献。与教师队伍建设、教师师德建设和教师思想政治工作等有关的国家重要文献在内容上都同高校青年教师思想政治工作研究主题高度相关。在国内，2008 年 9 月 23 日教育部印发《关于进一步加强高等学校思想政治理论课教师队伍建设的意见》，2011 年 12 月 23 日教育部等部门印发《高等学校教师职业道德规范》，2012 年 9 月 20 日教育部等部门印发《关于加强高等学校青年教师队伍建设的意见》，2013 年 5 月 4 日教育部等部门印发《关于加强和改进高校青年教师思想政治工作的若干意见》，2018 年 1 月 20 日中共中央国务院印发《关于全面深化新时代教师队伍建设改革的意见》，2018 年 2 月 11 日教育部等部门联合印发《教师教育振兴行动计划（2018—2022 年）》，2018 年 11 月 8 日教育部印发《新时代高校教师职业行为十项准则》和《关于高校教师师德失范行为处理的指导意见》。在国外，英国颁布了《教师职业标准》、美国颁布了《教育职业伦理准则》等。另外，与之相关的还有国内外各高校制定的高校青年教师思想政治工作规章计划性质的文本文件，如东北师范大学制定的《关于加强和改进青年教师思想政治工作的若干意见》、剑桥大学制定的《道德行为准则》、冰岛大学制定的《冰岛大学道德规范》等。这些国家层面和学校维度的有关高校青年教师思想政治工作的文件文献，在一定意义上推动和指引着新时代高校青年教师思想政治工作的创新与发展。

（2）以高校青年教师思想政治工作为研究主题的著作和教材。通过检索发现，与本主题研究关联的书籍主要体现在以“教师思想政治工作”和以“教师师德”为主题的著作和教材中。

一方面是围绕“高校教师思想政治工作”主题展开的相关研究。如

《高校教师思想政治工作通论》①、《教师思想政治工作概论》②、《四川省高校教师思想政治教育优秀论文集》③、《高校青年教师思想政治工作读本》④、《高校思想政治理论课青年教师队伍研究》⑤、《高校教师思想政治工作有效性提升研究》⑥、《高校青年教师思想政治工作新机制探索》⑦、《高校青年教师思想政治工作研究》⑧、《高校青年教师思想政治教育研究》⑨、《高校教师思想政治工作实证研究》⑩ 等。其中，任纯祥等从“青年教师是高校的未来和希望”“加强高校青年教师思想政治工作是当务之急”“引导青年教师沿着正确道路健康成长” 三个方面论述了高等学校青年教师思想政治工作的基本内容。饶定轲试图从教师思想政治工作的地位作用、目标取向、工作原则、主要内容、途径方法、领导体制、战略思考等方面构建一门教师思想政治工作学。敬枫蓉和唐珍名结合高校教师工作实际，围绕教师思想政治工作的基本内容和有效性提升等问题做了系统论述。敬枫蓉的编著虽然以“高校教师思想政治教育” 为名，但实际内容却是以论文的形式探讨“学生思想政治教育” 的问题。李向前、王国洪和刘紫春的编著是基于《关于加强和改进高校青年教师思想政治工作的若干意见》的有益指导，重点对高校青年教师思想政治工作的重大意义、教育引导、师德师风建设、党员队伍建设、工作途径、组织领导、创新机制等做了详细解读，具有重要的启发意义。陈雪斌对高校思想政治理论课青年教师队伍知识结构、胜任力的培养、素养结构、培养体系建设等问题进行了深度探究。宁秋娅依托教育部人文社科项目，对高校青年教师思想政治工作的发展历程、工作状况、理论基础、体制机制、统筹管理等方面进行了较为细致的研究。何祥林和郝文斌系统阐释了教师思想政治工作的目标、内容、方法等问题，着重分析了教师思想政治工作的现实状况。总

① 任纯祥、邓士荣、陆桂云：《高校教师思想政治工作通论》，吉林大学出版社 1990 年版。
② 饶定轲：《教师思想政治工作概论》，高等教育出版社 1992 年版。
③ 敬枫蓉编著：《四川省高校教师思想政治教育优秀论文集》，电子科技大学出版社 2012 年版。
④ 李向前、王国洪编著：《高校青年教师思想政治工作读本》，研究出版社 2013 年版。
⑤ 陈雪斌：《高校思想政治理论课青年教师队伍研究》，广西师范大学出版社 2014 年版。
⑥ 唐珍名：《高校教师思想政治工作有效性提升研究》，湖南大学出版社 2016 年版。
⑦ 刘紫春编著：《高校青年教师思想政治工作新机制探索》，江西人民出版社 2015 年版。
⑧ 宁秋娅：《高校青年教师思想政治工作研究》，光明日报出版社 2018 年版。
⑨ 何祥林：《高校青年教师思想政治教育研究》，人民出版社 2019 年版。
⑩ 郝文斌：《高校教师思想政治工作实证研究》，人民出版社 2019 年版。

的来看，这些著作为我们探讨“新时代高校青年教师思想政治工作”提供了重要的价值参考和有益参照，但由于时代因素的影响和限制，大部分著作没有把十八大以来党和国家关于高校青年教师思想政治工作的相关论述纳入其中，有待进一步深化探究。

另一方面是围绕“教师师德建设”主题展开的相关探讨。通过浏览相关专著发现，对高校青年教师师德问题的探讨主要有三个视角：其一，从伦理学的视角探讨师德问题，如《大学教师伦理学》①、《教师伦理学概论》②、《教师伦理学》③ 等；其二，从道德修养的视角探讨教师职业道德问题，如《教师职业道德修养》④、《高等学校教师职业道德修养》⑤、《高等学校教师职业道德论》⑥、《高校教师职业道德建设概论》⑦ 等；其三，从师德本身出发探究高校师德建设问题，如《高校师德建设概论》⑧、《新时代高校师德建设的实践与探索》⑨。其中，《教师伦理学》和《高等学校教师职业道德修养》作为高等学校教师岗前培训材料，对高校教师师德的历史追溯、现实考究等问题做了详细论述，针对性和适用性较强。应当看到，教师师德问题的探讨主要是针对教师职业道德层面做的有效性研究，对高校青年教师师德师风建设具有重要的指导意义。

（3）以高校青年教师思想政治工作为研究主题的期刊论文。由于“高校青年教师思想政治工作”和“高校青年教师思想政治教育”在学界已有研究成果中存在“同义使用”的情况，笔者主要围绕上述两个主题在中国知网（CNKI）以篇名进行精确检索，时间为1990—2020年，成果均为期刊论文，直接相关研究成果共计有317条记录。这些期刊论文在时间分布与核心论文分布上都存在不平衡的境况，在时间上主要是以2008年和2012年为重要节点呈递增现象，但是总体数量相对较少，核心论文数量偏少，大多数为在省级期刊上发表的论文，且研究内容存在重复交叉

---

① 文秉模、汪应峰：《大学教师伦理学》，中国科学技术大学出版社1991年版。
② 李春秋：《教师伦理学概论》，北京师范大学出版社1993年版。
③ 朱法贞：《教师伦理学》，浙江大学出版社2013年版。
④ 黄蓉生：《教师职业道德修养》，西南师范大学出版社2001年版。
⑤ 教育部人事司组：《高等学校教师职业道德修养》，北京师范大学出版社2006年版。
⑥ 钱焕琦：《高等学校教师职业道德论》，南京师范大学出版社2006年版。
⑦ 沈红宇：《高校教师职业道德建设概论》，哈尔滨工程大学出版社2007年版。
⑧ 林伟健：《高校师德建设概论》，广东高等教育出版社2005年版。
⑨ 张启鸿：《新时代高校师德建设的实践与探索》，中国建筑工业出版社2018年版。

的现象。另外，就硕博学位论文研究成果来看，以“高校教师思想政治工作”为研究主题的相关论文数量为40余篇，其中博士学位论文2篇（《高校教师思想政治工作实证研究——以黑龙江75所高校为例》①、《高校教师思想政治教育研究》）②。这些研究成果无疑为本研究提供了重要的有益参照。

2. 研究成果的内容概述

国内学界研究成果内容综述如下。

（1）高校青年教师思想政治工作重要意义研究。学界普遍认同加强和改进高校青年教师思想政治工作具有重大而深远的意义。例如，孙其昂指出：“青年决定国家、民族的未来，青年教师就是高校的未来。”③ 李向前等认为：“加强和改进高校青年教师思想政治工作，对于全面贯彻党的教育方针、确保高校坚持社会主义办学方向、培养德智体美全面发展的社会主义建设者和接班人，具有重大而深远的意义。”④ 范猛等从“科学文化素养与思想政治素养的合力诉求、培育社会主义核心价值观的教育主体诉求、高等教育事业与社会主义现代化建设的本源诉求”⑤ 三个方面论述了高校青年教师思想政治工作的重要意义。师永平从“社会变革需要一支高素质的青年教师队伍来支撑我国高等教育的未来、高校的发展离不开青年教师的思想政治素质不断提高、青年教师自身的进步离不开思想政治教育的深入开展”⑥ 三个方面论述了加强高校青年教师思想政治工作的紧迫性。可见，学者们在高等教育事业发展、高校正确办学方向、高校人才培养以及教师自身素质提升等方面都认识到加强高校青年教师思想政治工作的重要意义，值得注目和省思。当然，新时代有新使命，新使命引领新未来。学界对这一主题的研究还应有更为深刻的思想认识。例如，我们对高校青年教师思想政治工作研究意义的把握，还应当从新时代提出的世界视野和国家层面来考量，要把高校青年教师的思想认识聚焦到为建设

① 郝文斌：《高校教师思想政治工作实证研究——以黑龙江75所高校为例》，博士学位论文，哈尔滨师范大学，2010。

② 张艳：《高校教师思想政治教育研究》，博士学位论文，西南大学，2013。

③ 孙其昂：《现代性视域中的高校青年教师思想政治工作》，《思想理论教育》2013年第9期。

④ 李向前、王国洪编著：《高校青年教师思想政治工作读本》，研究出版社2013年版，第24页。

⑤ 范猛、许玉乾：《高校青年教师思想政治工作的时代嬗变及优化路径》，《国家教育行政学院学报》2015年第3期。

⑥ 师永平：《当前高校青年教师思想政治教育浅析》，《前沿》2012年第12期。

“双一流”大学和学科的努力上，凝聚到为实现“两个一百年”奋斗目标上，定位到“四有好老师”的价值追求上，等等。学界在这方面的研究还相对比较薄弱，值得进一步深化探究。

（2）高校青年教师思想政治工作现状调查研究。对高校青年教师思想政治素质的现状调查是有效开展高校青年教师思想政治工作的基本前提。基于此，学者们主要是从工作经验和实证调研中做了整体上的学理分析和现状审视。例如，2010 年郝文斌对黑龙江省 75 所高校教师思想道德和心理状况进行了实证调查，2013 年常亮等人对高校海外归国青年教师思想动态及政治倾向进行了调查研究，2015 年姚庆峰以北京化工大学为例对高校青年教师思想政治状况进行了调查与思考，2016 年赵月霞对河北省 12 所高校教师队伍思想素质进行了调查分析，2017 年刘迪对黑龙江省 15 所高校教师思想动态进行了实证研究，2018 年安姝对山西大同大学高校青年教师思想状况进行了调查分析，2020 年胡雪娜对北京理工大学海外归国青年教师思想政治工作进行了学理分析。这些调查研究结果从总体和部分两个方面反映了高校青年教师队伍的思想状况和存在的问题：一方面，学界对高校青年教师思想政治素质的整体评价呈现良好状态，绝大部分高校青年教师在思想政治上态度端正、理想坚定，拥护党的路线方针政策，积极践行社会主义核心价值观，在工作岗位上都能做到教书育人、爱生护生；另一方面，学界认识到目前部分高校青年教师还存在一些思想上亟待解决的问题。例如，有研究指出：“对青年教师的调查中，有 14.6% 的人崇拜西方民主与自由，6.8% 的人信奉金钱利益至上。”[①] 另外，高校青年教师思想政治工作本身还存在一些亟待解决的问题。如“专业教师对思想政治工作认同度有待提高”，“党政合力、师生合力尚未完全形成”，“高校青年教师思想政治工作的吸引力和创新度有待提升”。[②]针对调查研究存在的问题并找到问题产生的原因以及有效的解决对策，是学界剖析高校青年教师思想政治工作的重要内容。对此，学者们主要从“社会、学校、教师”三个层面进行了问题归因的积极探寻和策略供给。这些原因分析和解决策略无疑为本研究提供了重要的致思路向和有益借

① 刘迪：《高校教师思想动态的实证研究——以黑龙江省为例》，《思想政治教育研究》2017 年第 3 期。

② 陈华栋：《人才培养功能与高校青年教师思想政治工作》，《思想理论教育导刊》2014 年第 6 期。

鉴。当然，我们也要看到，造成高校青年教师思想政治工作问题的原因是相当复杂的，学界对高校青年教师这一特殊群体存在问题的分析还需要进一步细化和深化。

（3）高校青年教师思想政治工作内容研究。针对这一研究主题的梳理和总结，我们发现，目前硕博学位论文对此论题探究的数量比较多，内容也较为具细。例如，魏薇认为，高校青年教师思想政治工作内容主要包括马克思主义基本理论教育、师德师风教育、科学精神教育、心理健康教育、形势与政策教育。① 林群认为，教育内容是通过舆论教育引导青年教师树立正确的“三观”，加强以人为本的师德建设，开展主人翁意识的教育。② 周涛认为，高校青年教师思想政治工作内容要以理想信念教育为核心，深入开展“三观”教育；以爱国主义教育为重点，深入加强弘扬和培育民族精神教育；加强实践，培育高校青年教师良好的职业道德；正视高校青年教师心理问题，开展心理健康教育。③ 张艳认为，教育内容应该是党的教育方针教育、理想信念教育、社会主义核心价值体系教育、职业道德教育。④ 孙慧认为，教育内容主要是围绕“三观”教育、政治观教育、道德观教育、法纪观教育和心理健康教育来展开。⑤ 整体上讲，现有高校青年教师思想政治工作内容的探究，主要还是遵循了思想政治教育原理的研究范式。一方面，这一研究范式从宏观上来看确实是对教育工作内容做了高度概括和梳理，我们需要从整体上对其内容加以梳理和研究；另一方面，我们也要看到，针对当前高校青年教师思想政治工作存在问题的复杂性以及时代变化带给教育工作的新挑战，高校青年教师思想政治工作内容也要做到与时俱进。例如，习近平新时代中国特色社会主义思想的学习教育，高校教师师德师风建设的“四个相统一”教育，都应该纳入新时代高校青年教师思想政治工作研究内容之中。

（4）高校青年教师思想政治工作原则研究。原则是人们在发现问题、观察问题和解决问题时所依据的准则。学界对高校青年教师思想政治工作原则的探究成果数量相对较多，主要集中于相关著作、教材和硕博学位论

---

① 魏薇：《高校教师思想政治工作及其运行机制研究》，硕士学位论文，大连理工大学，2005。

② 林群：《独立学院青年教师思想政治教育研究》，硕士学位论文，江西理工大学，2012。

③ 周涛：《高校青年教师思想政治工作的现状及对策研究》，硕士学位论文，重庆工商大学，2012。

④ 张艳：《高校教师思想政治教育研究》，博士学位论文，西南大学，2013。

⑤ 孙慧：《高校教师思想政治教育研究》，硕士学位论文，云南师范大学，2015。

文之中，期刊论文涉猎较少。例如，饶定轲指出，教师思想政治工作的原则应包括党性原则、求实原则、民主原则、激励原则。[①] 魏玉华认为，高校青年教师思想政治工作要坚持以人为本原则、科学发展原则、实效性原则、针对性原则和统一性原则。[②] 杜成金认为，做好高校青年教师思想政治工作要始终坚持党的领导，以确保正确的方向性；要坚持政治性与科学性的统一；要实现与时俱进，科学发展；要坚持以人为本，个体发展与社会发展相统一。[③] 杨志超指出，高校青年教师思想政治工作要坚持“三贴近”原则，即坚持贴近思想、贴近现实、贴近生活的创新原则。[④] 徐振剑认为，高校教师思想政治工作要坚持以人为本的原则、理论联系实际的原则以及与业务工作相协调的原则。[⑤] 刘建军等认为，我们要坚持关心爱护、从严要求、自我修养的原则。[⑥] 不难看出，学界较为认同高校青年教师思想政治工作原则建构的方向性、科学性和实效性特征。当然，我们也要看到，学界对高校青年教师思想政治工作原则的探讨思路颇为相似。毫无疑义，高校青年教师思想政治工作原则绝不是凭空臆想的，它始终要有科学合理的确立依据，要基于高校青年教师群体自身的发展特质而确证，在着重把握规律的基础上认识和处理高校青年教师思想政治工作与其他影响要素的关系，力争使高校青年教师思想政治工作原则朝着整体性、层次性、辩证性和发展性的方向发展，更加凸显教育工作的服务意识和引领意识。

（5）高校青年教师思想政治工作对策研究。针对高校青年教师思想政治素质状态和思想政治工作存在的问题，提出相应有效的解决对策，既是高校青年教师思想政治工作研究的重要落脚点，也是学者们进行科学研究的职责所在。基于此，学界在高校青年教师思想政治工作对策研究上提出了诸多富有启示意义的建议和策略，值得参考和借鉴。例如，廉思指出：“我们要深入研究问题产生的深层次原因，探索既符合国家发展需

① 饶定轲：《教师思想政治工作概论》，高等教育出版社 1992 年版。

② 魏玉华：《基于人才强校背景下的青年教师思想政治教育》，硕士学位论文，哈尔滨工程大学，2008。

③ 杜成金：《新时期我国高校教师思想政治教育问题研究》，硕士学位论文，西南石油大学，2014。

④ 杨志超：《加强青年教师思想政治工作的现实思考》，《思想理论教育导刊》2015 年第 3 期。

⑤ 徐振剑：《新形势下加强高校教师思想政治教育工作的思考》，《思想理论教育导刊》2017 年第 8 期。

⑥ 刘建军、张苗苗：《高校教师思想政治工作：意义、原则和方法》，《思想理论教育》2018 年第 7 期。

要，又遵循青年成长规律的高校青年教师思想政治工作新机制。”① 宁秋娅提出，创新青年教师网络思想政治工作，要“转变观念，精心打造三级网络思想教育平台、创新方法，积极建立网络化服务成长平台、拓展渠道，主动搭建各级各类网上交流互动平台”。② 吴明永等指出：“强化政治理论学习，提升青年教师的思想政治素质；加强理想信念教育，坚定青年教师的职业价值理想；做好日常思想工作，为青年教师排忧解难；加强政工干部队伍建设，增强思想政治教育的实效性。”③ 熊晓梅认为，教师思想政治教育工作要尊重主体性和注重人性化的环境熏陶、教育引领、制度创新、人文关怀。④ 何祥林等指出：“加强思想引领，提高青年教师的政治理论素养；坚持以德为先，塑造青年教师良好的师德风范；彰显人文关怀，着力解决青年教师的实际问题；注重综合施治，拓宽青年教师思想政治工作途径。”⑤ 尹雪梅指出，要通过心理健康扶助机制帮助青年女教师解决自身存在的心理健康问题。⑥ 应当承认，这些从环境、国家、学校、教师等层面的实施措施对提升高校青年教师思想政治工作实效性具有重要借鉴意义。当然，值得注意的是，这些措施在实践中的实施情况还不能令人十分满意，一些高校的教师思想政治工作仍然存在形式化、口号化的问题。另外，随着社会转型发展以及新时代的到来，高校青年教师思想政治工作也面临一些新情况、新问题、新要求，迫切需要采取切实有效的对策以适应社会环境新变化。

（6）其他方面的相关研究。学界对高校青年教师思想政治工作的研究有很多切入点和关注点，除上述探究主题之外，还有理念、目标、历史、方法和机制等内容的探讨。笔者之所以把这几个研究主题放到一起进行梳理和总括，是因为学界在高校青年教师思想政治工作理念、目标、历史等方面的讨论相对较少，而方法和机制问题的探讨一般都被纳入对策研

---

① 廉思：《高校青年教师思想状况调查》，《学习时报》2011年10月24日。

② 宁秋娅：《把握时代特点　创新青年教师网络思政工作》，《中国高等教育》2014年第21期。

③ 吴明永、曾咏辉：《关于新时期加强高校青年教师思想政治教育的探讨》，《教育与职业》2008年第15期。

④ 熊晓梅：《坚持立德树人理念　推进教师思想政治教育工作》，《中国高等教育》2013年第15期。

⑤ 何祥林、吴长锦：《高校青年教师思想政治工作现状与对策思考——基于6所高校的实证调研》，《思想教育研究》2016年第1期。

⑥ 尹雪梅：《高校青年女教师心理健康扶助机制的建构对策》，《思想政治教育研究》2011年第4期。

究之中。例如，雷莹在《“育己为先”理念在高校教师思想政治工作中的渗透》一文里提出了“育己为先”理念。[①] 熊晓梅在《坚持立德树人理念推进教师思想政治教育工作》中指出了“先立德后树人”的理念。[②] 周昌宝在《对高校教师思想政治工作创新的思考》中提出了“树立德法并重”的观念。[③] 张艳在《新时期加强高校教师思想政治教育的对策思考》中指出，教师思想政治教育基本目标是培育教师“坚定正确的政治方向，崇高的理想信念，具备高尚的职业道德，培养精湛的业务能力”。[④] 赵培举在《高校教职工思想政治教育的发展历程与基本经验》中指出，新中国成立以来高校教职工思想政治教育经历了初期的探索、“大跃进”和“文革”时期的曲折与徘徊、改革开放初期的重新定位以及《中国教育改革和发展纲要》颁布以来的创新发展四个阶段。[⑤] 这些探讨为我们聚焦新时代高校青年教师思想政治工作提供了重要遵循，有助于我们在新时代背景下重新思考高校青年教师思想政治工作的价值理念和目标取向等问题。另外，关于习近平总书记对高校教师工作论述的相关研究呈现递增趋势，这类文章多数以习近平总书记重要讲话为基本框架，对其进行学理性的阐述和拓展。当然，学界对习近平总书记关于高校教师思想政治工作的相关学理性探究还比较少见，需要在这一方面加大研究力度，以促使相关高校教师教育工作政策的顶层设计能够落实、落细、落地。

国外研究成果内容综述如下。

尽管国外没有专门的“思想政治教育”这一学科和名称，也没有“思想政治工作”这一实践称谓和说法，但通过比较思想政治教育研究发现，国外“教师思想政治工作”是“有名有实”的。他们一般会把“教师思想政治工作”融入教师职业道德教育或教师专业化探讨之中，也就是我们常说的教师师德建设。基于此，本书通过浏览相关国外高校师德建设文献资料和一些高校网站上对教师师德的内在规定，从整体上概括出国

---

① 雷莹：《“育己为先”理念在高校教师思想政治工作中的渗透》，《学校党建与思想教育》2012 年第 32 期。

② 熊晓梅：《坚持立德树人理念 推进教师思想政治教育工作》，《中国高等教育》2013 年第 Z3 期。

③ 周昌宝：《对高校教师思想政治工作创新的思考》，《学校党建与思想教育》2012 年第 24 期。

④ 张艳：《新时期加强高校教师思想政治教育的对策思考》，《学校党建与思想教育》2013 年第 16 期。

⑤ 赵培举：《高校教职工思想政治教育的发展历程与基本经验》，《学术交流》2012 年第 3 期。

外高校师德建设的实践品质和内在逻辑，以期为加强新时代高校青年教师师德建设做“他者视域”的有益参照。

一方面，国外高校青年教师师德建设的实践品质。这一品质主要表现在以下四个方面：一是各国普遍重视高校青年教师师德建设并以法律法规明示。例如，剑桥大学制定了《道德行为准则》，冰岛大学制定了《冰岛大学道德规范》。二是高校青年教师师德规范建构层次分明。确证了“对国家和职业的绝对忠诚”“公平和关怀”“诚信”是高校教师道德责任目标体系中重要价值要求。三是政府部门、行业协会以及学校机构协同建设。国外高校、政府积极主导进行师德规范建设以提升教师教书育人的责任感和使命感，教师行业组织机构对教师师德建设专业化发展具有促进作用，在一定程度上影响了各国高校师德建设与发展，而且许多高校都通过内部管理机构，如董事会、道德委员会等来制定教师职业道德管理条例，并负责监督管理。四是建立全面的高校青年教师师德保障机制。形成了以入职教育为主的预防机制，以教师资格认证为主的认证机制，以“道德困境”研讨为主的培训机制，以高薪养廉结合法律监管、媒体监督为主的奖励及监督机制。

另一方面，国外高校教师师德建设的内在逻辑。这一逻辑主要体现在以下三个方面：一是关注高校青年教师“底线师德”。这主要是基于西方历史文化背景中的“人性恶”假设和“义务论”思想，它规约了高校师德规范内容的底线要求与“师德立法”的践履指向。当然，关于“底线师德”或具体师德规范条例的实效性问题，国外一些学者也持不同声音。例如，美国戴顿大学就有学者明确指出：“专业教学本身并无道德准则，尽管全美教育协会（NEA）有具体的道德规范，但不能够包含教学的各个层面的道德。”① 二是重视高校青年教师“教学师德”。教学师德即教学活动以学生为中心，以尊重学生的自主精神为宗旨而展开。例如，伯明翰大学关于“促进公平、招生公平、学术质量和学术进展、学术的反馈和变现、教学合作”② 等高校教师伦理道德准则方面的规定。三是倾向于高校青年教师“师德立法”。这一做法明确告知教师在教育教学过程中的可

---

① Watras, J., “Will Teaching Applied Ethics Improve Schools of Education?” *Journal of Teacher Education*, Vol. 37, No. 3, 1986, pp. 13 - 16.

② 康秀云、郗厚军：《国外高校师德建设的实践特质、内在逻辑及经验借鉴》，《东北师范大学学报》（哲学社会科学版）2016 年第 6 期。

为之事和不可为之事。另外，为积极贯彻落实相关法律，国外高校还非常重视检查、监督和惩戒等外在机制的建立和完善。例如，弗吉尼亚大学在《高校道德规范》中就明确规定："有关高校教师歧视、骚扰和报复的情况，经调查之后要采取适当的纠正措施，并严格依照高校政策和有关法律法规来执行。"①

3. 研究成果的理性考究

总的来说，学界对高校青年教师思想政治工作的积极探讨已经达成一些基本共识。

——深刻认识到高校青年教师肩负着重大的社会历史使命，加强和改进高校青年教师思想政治工作极为重要；

——深刻认识到准确把握高校青年教师思想动态及其教育工作规律，是开展高校青年教师思想政治工作的重要依循；

——深刻认识到必须采取综合教育手段，以提升高校青年教师思想政治工作的实效性和针对性；

——深刻认识到坚持党的领导是高校青年教师思想政治工作的根本保证；

——深刻认识到国外高校师德建设的实践及特点，对加强和改进我国高校教师师德建设具有重要借鉴价值。

这些积极探讨无疑为我们在新时代展开新的研究奠定了重要基础。当然，在总结学界相关研究成果和经验基础上，我们也要看到，目前学界关于高校青年教师思想政治工作的研究仍有许多问题。

（1）新时代高校青年教师历史使命和责任担当的研究有待细化。新时代有新使命，新使命引领新征程。新时代的历史发展迫切要求高校青年教师把握新时代的新要求，有新的责任担当，切实增强新时代高校青年教师的历史责任感和使命感。对此，在新时代背景下高校青年教师要有新思想新作为，要站在党和国家部署的各项战略高度来审视党的教育方针政策、高等教育的发展和人才培养的方向问题。目前来看，学界关于新时代高校青年教师新使命新任务的研究还有待进一步拓展。

① 康秀云、郗厚军：《国外高校师德建设的实践特质、内在逻辑及经验借鉴》，《东北师范大学学报》（哲学社会科学版）2016 年第 6 期。

（2）关于高校青年教师思想政治工作发展进程的研究有待深化。以史为鉴，可以知兴替。深化高校青年教师思想政治工作发展历程的研究，有助于我们从历史与现实的维度去认识和把握其历史方位和发展趋向。目前学界关于高校青年教师思想政治工作发展进程的研究相对薄弱，且现有研究多依附于中国共产党思想政治工作历史的研究范式，研究内容不够细化和深化，高校青年教师思想政治工作历史方面的具化研究有待加强。

（3）高校青年教师思想政治工作理论研究有待加强。较之于高校青年教师思想政治工作现状调查以及相关实践对策方面的研究，高校青年教师思想政治工作的理论研究成果相对较少，这成为制约高校青年教师思想政治工作科学化发展的一个重要因素。换言之，理论研究滞后于实践研究，理论不能很好地阐释现实问题和解决实践问题。因此，要破解高校青年教师思想政治素质存在的问题，需要我们在总结高校青年教师思想政治工作实践经验的基础上，把这些宝贵经验和鲜明教训升华为理论认识，或是建构一个高校青年教师思想政治工作理论框架，以明确高校青年教师思想政治工作的目标、内容、原则、方法、机制等。

（4）高校青年教师思想政治工作实效性有待提升。伴随着高校青年教师群体结构的发展变化，高校青年教师思想政治工作相关研究越来越受到学界的关注，一些学者做了许多现状调查研究，发现了一些亟待解决的问题，也开出了一些诊治“药方”。整体上讲，出于宏观研究多于微观研究、高质量研究成果相对较少、考核方式较为单一、教育工作不受重视等原因，高校青年教师思想政治工作依然面临严峻挑战，迫切需要在新时代背景下重新审视和有效破解存在的一些问题。例如，对教师工作存在问题原因的有效分析、针对问题解决的有效路径、理论建构上的有益指导、评价方式上的有益参考、保障机制的有效运行，这些问题亟须得到足够重视和解决以实现重大理论突破，从而提升新时代高校青年教师思想政治工作的科学化水平。

从这个意义上看，“高校青年教师思想政治工作”既是一个我们要长期面对的“老问题”，也是一个在新时代更加凸显其紧迫性与重要性的“新问题”，更是一个关涉实现中华民族伟大复兴中国梦的“大问题”，迫切需要我们在新时代予以研究、深化和发展。

三、研究设计

1. 研究思路

我们尝试通过把高校青年教师“是否需要”“为什么需要”“需要怎样的”“谁来做”思想政治工作等问题的追问和回答，贯穿于对高校青年教师个体的微观访谈、历史的纵向追寻以及现实的横向考察三轴坐标系中予以聚焦和审视。每一位高校青年教师都可以在这三条轴上找到相应的位置。对应这三条轴，我们尝试从不同方向和视角展示出高校青年教师思想政治工作在这个时代中的特别之处，力争从把握时代背景、立足历史脉络、聚焦基本问题、强调整体规划的视角来进一步研究高校青年教师思想政治工作理论与实践问题。

2. 研究目标

立足于新时代的历史方位，着眼于党和国家对高校教师队伍建设的期待和要求，“新时代高校青年教师思想政治工作”研究，旨在通过建构一个高校青年教师思想政治工作理论框架，以推动高校青年教师思想政治工作的实践发展。具体而言，主要有三个研究目标：

——通过对高校青年教师思想政治工作历史发展脉络的科学梳理，及时总结历史经验和教训，认识发展规律和特点，实现从经验到理论的跃迁，明确提出新时代高校青年教师思想政治工作的目标、内容和任务；

——审视新时代高校青年教师思想政治工作面临的深层次矛盾，真真切切地找出其存在问题的主要原因，并提出具有针对性的解决建议；

——落实党和国家对高校青年教师思想政治工作的相关部署和要求，使“顶层设计”能够以学理性的方式“落地生根”。

3. 研究重点

本选题研究重点主要基于两个方面来思考：一方面，对新时代高校青年教师思想政治工作的理论解读是开展科学研究的重要前提，直接关乎我们如何从理论上科学把握高校青年教师思想政治工作；另一方面，对新时代高校青年教师思想政治工作的现状分析是本选题研究的基础，只有准确剖析高校青年教师的思想动态和教育工作现实状况并找到其存在问题的主要症结，才能“对症下药”，才能“药到病除”。

4. 研究难点

本选题的研究归根结底是要回应和解决高校青年教师思想动态的现实问题并指导未来高校青年教师思想政治工作的实践发展。因此，从理论上建构一个指导高校青年教师思想政治工作的理论框架并提出现存问题的破解之道，就成为本选题研究的难点。必须承认，建构一个理论框架绝非容易之事，提出具有针对性和操作性的有益措施也绝非容易之事，这需要我们鼓足勇气在新时代的伟大征程中去积极探索，勇做新时代的弄潮儿。当然，“即使尝试在实践中并未成功——或并未立即成功，这种尝试依然是理智的、富有成效的，因为如果我们的努力是严肃认真并且深思熟虑的，我们就会从失败中学到东西”。①

5. 研究方法

方法是科学研究得以顺利进行的必要保证。基于此，本书积极采用系统论、归纳法，坚持理论与实际相结合，在借鉴现有相关研究成果的基础上，综合运用文献研究法、实证研究法、案例分析法和比较研究法等方法，进行学理性探究。

（1）文献与资料研究法。要深入探究“新时代高校青年教师思想政治工作”，首先要知晓当前学术界对该问题的研究状况。尽管学界对“新时代高校青年教师思想政治工作”的研究成果不是很多，但“高校青年教师思想政治工作”的相关研究成果对本课题研究具有重要的借鉴意义。因此，收集文献资料、整理文献资料、分析文献资料、综述文献资料和评价文献资料，并在此基础上运用思辨的方法将其科学合理地进行梳理和总结，就成为开展本选题研究的基本前提。

（2）实证研究法。主要是面向部分高校青年教师开展问卷调查，以真切地了解目前高校青年教师的思想动态情况，进而充分认识和了解高校青年教师的所思所想、所欲所求，从而有针对性地分析问题和解决问题。

（3）案例分析法。案例分析法又称个案研究法，主要通过典型案例来分析和揭示研究者所需研究的主要问题。本书通过近年来高校青年教师师德师风典型案例，尤其是个别高校青年教师师德失范的典型案例，来分析和证实当前高校青年教师思想政治工作面临的现实挑战。

（4）访谈法。访谈法作为一种心理学研究方法，是访员和受访人通

① ［美］约翰·杜威：《民主主义与教育》，陶志琼译，中国轻工业出版社2016年版，第334页。

过面对面、心贴心的交谈以了解受访人的心理和行为的科学方法。一方面，本书通过对部分高校青年教师进行指导性访谈，以期进一步了解他们真实的思想动态和现实需要；另一方面，本书通过对高校青年教师思想政治工作者进行个别访谈，以期进一步掌握高校青年教师思想政治工作的实际状况。

（5）比较研究法。比较研究通过“他者视域”的镜照、对比和分析，以便取长补短或吸取教训，从而服务于自身的建设和发展。国外高校师德建设同样面临着许多挑战和困境，也有着不同的解决方法和路径，这对我国高校青年教师师德师风建设具有重要的借鉴意义。

四、研究意义

对“新时代高校青年教师思想政治工作研究”这一选题的探讨，不管是在理论上还是实践上都具有重要的时代意义。

1. 理论意义

2012 年 9 月 20 日，教育部等部门印发《关于加强高等学校青年教师队伍建设的意见》指出，要“提高青年教师思想政治素质和师德水平”，“开辟思想政治教育新阵地”。2018 年 1 月 20 日，中共中央国务院印发《关于全面深化新时代教师队伍建设改革的意见》提出，要“创新教师思想政治工作方式方法，开辟思想政治教育新阵地”。[①] 毋庸讳言，高校青年教师思想政治工作是一门科学，它是思想政治教育学科科学研究的一个重要分支，“是一种基于工作对象而产生的特殊思想政治工作类型”。[②] 然而，较之于学生思想政治工作，真正将教师思想政治工作作为一门科学来研究，还并未在学界达成广泛共识。有学者已鲜明地指出：“在实际工作中，不少人一谈到高校思想政治教育，就直接将其定位于对学生的教育。其实，教育者的先行教育、自我教育更具根本性和前提性。”[③] “高校教师思想政治教育与大学生思想政治教育相比，无论是重视程度，还是实际效

① 《中共中央国务院关于全面深化新时代教师队伍建设改革的意见》，《人民日报》2018 年 2 月 1 日。

② 高地、杨晓慧：《高校青年教师思想政治工作科学化的瓶颈问题及应对策略》，《思想理论教育》2013 年第 9 期。

③ 沈壮海：《加强和改进高校宣传思想工作的主线、基础和重点》，《中国高等教育》2016 年第 6 期。

果，都存在差距。”[①] “教师的思想政治工作是目前高校思想政治工作的‘短板’之一。做好教师的思想政治工作，是今后需要下大力气解决的问题。”[②] 基于此，笔者认为，对“新时代高校青年教师思想政治工作研究”这一选题的学术探究，对拓展思想政治教育研究领域——教师思想政治工作——具有重要的学术探讨价值。一方面，有助于推动思想政治教育理论创新和发展。高校思想政治工作研究是思想政治教育理论发展的重要一环，在其教育研究对象上，目前学界较多关注和聚焦的是“学生思想政治工作”，对“教师思想政治工作”研究不够重视。因此，我们强调，加强高校思想政治工作研究，既要研究好学生思想政治工作这个“需求侧”，更要加强教师思想政治工作这个“供给侧”，促进“需求侧”和“供给侧”协调统一发展。通过对“新时代高校青年教师思想政治工作”的研究，可以从理论上拓展研究教师这一群体的价值意蕴，使“学生”与“教师”两个群体协调统一发展，进而为思想政治教育原理创新发展提供前进动力。另一方面，有助于推动高校教师思想政治工作理论建构。必须看到，目前学界对“高校青年教师思想政治工作”的研究仍然处于“经验工作”而非“理论认知”的状态或层面，缺乏对高校青年教师思想政治工作的理论研究和理论架构，致使高校青年教师思想政治工作缺乏理论依据和理论指导。对“新时代高校青年教师思想政治工作”的研究，就是要打破这一现实困境，在系统总结历史经验与教训、落实相关政策文件精神以及破解现实问题的基础上，尝试建构一个思想政治工作体系，以突破“理论研究的相对滞后极大制约着青年教师思想政治工作回应挑战、明确定位、提高水平的实践进程”[③] 的现实困境。

2. 实践意义

从表面上看，高校青年教师思想政治工作没有特别的地方，也没有特别突出的问题，即便偶尔出现个别高校青年教师师德师风失范，就统计学而论也并没有什么实质性的意义。从高校青年教师群体上看，高校青年教师可以说是当之无愧的知识分子，他们接受的教育和工作环境是非常好的，实际表现也都很好。然而，从新时代高校青年教师所担负的社会责

① 王树荫：《高等学校师德建设论》，《思想政治教育研究》2010 年第 5 期。

② 陈立思：《对当前高校思想政治工作中几个问题的思考》，《中国青年社会科学》2017 年第 3 期。

③ 高地、杨晓慧：《高校青年教师思想政治工作科学化的瓶颈问题及应对策略》，《思想理论教育》2013 年第 9 期。

任、高等教育发展所赋予的职责使命以及人才培养所需要的角度来看，高校青年教师思想政治工作依然面临严峻的现实挑战。从实践上看，学界已经揭示出高校青年教师思想政治素质和教育工作都不同程度地存在一些亟待解决的现实问题。令人遗憾的是，尽管人们提出了一些解决办法并采取了一些有效措施，但高校青年教师思想政治工作存在的一些问题还处于“悬而未决”的状态，甚至有了一些新的变化和表现。当然，导致这一情况的原因有许多，但从学理上来看，理论对实践的指导意义有待加强，甚至理论带有一定程度上的滞后性。这就使高校青年教师思想政治工作在实践上仍处于“摸着石头过河”的样态，即就问题解决问题，而缺乏理论指导实践的现实意蕴。基于此，对“新时代高校青年教师思想政治工作”的研究，期待能从学理上厘清高校青年教师思想政治教育存在的一些问题，通过学理上的阐释和理论上的架构指导高校青年教师思想政治工作活动有序进行，从而在实践上真正做到解题和破题。

五、研究创新与不足

（一）创新之处

本研究以高校青年教师中存在的实际问题以及高校青年教师思想政治工作自身的现实矛盾为中心，开展了对高校青年教师思想政治工作学理阐释、历史梳理、现实剖析和体系建构等内容较为细致和深入的理性探究，创新之处主要体现在以下方面：首先，从高校青年教师思想问题实际出发，结合新时代党和国家对高校教师队伍建设的素质要求，满足人民对高等教育发展的美好愿望，集中阐释了新时代高校青年教师思想政治工作的基本内涵、价值取向、战略意义和发展趋向等问题，突破了学界对高校青年教师思想政治工作的点位式研究，实现了“由点到面”的体系化探讨。其次，立足于整体性、有序性和系统性，科学梳理了高校青年教师思想政治工作的历史沿革，较为全面地勾勒出高校青年教师思想政治工作在不同历史发展阶段的背景、目标、内容、方法等内容，并总结出新中国成立以来高校青年教师思想政治工作的基本经验，丰富和发展了学界现有相关研究。再次，以问题为切入点，深入挖掘了高校青年教师思想政治工作存在的深层次矛盾，并创新性地理性审视和系统回答了高校青年教师思想政治工作是否可有可无、如何正确认识高校青年教师思想政治工作以及我们需要怎样的高校青年教师思想政治工作等问题。最后，在高校青年教师思想政治工作优化策略上，基于认真落实党和国家有关政策文件的指导意见，提出了内容上的侧重点和路径上的着力点的建构策略，即内容上以“四个讲明白”筑牢理想信念之基、以“四个坚持不懈”保证社会主义办学方向、以“四个正确看待”提升思想认识水平、以“四个相统一”加强师德师风建设；路径上以原则依循、育人体系和队伍建设为着力点，从而实现目标、内容、任务、原则、方法、队伍等工作体系的科学建构。

（二）不足之处

必须承认，由于现存问题影响因素的复杂性、理论破解现实问题的滞后性、触及意识形态问题的敏感性以及教育实施主体责任的模糊性，“新时代高校青年教师思想政治工作”这一研究主题颇具复杂性和艰难性。目前来看，针对高校青年教师思想政治工作的相关研究，学界还存在一些想解决而未能很好地解决的理论和实践难题，我们要想在新时代背景下对其做出新的学理上的阐释和实践上的拓展，需要付出更多努力，甚至有可能失败。笔者在研究过程中同样存有这样的感觉和困惑，或者说仍然面临着一些亟待深化研究的地方。例如，由于时间和精力所限，对高校青年教师思想动态的采样只局限于一省；由于占有历史文献资料不足，对高校青年教师思想政治工作历史进程中的青年教师工作的梳理还有待进一步细化；由于建立体制机制的艰难性，对高校青年教师思想政治工作体制机制的探究仍有深化的必要；由于高校教师群体的特殊性，缺乏对高校青年教师思想政治工作评估体系的探究。对这些问题仍需要静下心来细致研究。当然，笔者不会因为研究选题的艰难性而退缩，恰恰相反，知难而上的勇气和导师的鼓励支持让我下定决心研究这一选题，也希望能够为高校青年教师思想政治工作理论研究贡献出自己的一份力量。

第一章　新时代高校青年教师思想政治工作的基本概述

高校青年教师思想政治工作作为思想政治教育学学科研究的一个重要领域，有着自己的基本内涵、目标任务、价值意蕴和发展趋向，彰显着自身的理论魅力和理论活力。进行新时代高校青年教师思想政治工作研究，首要的是对其相关理论做一解析，以使我们从理论上来整体认识和科学把握高校青年教师思想政治工作的基本样态。

第一节　高校青年教师相关概说

一、高校青年教师的界定

从广义上讲，人们在使用“高校教师”这一概念时，是把它视为在高校中除学生以外的一切教职员工。本书所使用的“高校青年教师”，主要是从“专任教师”这一狭义概念上来讲的，并未包含学校行政人员、后勤人员、教辅人员以及学生辅导员等群体，尽管他们也时常被学生称为“老师”。关于专任教师的规定，早在 2004 年 8 月教育部颁布的《普通高等学校本科教学工作水平评估方案（试行）》中就已明确指出：“专任教师是指具有教师资格、专门从事教学工作的人员。”1993 年 10 月第八届全国人民代表大会常务委员会第四次会议通过的《中华人民共和国教师法》明文规定：“教师是履行教育教学职责的专业者，承担教书育人，培养社会主义事业建设者和接班人、提高民族素质的使命。”可见，基于教师职责担当和法律定义基础上的高校青年教师的内涵界定，主要是指向承担教育教学和教书育人的教师群体，是有别于高校一般行政人员和管理人员的职业角色，而本书所论及的高校青年教师也是指普通高等院校的专任青年教师，可将其划分为马克思主义理论课教师、哲学社会科学课程教师和其他专业课程教师。[①] 就高校青年教师的年龄划定而言，目前学界已达成基本共识，一般将 40 岁以下的高校教师称为高校青年教师。

二、高校青年教师是高校教师队伍建设的重点对象

近年来，我国高校教师队伍结构发生了重大改变，高校青年教师数量和比例不断上升，逐渐成为高校教师队伍中的主力军。高校青年教师时常被称为"青椒"或"工蜂"，数量堪称"百万大军"。2020 年 6 月教育部发布的教育统计数据显示：截至 2019 年底，全国普通高等学校教职工为 256.6705 万人，专任教师为 174.0145 万人，专任教师占教职工总数近 68%。就高校青年教师而言，他们的基本情况主要集中体现在三个方面。

其一，高校青年教师数量多、规模大。表 1－1 显示，我国普通高校青年专任教师人数为 881871 人，约占普通高校专任教师总人数的 51%，其中男女比例差别不大，高校青年教师人数较之往年呈上升趋势。

表 1－1　青年专任教师年龄情况（普通高校）

单位：人

类别	29 岁及以下	30—34 岁	35—39 岁
女	121695	174650	213897
正高级	106	1968	12003
副高级	1179	23280	107122
中级	35412	181188	231066
初级	78180	63153	24872
未定职级	73625	36696	12021
总计	188502	306285	387084

资料来源：《专任教师年龄情况（普通高校）》，教育部网站，http://www.moe.gov.cn/s78/A03/moe_560/jytjsj_2019/qg/202006/t20200610_464573.html，最后访问日期：2020 年 10 月 1 日。

① 陈立思：《对当前高校思想政治工作中几个问题的思考》，《中国青年社会科学》2017 年第 3 期。

其二，高校专任教师学历层次高。表 1－2 显示，如果从高校教师正常的学术进展情况来看，绝大多数高校专任教师具有硕士及以上学位，约占总人数的 65%，学历层次相对较高，而且许多高校专任教师有出国留学或交流的经历。

表 1－2　专任教师、聘请校外教师学历情况（总计）

单位：人

类别	博士	硕士	本科	专科及以下
专任教师	475787	639922	610369	14067
女	176317	388586	312891	5344
正高级	135609	33232	59579	737
副高级	175142	134085	213604	2540
中级	140927	306034	222055	4841
初级	1561	98204	77611	2820
未定级	22548	68367	37520	3129

资料来源：《专任教师、聘请校外教师学历情况（总计）》，教育部网站，http：//www. moe. gov. cn/s78/A03/moe_ 560/jytjsj_ 2019/qg/202006/t20200610_ 464578. html，最后访问日期：2020 年 10 月 1 日。

其三，高校青年教师培养研究生的资格水平和能力不断提升。表 1－3显示，具有研究生指导资格的高校青年教师人数约为 10 万人，约占总人数的 24. 3%，他们享有带研究生的资格，会对学生的学习和生活产生重要影响。

表 1－3　青年研究生指导教师情况（普通高校）

单位：人

类别	29 岁及以下	30—34 岁	35—39 岁
女	731	10338	26201
正高级	62	2106	11816
副高级	477	13939	49405
中级	1395	15284	13970
总计	1934	31329	75191

资料来源：《研究生指导教师情况（普通高校）》，教育部网站，http：//www. moe. gov. cn/s78/A03/moe_ 560/jytjsj_ 2019/qg/202006/t20200610_ 464580. html，最后访问日期：2020 年 10 月 1 日。

总的来看，我国新时代高校青年教师的数量和质量都有了显著提升。高校青年教师既是高校教师队伍的重要组成部分，也是高校人才的主体力量和后备军，可以说是高等教育事业发展的决定性力量，他们的思想政治素质和师德师风状况直接影响社会主义建设者和接班人的培养和铸育。因此，做好高校青年教师思想政治工作，无论是对未来高校发展，或是未来人才培养，还是未来高校青年教师自身素质提升，都具有重要意义。

三、正确把握高校青年教师的思想特点

要做好新时代高校青年教师思想政治工作，首先要搞清楚教育对象的思想特质。较之于一般的社会青年，受社会地位、生活经历、知识结构以及外界环境的影响，新时代高校青年教师呈现自身独有的思想特点。

1. 学术敏感度强

高校青年教师学历层次较高，大多数具有硕士和博士学位，他们专业知识基础扎实，跨学科视野和眼界较为开阔，对学术观点和现实问题的反应和判断比较迅捷。另外，高校青年教师思想开放、思维敏捷、勤于思索、善于学习、喜欢独立，批判思维和质疑意识较为浓厚，不盲从名人与权威，敢于提出自己的见解和看法，学术敏感度十分强烈。正是由于这一思想特质，高校青年教师对社会问题的关注和对学术研究的关切，相对于一般社会群体显得更加活跃和敏感，这也使高校青年教师成为社会新思潮和新思想最先的接触者和传播者，有助于学术争鸣和学术发展。当然，正是缘于高校青年教师学术敏感度较强这一特性，我们才会密切关注高校青年教师的思想动态和学术研究价值倾向，甚至是对其进行必要的思想政治工作，因为高校青年教师对社会新思潮和新思想的接受和传播，如果没有加以理性的选择、鉴别和批判，就直接在课堂中讲授给自己的学生，有可能引起学生思想价值观念的混乱，产生不必要的负面影响。

2. 自我意识强

高校青年教师是从事复杂脑力劳动的劳动者，有独立思考的能力和习惯，喜欢追求个性自由和个体独立，十分重视自我价值的发挥与实现，在考虑和解决问题时也往往以自我为中心，自我意识较强，对自己身心活动的觉察能力较强。就高校青年教师思想政治工作而言，高校青年教师的这一思想特质要求我们在开展教育工作时，尊重高校青年教师的主体地位，

尊重他们的劳动及其成果，讲究思想政治工作方式方法，因势利导。当然，我们要看到，一些高校青年教师对自己的认识和评价呈现加强的趋势，必然也在一定程度上使他们在处理个人与集体利益关系方面不能正确把握其中的辩证逻辑而偏向于个人主义思想，这无疑给高校青年教师思想政治工作带来了一定的挑战。

3. 个体参与意识强

从政治生活的视角来看，个体参与意识就是现代公民意识到他们的政治生活的本质在于积极参与社会政治生活和公共生活，并能够依照法定或约定程序热情而理智地参与社会主义建设和公共事业管理。个体积极参与各种事务的状态是现代人尤其是青年人的一个重要思想特质。高校青年教师也不例外，他们的个体参与意识十分强烈。当代高校青年教师的政治热情普遍较高，政治敏感性强，他们积极关心国家政治，主动关注国内外时事要闻，具有强烈的忧国忧民的意识，经常会以社会、民族和国家大事的积极参与者的姿态活跃于大学校园里，愿好为人师，爱发表意见，喜参与争辩。这是由高校青年教师具有年轻的心态、较高的文化水平和较强的主人翁责任感所决定的。就高校青年教师思想政治工作而言，这一思想特质会促使他们自觉地学习党的路线、方针和政策，积极认识、了解和把握新时代中国特色社会主义现代化建设事业的全局与态势，并以此来坚定自己的政治立场和原则。当然，由于社会各种复杂环境和形势的影响，高校青年教师也并不总是能够获得正确、全面的政治生活参与机会和认识，有时就会出现一些思想上的困惑或模糊认识，在课堂上跟与自己年纪相仿的大学生诉说一些不正确的认识和想法，贻误自己，误导学生，产生不良影响。对此，我们要积极教育和引导广大高校青年教师认清和把握国内外的形势政策，通过解疑释惑、讲清道理的方式，帮助他们以主人翁的身份更好地积极参与到社会主义现代化强国建设的伟大实践中来。

4. 网络阵地意识强

网络已然成为青年人现实生活中的重要组成部分，并深刻地影响着他们的价值观念和生活方式。一方面，高校青年教师的网络阵地意识越来越强。高校青年教师在教育教学、科学研究和日常生活中几乎离不开对网络的应用。不管是 PPT 的制作、视频信息的下载，还是科研数据的收集、项目论文的撰写，甚至是闲暇时间的娱乐休闲，都离不开网络的支持和应用，这给高校青年教师带来了极大的工作和生活便利。另一方面，网络阵地的开放和共享也给一些错误思潮提供了传播渠道。近年来，高校诸多社会思潮也都是“因网而生”“因网而增”，使高校意识形态领域出现了许多新情况新问题，部分高校青年教师也借助网络发表一些违法违纪的不当言论，应予以高度重视和正确引导。

5. 思想可塑性强

思想具有既定性的一面，也有可塑性的一面。思想的可塑性，既是高校青年教师思想特点的重要一维，也是高校青年教师思想政治工作的基本前提条件。这里的思想，主要是指高校青年教师对某一事物的认识从感性认知飞跃到理性认知的结晶，也是高校青年教师对问题追问和目的追求有机统一与完满实现的结果。这里的思想可塑性，主要是指高校青年教师的思想容易受主客观环境和条件的影响从而发生变化得到提升。应当看到，高校青年教师的思想十分活跃，在他们的教育教学过程中主要表现为教学思想的不断创新发展，在他们的科学研究中主要呈现为思想外化的系列成果产出，在他们的日常生活中主要体现为思想动态的持续更新变化。这一思想的不断创新、更新、发展和变化，无疑为高校青年教师思想的可塑性提供了可能。而这一思想的可塑性，为高校青年教师思想政治工作注入了活力，凸显了思想政治工作正面引导的可能性，也彰显了高校青年教师自我思想塑造的重要性。

四、科学认识高校青年教师思想成长的背景

“思想、观念、意识的生产最初是直接与人们的物质活动，与人们的物质交往，与现实生活的语言交织在一起的。”“意识一开始就是社会的产物，而且只要人们存在着，它就仍然是这种产物。”“不是意识决定生活，而是生活决定意识。”① 这启示我们：对高校青年教师思想动态的准确把脉离不开对他们思想成长的背景分析，只有真切地感受到高校青年教师思想的成长环境，才能有针对性地发现他们思想出现问题的原因，做到科学把握高校青年教师思想动态，进而抓紧抓实抓好高校青年教师思想政治工作。

---

① 《马克思恩格斯选集》第1卷，人民出版社2012年版，第151、161、152页。

1. 社会主义市场经济正在深刻改变广大社会青年的思想和行为

改革开放40多年来，我国走出了一条社会主义制度与市场经济相结合的中国特色社会主义经济道路，这一道路既克服了资本主义市场经济的固有矛盾，也更好地实现了社会主义的充分发展，使我国经济得以迅速崛起，经济建设取得举世瞩目的成就。我国高校青年教师主要是出生于改革开放以后，他们基本上是在20世纪90年代就读大学，而这一年代党和国家高度重视经济改革和建设，并将其摆在工作的中心地位。伴随市场经济的迅猛发展，市场经济开始冲击社会生活的各个领域和方面，也冲破了人们很多固有的保守观念，人们面临一个多姿多彩、日新月异的世界，也不可避免地面临着多样性的选择。有学者明确指出："大学青年教师在社会与经济发展日新月异、思想文化日渐多元、个性发展不断彰显的90年代进入大学学习，注定要比他们的前辈面临更多诱惑、更多选择。好好读书不再是他们唯一或最佳的选择，课堂或图书馆也不再是他们唯一或首选的学习途径，他们在大学……度过了属于自己的大学生活。"① 一方面，市场经济催促高校青年教师自我意识增强。市场经济的快速发展，在一定程度上促使高校青年教师对美好生活充满期待与希冀，渴望社会与他人承认并尊重自己的劳动和劳动成果，向往成名成家、建功立业，对社会未来常怀理想主义情怀。因此，高校青年教师有着强烈的自我主体意识和道德批判意识，自尊心、自信心、是非观念、荣辱意识十分强烈，喜欢无拘无束地表达，愿意及时分享自己的所思所想。正如阿隆所言："在知识分子里面，道德批判可能最经常地成为整个批判的深层根源，这使他们同时获得了'错误纠正者'的荣耀与总是说不的精神，此外还有忽视行动之严格约束的职业演讲者这一较少奉承含义的名声。"② 这也是高校青年教师不断奋发向上、开拓进取的一个重要原因。另一方面，资本逻辑的负面影响带给高校青年教师思想上的价值困惑。从现实形势来说，现代化发展进程正在全面改变人与社会以及人与自我的关系，其中最为严峻和紧迫的时代性问题是：由资本逻辑所构成的人对物的依赖关系的"物化"问题和"耻言理想，藐视道德，拒斥传统，躲避崇高，不要规则，怎么都行"③

① 李宜江：《青椒的历史印痕——大学青年教师学术与生活的社会考察》，教育科学出版社2016年版，第151—152页。

② ［法］雷蒙·阿隆：《知识分子的鸦片》，吕一民、顾杭译，译林出版社2012年版，第201页。

③ 孙正聿：《马克思与我们》，中国人民大学出版社2018年版，第104页。

的虚无主义文化危机问题。这反映在高校青年教师身上则表现为，市场经济本是以物的依赖性为基础，但越来越多的高校青年教师“一切向钱看”，形成了一种急功近利的功利主义价值取向。“知识分子的理性主义让位给了实用主义和一种明显的对待生活的工具主义态度。”“事实上，学术和思想活动的一个最显著和重要的特征，正是不受工具主义风气的支配。”① 另外，我们也要看到，高校青年教师自我主体意识强的特质往往也导致了个别高校青年教师过高评估自己，“小时代”的“小我”意识不断增强，喜欢物质享受和光鲜气派的生活，不能正确认识他人和集体的作用，常常把个人利益摆在集体利益之上，导致了个人主义思想的萌发。对此，应予以高度重视和有效回应，积极引导广大高校青年教师正确处理个人与他人、与集体的关系，把个人和集体的发展结合起来，在集体的发展中谋求个人的发展。

2. 全方位对外开放条件下西方文化对高校青年教师的思想成长产生了重要影响

伴随着我国对外开放程度的不断加深，教育领域的对外交流活动越来越频繁，高校青年教师出国交流、学习或工作的机会越来越多，国外环境无疑成为他们思想成长的一个重要影响因素。一方面，站在“正确认识世界和中国发展大势”“正确认识中国特色和国际比较”“为全球治理提供中国智慧”的新起点，建设世界一流大学，增强中华文化软实力，提高我国在国际上的话语权，迫切需要广大高校青年教师积极走出去，学习和借鉴国外的先进理念、知识、科技等，以直面和回应本国理论创新和实践发展的基本问题。目前来看，我国广大高校海归青年教师在这方面做出了自己的重大贡献。另一方面，当历史变成世界历史，我们的价值观面临各种各样的选择和冲击。在这样的形势下，高校青年教师是否还能坚守马克思主义的价值观和社会主义的共同理想，这是一个值得令人深思的问题。毫无疑问，高校是中国共产党意识形态工作的前沿阵地。陈宝生指出：“敌对势力对我们的渗透首先选定的是我们的教育系统，是校园。总书记讲，赢得青年就赢得未来。从另外一个角度出

① ［英］弗兰克·富里迪：《知识分子都到哪里去了——对抗21世纪的庸人主义》，戴从容译，江苏人民出版社2012年版，第33、86页。

发，搞乱你的未来，首先搞乱你的学校。前沿阵地，斗争非常激烈。”①因此，我们必须清醒地认识到，高校青年教师仍处在和平演变与反和平演变的风口浪尖上，他们的思想观念、政治观点和价值取向或多或少会受到西方社会思潮与西方文化要素的熏陶、感染与影响，迫切需要加强高校青年教师思想政治工作，以帮助他们获得“正确认识中国特色和国际比较”的知识、立场和方法，形成正确的价值鉴别力和判断力。有学者已明确指出：“高校海归青年教师的思想状况总体向好，但是，他们的爱国主义情感认同与对中国特色社会主义的深度认知呈现二元分化；对国家时政大势的不实报道容易偏听偏信；对个人生活工作状况的比较心理和情绪主动输出倾向明显；对高校思想政治工作的认可程度和接受意愿较低。”② 由此可见，做好新时代高校青年教师思想政治工作，要重点把握好高校海归青年教师的思想动态。

3. 网络信息化的发展为高校青年教师的思想成长提供了重要的虚拟技术支撑

21 世纪是一个集新媒体、大数据和多元信息于一体的网络新时代。在这一网络新时代中，互联网传播环境的全球化、传播方式的多样性、传授关系的交互性和传播身份的隐匿性越来越明显。思想多变、价值多元和文化多样的现实变化改变着包括高校青年教师在内的广大青年的日常生活，深刻地影响着他们的生活方式和交往行为。一方面，在无线网络发展、穿戴技术支持、大数据分析以及各种系统技术的支撑下，互联网思维、在线教育学习已融入高校青年教师的日常学习中，并深刻地影响和改变着他们的思维方式和学习方式。另一方面，新媒体的兴起改变着高校青年教师的日常生活。新媒体的优势就在于它能够将个性化的信息内容融入传播者和接受者平等的对话交流中，实现双方互动的个性化信息认同、接收与传播。“全媒体不断发展，出现了全程媒体、全息媒体、全员媒体、全效媒体，信息无处不在、无所不及、无人不用，导致舆论生态、媒体格局、传播方式发生深刻变化，新闻舆论工作面临新的挑战。”③ 互联网已经突破了课堂、高校、求知的传统边界，对高校青年教师的影响越来越

① 陈宝生：《做好教育战线意识形态工作》，《紫光阁》2016 年第 12 期。

② 李娟：《高校海归青年教师思想状况调查研究——以北京市 6 所高校为例》，《思想教育研究》2016 年第 2 期。

③ 《习近平谈治国理政》第 3 卷，外文出版社 2020 年版，第 317 页。

大。高校青年教师几乎“无人不网、无日不网、无处不网”，他们使用即时通讯工具（QQ、微信等）、浏览新闻门户网站（新浪网、凤凰网等）、登录社交网络（人人网、开心网等）和观看点播视频（优酷网、土豆网等），他们的网络阵地意识越来越强，也涌现出一大批新知、公知和“意见领袖”。这些高校青年教师通过各种网络平台工具发表自己的意见，受到许多社会青年人的热捧。当然，我们也要看到，网络阵地的开放和共享使高校意识形态领域许多新情况新问题也“因网而生、因网而增”，高校诸多错误社会思潮以网络为温床而生成发酵，一些高校青年教师的网络言论，尤其是一些谣言在网上散布的速度十分可畏。另外，网络信息化的发展使人们在虚拟世界的生活越来越成为日常。在这样的形势下，高校青年教师是否还能拥有博大的视野、胸怀和格局，将心神聚焦在对美好事物的追求上？因此，做好高校青年教师思想政治工作，要“跳出高校看高校”，积极运用新媒体新技术，使高校青年教师思想政治工作联网上线，守护好高校网上精神家园。

马克思、恩格斯指出：“人们的观念、观点和概念，一句话，人们的意识，随着人们的生活条件、人们的社会关系、人们的社会存在的改变而改变。”① 而高校青年教师的思想理念、道德观点、价值观念和政治立场都是源自他们的社会生活，根植于他们的日常生活。应当看到，当前中国正发生着深刻的变革，社会处于变动和分化过程之中。在这样的情况下，统一思想就更需要通过凝聚共识来逐步实现，正如习近平总书记所言：“凝聚共识很重要，没有广泛共识，改革就难以顺利推进，也难以取得全面成功。现在，社会结构深刻变动，利益格局深刻调整，思想观念深刻变化，凝聚改革共识难度加大，统筹兼顾各方面利益任务艰巨。这就更需要我们下功夫去凝聚共识。”② 就高校教师而言，也需要通过思想政治工作来凝聚教师共识。毛泽东指出：“人们的社会存在，决定人们的思想。而代表先进阶级的正确思想，一旦被群众掌握，就会变成改造社会、改造世界的物质力量。”③ 做好新时代高校青年教师的思想凝聚工作，我们需要了解社会存在的现实状况，真切地认识到高校青年教师思想成长的环境样

---

① 《马克思恩格斯选集》第1卷，人民出版社2012年版，第419—420页。

② 《习近平关于全面深化改革论述摘编》，中央文献出版社2014年版，第45页。

③ 《毛泽东文集》第8卷，人民出版社1999年版，第320页。

态，才能更好地通过思想政治工作来解决高校青年教师的思想问题，进而统一思想、凝聚共识，引领高校青年教师的价值追求。

第二节 高校青年教师思想政治工作的意涵阐述

高校青年教师思想政治工作理论内涵丰富、实践特质鲜明，且在不断发展变化。做好新时代高校青年教师思想政治工作，要从理论上正确认识和科学把握高校青年教师思想政治工作的基本理论。马克思、恩格斯指出："理论只要说服人［ad hominem］，就能掌握群众；而理论只要彻底，就能说服人［ad hominem］。所谓彻底，就是抓住事物的根本"。[①] 因此，正确认识、理解和掌握高校青年教师思想政治工作的相关概念、价值取向、战略意义和发展趋向，应当是本研究的逻辑起点。

一、高校青年教师思想政治工作的基本内涵

概念是人们在头脑里所形成的对反映对象的本质属性及根本特征的思维形式，是实现感性具体跃升到理性具体的必要工具。对高校青年教师思想政治工作的理论阐释，也离不开对其核心概念的正确解读和理论剖析，这将有助于我们在理论和实践中正确使用这一概念，并科学把握其所具有的内涵和外延。

1. 思想政治工作、思想政治教育和思想政治教育工作

通过梳理文献不难发现，目前学界存在"高校青年教师思想政治工作""高校青年教师思想政治教育""高校青年教师思想政治教育工作"三个概念交叉使用的情况。应当看到，这三个概念既相互联系，又有一定区别。令人遗憾的是，很少有人对这三个概念做出学理上的辨析和论述，大都将其视为同等概念，这也导致笔者对这一研究主题的一些质疑，或是出现了研究不自信的心理，即"究竟用哪个概念来表达才最合适?"这是因为，对相关概念使用的混淆可能会是阻碍我们科学研究接续发展的重要

---

① 《马克思恩格斯文集》第1卷，人民出版社2009年版，第11页。

绊脚石。当然，我们也要看到，对相关概念使用的质疑和疑惑是科学研究中的重要一环，也是科学研究者日常工作中必有的事情。就高校青年教师思想政治工作而言，笔者认为对这三个概念的辨析实质上是对其上位概念——“思想政治工作”“思想政治教育”“思想政治教育工作”——的模糊混淆使用所致。因此，正确认识和科学把握高校青年教师思想政治工作的相关概念，就应当对这三个概念进行科学阐释和有效解读，进而帮助我们从内涵和外延上正确理解和掌握高校青年教师思想政治工作概念的使用。

思想政治工作、思想政治教育和思想政治教育工作是思想政治教育学科最基本的概念，在理论研究过程中极易混淆。学界对三者的联系和区别已经做了一些理论上的探究和思考，为我们的科学研究奠定了重要的理论基础。

“思想政治工作”这一概念最早是1951年刘少奇在第一次全国宣传工作会议上明确提出的。1957年毛泽东在《关于正确处理人民内部矛盾的问题》一文中加以运用和阐述。对思想政治工作的内涵界定，有学者指出：“思想政治工作，是专指无产阶级及其政党在进行无产阶级革命和社会主义建设的过程中，为引导和促进人们认同、掌握马克思主义的思想理论、政治取向、政策主张而进行的宣传、动员、教育等方面的工作及其科学理论。”① 还有学者提出：“思想政治工作是以人为对象，解决人的思想、观点、政治立场问题，提高人的思想觉悟的工作。”② 实际上，思想政治工作是思想工作和政治工作的交叉和叠加，因为它有思想性和非思想性以及政治性和非政治性方面的特质，而党的思想政治工作就是有目的、有计划、有组织地用先进意识形态对人们施加有益教育影响，以期转变人们的思想价值观念和政治立场原则，并组织、动员和凝聚他们为实现党和国家当前和长远的目标而奋斗。在实际工作中，它主要包含四个方面的内容：一是思想战线和教育领域的政治工作，它侧重于思想理论的政治教育；二是政治领域的思想工作，它侧重于对人们政治生活进行思想引领；三是经济领域、业务领域和生活领域的思想工作，它侧重于对人们的思想

① 荆惠民：《思想政治工作概论》，中国人民大学出版社2007年版，第42页。

② 郑永廷：《把高校思想政治工作贯穿教育教学全过程的若干思考——学习习近平总书记在全国高校思想政治工作会议上的讲话》，《思想理论教育》2017年第1期。

观念进行政治引领；四是为了做好上述三项工作所进行的管理协调工作，以及为社会主义精神文明建设改善宏观、微观精神生活环境而进行的工作。

对思想政治教育的概念界定，目前学界主要存有“‘施加论’、‘转化论’、‘内化论’、‘培养论’、‘引导论’、‘需要论’等类型说”①，在概念所要达成的目标、构成和指向方面仍有待进一步深化探究。笔者在此主要引用了面向21世纪课程教材的《思想政治教育学原理（第三版）》一书中关于对思想政治教育概念的理论阐释：“思想政治教育是指社会或社会群体用一定的思想观念、政治观点、道德规范，对其成员施加有目的、有计划、有组织的影响，并促使其自主地接受这一影响，从而形成符合一定社会一定阶级所需要的思想品德的社会实践活动。”② 我们认为，这一概念的论述在时间、空间和对象上，都呈现以下特点：其一，无代际规定，古今都适用；其二，无指代国家，中外都包含；其三，无指定人群，只有施动者和受动者。当然，我们也要看到，尽管学界对思想政治教育的认识有着不同理论解读，但他们在对思想政治教育目的和内容的理解上还是存有一定共识：根本目的在于培养社会主义建设者和接班人，主要内容是主流意识形态所要求的价值观、政治观、道德观、法治观等内容的综合教育。

同时，学界对三个概念的联系和区别的探讨，也为我们的科学研究提供了重要借鉴意义。有学者指出：“思想政治教育是思想政治工作的重要组成部分和最基本的实现形式，思想政治教育学科是思想政治工作的学科形态。两者从根本上说是一而二、二而一的关系。”③ 还有学者从概念提出缘起、语义分析阐释、内涵外延比较和概念使用区别四个维度，对思想政治工作和思想政治教育进行了细致考察，明确提出：“就词源而言，两个概念均由‘宣传工作’、‘政治工作’、‘思想工作’、‘政治教育’等演变而来，但‘思想政治工作’早于‘思想政治教育’；就语义而言，两个概念均有‘思想’、‘政治’的普遍蕴涵，但‘思想政治教育’更加注重教育性，‘思想政治工作’则更加凸显实务性；就内涵和外延而言，两个

---

① 王淑芹、李文博：《“思想政治教育”概念的廓清与释义》，《思想理论教育导刊》2018年第8期。

② 陈万柏、张耀灿：《思想政治教育学原理（第三版）》，高等教育出版社2015年版，第4页。

③ 张澍军：《试论思想政治教育学科定位——学习习近平两次重要讲话的一些思考》，《马克思主义研究》2017年第7期。

概念存在内涵上的交叉、外延上的包含关系；从概念使用情形上看，在强调党政工作时，通常用‘思想政治工作’，当从育人的视角出发时，通常用‘思想政治教育’。”① 就思想政治工作和思想政治教育工作的关系而言，“思想政治工作范围更加广泛，它不仅包括思想政治教育工作，还包括宣传工作、党建工作、组织工作、统战工作、维稳工作、精神文明建设工作等”。② 这为我们区分思想政治工作和思想政治教育的关系提供了重要启示。

总的来说，思想政治工作、思想政治教育和思想政治教育工作，都是做人的思想政治方面的教育工作，但思想政治工作的概念能指和所指具体到内涵和外延上，更加侧重于党政方面的务实性工作，主要凸显各个领域的政治属性，涉及的对象、范围和内容最为广泛，既包含思想政治教育工作，也包括思想政治教育管理方面的工作。另外，思想政治教育也是其主要工作或主要内容。这一认识无疑为我们科学把握高校青年教师思想政治工作的概念提供了智慧之思和理论支撑。

2. 高校青年教师思想政治工作

高校青年教师思想政治工作是有高校教师这一特殊职业内在规定属性的，不同于一般意义上的大学生思想政治工作。由于高校教师职业性质、素质构成以及思想变化的特殊性和复杂性，决定了高校青年教师思想政治工作在目标、内容、方法和路径上，均与以其他群体为对象的思想政治工作实践活动既存在共性之处，也存有显著差异。

笔者认为，新时代高校青年教师思想政治工作，就是我们党在领导高校完成“两个一百年”奋斗目标和实现中华民族伟大复兴中国梦的实践过程中，用一定的思想理论、政治观点和师德规范，对高校青年教师施加有目的、有计划、有组织的教育工作影响，使他们成为具有过硬政治素质、高尚师德品质和高超育人水平的高素质教师，而进行的思想教育、理论宣传、政治参与、师德建设等方面的工作。

具体而言，坚持党的领导，是高校青年教师思想政治工作的根本保证；完成“两个一百年”奋斗目标和实现中华民族伟大复兴中国梦，是

---

① 冯刚、曾永平：《“思想政治工作”与“思想政治教育”概念辨析》，《思想理论教育》2018 年第 1 期。

② 同上。

高校青年教师思想政治工作的时代背景和价值依归。高校是高校青年教师思想政治工作的实施主体，承担着高校教师工作的主体责任；高校青年教师是高校青年教师思想政治工作的受教育者，担任着高校教师工作的客体角色。一定的思想理论、政治观点和师德规范，是高校青年教师思想政治工作的内容构成，在新时代具体指向马克思主义理论及其中国化的最新理论成果、党的教育路线方针政策、社会主义核心价值观、高校教师职业行为准则等内容。有目的、有计划、有组织的教育工作影响，体现了高校青年教师思想政治工作的基本过程。建设一支政治素质过硬、师德品质高尚和育人水平高超的高校青年教师队伍，是高校青年教师思想政治工作的价值追求。思想教育、理论宣传、政治参与、师德建设等方面的工作要求，是落实高校青年教师思想政治工作中日常性工作的具体表现。这些要素有机统一于高校青年教师思想政治工作的实践活动之中，共同构成新时代高校青年教师思想政治工作的基本内涵。

二、高校青年教师思想政治工作的价值取向

新时代高校青年教师思想政治工作，作为高等教育事业发展的一项重要政治任务和战略工程，被置于习近平新时代中国特色社会主义思想的理论思考中，放在建设教育现代化强国的战略布局里，纳入世界一流大学和一流学科建设的方案谋划中，因而被赋予了新的价值诉求和目标导向。

1. 新时代高校青年教师思想政治工作的政治定位是服务于高等教育“四为服务”的发展方向

世界各国高等教育改革发展的实践证明，教育必须服务、服从于国家的政治、经济和社会发展的现实要求。列宁指出：“如果一个学校的已经由讲课人员预先决定的方向是敌对的，那么，在世界上的任何地方、任何时候、任何一个尊重自己的组织、派别或团体，都不会来为这个学校分担责任。”[①] 费希特指出：“学者的使命主要是为社会服务，因为他是学者，所以他比任何一个阶层都更能真正通过社会而存在，为社会而存在。因此，学者特别担负着这样一个职责：优先地、充分地发展他本身

① 华东师范大学教育系编：《列宁论教育》，人民教育出版社1990年版，第345页。

的社会才能、敏感性和传授技能。”[①] 阿普尔指出：“教育并非一个价值中立的事业，就教育制度的本质而言，无论教育工作者是否意识到，他们已经被卷入了一项政治活动。”[②] 可见，教育的使命和发展，同党、国家和民族的使命与发展密切相关、融为一体，而新时代中国特色社会主义高等教育的重要使命和发展方向，就是习近平总书记高度凝练、概括和总结的“四为服务”。它是一个由四个相互联系、不可割裂的要素构成的统一整体，要全面认识和客观看待而不能只讲某一个或某几个方面的服务。教育是党的意识形态工作的前沿阵地，高校能否坚持正确的办学方向？高等教育事业的改革之路怎么走？立德树人根本任务的实现程度如何？从某种意义上讲，决定权就掌握在高校教师，尤其是高校青年教师这一生力军的手中。因此，做好新时代高校青年教师思想政治工作，必须要明确“高校思想政治工作关系高校培养什么样的人、如何培养人以及为谁培养人这个根本问题”[③]，明确高校青年教师“为谁教、教什么、教给谁、怎么教的问题”[④]，进而始终不遗余力地坚持以高等教育“四为服务”为基准，做高等教育“四为服务”的积极贡献者。

2. 新时代高校青年教师思想政治工作的根本目的是满足人民对高等教育发展的期待和需要

为人民谋幸福是中国共产党人的根本初心，也是党的思想政治工作的根本目的。教育作为最大的一项民生工程，既是引领未来的工作，也是引领未来的行业，如何适应和满足人民群众对高等教育发展的期待和要求，是新时代高校青年教师思想政治工作必须回应和解答的新课题。《关于全面深化新时代教师队伍建设改革的意见》明确指出，“人民对公平而有质量的教育的向往更加迫切”，要“把全面加强教师队伍建设作为一项重大政治任务和根本性民生工程切实抓紧抓好”。[⑤] 因此，加强和改进高校青

① ［德］费希特：《论学者的使命 人的使命》，梁志学、沈真译，商务印书馆 2017 年版，第 43 页。

② ［美］阿普尔：《意识形态与课程》，黄忠敬等译，华东师范大学出版社 2003 年版，第 1 页。

③ 《习近平谈治国理政》第 2 卷，外文出版社 2017 年版，第 376 页。

④ 《习近平在中国政法大学考察时强调：立德树人德法兼修抓好法治人才培养　励志勤学刻苦磨炼促进青年成长进步》，《人民日报》2017 年 5 月 4 日。

⑤ 《中共中央国务院关于全面深化新时代教师队伍建设改革的意见》，《人民日报》2018 年 2 月 1 日。

年教师思想政治工作，必须及时回应人民的热切期盼，助力办好新时代人民满意的高等教育。事实上，人民对高等教育的朴素愿望和强烈需要，无非自己的孩子能够走进一所好大学，遇到一群好老师，受到更好质量的高等教育，找到一个好工作。这既是我们奋斗的目标，也是我们前进的动力。做好新时代高校青年教师思想政治工作，只有“坚持以人民为中心的发展思想”，围绕人民关注的教育问题，努力改进提高，培育和造就一支人民满意的“四有好老师”队伍，人民才会满意。当然，高等教育让人民满意，路还很长，需要我们共同努力奋斗。

3. 新时代高校青年教师思想政治工作的根本任务是培养堪当民族复兴大任的大国良师

培养什么样的人，是教育首先要回答的问题。高校青年教师思想政治工作亦如此。它也关涉思想政治工作“培养什么样的教师”的首要问题。对此，中共教育部党组立足新时代对教师队伍建设的重大决策部署，明确提出要“努力培养造就堪当民族复兴大任的大国良师”①，这无疑为确证新时代高校青年教师思想政治工作的根本任务提供了重要价值遵循。实现中华民族伟大复兴的中国梦，既是党和国家开展工作大局的价值追求，也是一代青年激扬青春岁月的时代主题。“实现中华民族伟大复兴，教育的地位和作用不可忽视。我们对高等教育的需要比以往任何时候都更加迫切，对科学知识和卓越人才的渴求比以往任何时候都更加强烈。”② 要“坚持把服务中华民族伟大复兴作为教育的重要使命”。③ “教师承担着传播知识、传播思想、传播真理的历史使命，肩负着塑造灵魂、塑造生命、塑造人的时代重任，是教育发展的第一资源，是国家富强、民族振兴、人民幸福的重要基石。”④ 另外，高校的立身之本就在于立德树人，要实现这一根本目的，就必须努力培养和造就一支堪当民族复兴大任的大国良师，这是因为教育者必先受教育。“立德树人第一招就是师德建设，要把老师培养好，我们不能期望一个师德不健康的人能够教育出好学生，能够

① 中共教育部党组：《努力培养造就堪当民族复兴大任的大国良师》，《求是》2018 年第 4 期。

② 《习近平谈治国理政》第 2 卷，外文出版社 2017 年版，第 376 页。

③ 《习近平在全国教育大会上强调：坚持中国特色社会主义教育发展道路 培养德智体美劳全面发展的社会主义建设者和接班人》，《人民日报》2018 年 9 月 11 日。

④ 《中共中央国务院关于全面深化新时代教师队伍建设改革的意见》，《人民日报》2018 年 2 月 1 日。

教育出合格的建设者和接班人，能够教育出担当民族复兴大任的一代新人。”[①] 那么，什么样的高校青年教师才能被称为大国良师？对此，习近平总书记在不同场合对教师队伍角色定位的重要论述，为我们努力培养造就堪当民族复兴大任的大国良师提供了重要依循。如做党和人民满意的“四有好老师”，做中华民族“梦之队”的筑梦人，当学生锤炼品格、学习知识、创新思维及奉献祖国的“四个引路人”，成为塑造学生品格、品位和品行的“大先生”。

4. 新时代高校青年教师思想政治工作的个体价值是促进高校青年教师的全面发展

人的最高价值需要就是实现自我价值的充分发展。实际上，思想政治工作是专门做人的工作的，必须坚持以人为本，实现人的全面发展。换言之，教师的全面发展是高校青年教师思想政治工作的重要目标之一。教师全面发展的教育跟学生全面发展的教育较为相似，也包括德、智、体、美、劳等方面的教育内容。它们各个方面都有自己的特点、功能和规律，保持相对独立的特色，对实现教师的全面发展不可或缺、不能替代。同时，它们各个方面优势相互联系、相互制约。要实现教师的全面发展，必须实施全面发展的教育，因为全面发展的教育是实现教师全面发展的重要条件，而高校青年教师思想政治工作，即教师全面发展教育中“德”的教育，是全面发展教育的重要组成部分，涉及高校青年教师成长发展的方向性问题，是高校青年教师全面发展诸因素中的主导条件，对高校青年教师全面发展具有重要的保障和促进作用。具体而言，这种作用主要表现在确立高校青年教师专业成长的正确方向、更新高校青年教师的思想观念、促进高校青年教师的人格完善、培育高校青年教师的精神生产力等方面。其中，专业成长的正确方向是促进高校青年教师政治社会化的重要一维，有助于全面提升高校青年教师的思想政治素质和水平；树立现代新思想新观点是促进高校青年教师思想观念更新的重要途径，有助于培养树立高校青年教师为社会主义现代化建设做贡献的共同理想、价值观念和道德规范；促进人格完善是教师全面发展教育的基本因素，有助于塑造高校青年教师健全的人格，使他们形成崇高丰富的精神世界、健康良好的心理品格

① 陈宝生：《办好人民满意的教育是我们的奋斗目标和前进动力》，《中国校外教育》2018 年第 2 期。

和高尚优秀的道德品质；培育教师的能力，特别是培育教师的精神生产力和培育教师的科学思维方式，是高校青年教师思想政治工作的价值要素之一，有助于培养高校青年教师的智力和能力，丰富其知识体系和情感世界，提升其改造主观世界的能力和水平。

三、高校青年教师思想政治工作的任务要求

马克思指出："作为确定的人，现实的人，你就有规定，就有使命，就有任务。至于你是否意识到这一点，那都是无所谓的。这个任务是由于你的需要及其与现存世界的联系而产生的。"[①] 这种规定、使命和任务就是人的价值追求和目标要求。党的十八大以来，以习近平同志为核心的党中央立足于实现中华民族伟大复兴的战略高度，对高校教师群体、哲学社会科学工作者、文艺工作者、科技工作者等不同知识分子群体寄予了新期待、提出了新要求。就高校教师队伍建设而言，这些新期待和新要求对高校教师在理想信念、价值取向、师德师风、育人能力、专业素养等方面做出了全方位和系统化的要求，为新时代高校青年教师思想政治工作的任务要求指明了方向、提供了遵循。概括起来，主要包括以下六个方面。

1. 铸师魂，以解决高校青年教师的信仰问题

教师是人类灵魂的工程师，是太阳底下最光辉的事业。师魂作为教师的精神支柱和执教之源，在教师教育教学过程中起着重要的思想价值引领作用。"教师重要，就在于教师的工作是塑造灵魂、塑造生命、塑造人的工作。"[②] 要更好地铸育学生的灵魂、触及学生的灵魂，高校教师就要有纯高的师魂，会凝心铸魂。总的来说，师魂的根本指向是高校青年教师的理想信念，即高校青年教师要有正确的、坚定的理想信念，因为"正确理想信念是教书育人、播种未来的指路明灯。不能想象一个没有正确理想信念的人能够成为好老师"。[③] 基于此，做好新时代高校青年教师思想政治工作，要把坚守高校青年教师的理想信念作为他们铸师魂的努力方向。

① 《马克思恩格斯全集》第3卷，人民出版社1960年版，第329页。

② 习近平：《做党和人民满意的好老师：同北京师范大学师生代表座谈时的讲话》，人民出版社2014年版，第4页。

③ 同上书，第5页。

具体而言，要教育和引导广大高校青年教师以高等教育事业发展的“四为服务”要求为基准，擦亮马克思主义这个“鲜亮底色”，自觉坚持以习近平新时代中国特色社会主义思想为指导，坚定远大理想和共同理想，增强对中国特色社会主义的“四个自信”；要坚持受教育者先受教育，传道者自己首先要明道、信道，既能精于“授业”“解惑”，更要以“传道”为首要己任，做“经师”和“人师”相统一的“大先生”；要明确意识到高校教师所肩负的国家使命和社会责任，严肃认真对待自己承担的职责使命，自觉把党的教育方针贯彻到教育教学全过程。

2. 明师道，以培育高校青年教师的家国情怀

一般而言，师道是指尊师重道之理，从师问学之道。这里，笔者所讲的师道主要是为师之道，它作为一种教育思想和为师理念的社会意识，是高校青年教师对自己所从事教育事业的社会价值的充分肯定和认同，主要包括仁爱之道、师范之道和谦德之道，核心指向高校青年教师所葆有的最深沉的家国情怀。这是因为“爱国，是人世间最深层、最持久的情感，是一个人立德之源、立功之本”。[①] 涂尔干指出：“每个人都是国家的臣仆，也必然有义务，无论何地，这些义务在基本特征上都有相似之处（如忠诚和服务的义务）。”[②]《后汉书·桓荣传》中写道：“臣师道已尽，皆在太子，谨使掾臣汜再拜归道。”宋代陈亮在《廷对策》中也指出：“后世之所谓明君贤主，于君道容有未尽，而师道则遂废矣。”这无疑传承和发扬了《礼记》中关于“修道之谓教”的思想，反映了我国知识分子历来有着浓厚的家国情怀和强烈的社会责任感。应当看到，新中国成立以来，广大知识分子胸怀大局、心有大我、无私奉献，坚持国家至上、民族至上、人民至上，将全身心的智慧和精力都投入社会主义建设的伟大实践，做到了“党让我们去哪里，我们的行囊就去哪里”，始终与党和国家事业发展同向同行、同心同力。进入新时代，党、国家和人民更加需要广大知识分子传承和发扬这样的爱国奋斗精神和责任担当精神。作为一名新时代的高校青年教师，更要涵养心忧天下、心系祖国的家国情怀，树立经时济世、忠诚报国的崇高志向，以家国情怀关注社会现实、研究现实，以爱国精神教育学生和引导学生。基于此，做好新时代高校青年教师思想政

① 习近平：《在北京大学师生座谈会上的讲话》，人民出版社 2018 年版，第 11 页。

② ［法］爱弥尔·涂尔干：《职业伦理与公民道德》，渠敬东译，商务印书馆 2015 年版，第 5 页。

治工作，要以爱国主义教育为内容，以“四为服务”为着力点，积极引导广大高校青年教师树立充满家国情怀的理想信念追求。

3. 讲师德，以锤炼高校青年教师的道德品质

恩格斯指出：“实际上，每一个阶级，甚至每一个行业，都各有各的道德，并且，只要它能破坏这种道德而不受惩罚，它就加以破坏。”[①] 这无疑强调了加强道德教育的极端重要性。就教师职业而言，师德是一名教师深厚的知识修养和高雅的文化品位的质性体现，也是评价教师素质的第一标准。应当看到，师德的本质指向是教师高尚的道德情操，好教师首先应该是道德上的合格者。这是因为，教师为人处世、于国于民和于公于私所持的价值观是学生道德修养的镜子，镜子自身不干净怎能照出学生美丽动人的美好形象？换言之，“以无德教化有德，无异于天方夜谭，何来效果？”[②] 所以，育有德之生，需有德之师，教师要铺好师德的品行底色。教师讲师德，就是要明大德、守公德、严私德。就高校青年教师思想政治工作而言，教育广大高校青年教师做一个有道德情操的好老师，最根本的还是要积极引导他们忠诚和热爱教师职业，树立为教育事业奋斗终生的崇高志向，自觉守护人类精神家园、坚守教师人格底线。基于此，广大高校青年教师应该执着于立德树人、教书育人，要有“捧着一颗心来，不带半根草去”的奉献精神，要有“衣带渐宽终不悔，为伊消得人憔悴”的职业精神，要有“板凳要坐十年冷，文章不写一句空”的学术志向，在物欲横流的现实利益诱惑中能够安贫乐道，始终保持那份教书初心和育人的情怀，做到以德立身、以德立学、以德施教、以德育人。

4. 怀师爱，以激发高校青年教师的担当意识

爱是教育的灵魂，也是教育的永恒主题，没有爱就没有教育。教师怀有宽厚的仁爱之心是教育触及灵魂的厚重底色。古代圣贤孔子早就提出“仁者爱人”的思想。鲁迅先生也指出：“什么是教育？教育就是爱。”苏联作家高尔基同样特别强调：“只有爱孩子的人，他才可以教育孩子。”可见，教育是一项“仁而爱人”的伟大事业，有大爱的教师才会有责任

① 《马克思恩格斯选集》第4卷，人民出版社2012年版，第247页。

② 张澍军、苏醒：《论“立德树人”根本任务与思想政治教育学科建设使命》，《思想教育研究》2013年第7期。

担当。师爱“既包括爱岗位、爱学生，也包括爱一切美好的事物”。[①] 其中，爱学生是师爱最本质、最集中的表现形式。“好老师要用爱培育爱、激发爱、传播爱，通过真情、真心、真诚拉近同学生的距离，滋润学生的心田，使自己成为学生的好朋友和贴心人。”[②] 就高校青年教师思想政治工作而言，教育引导广大高校青年怀有仁爱之心亦是题中应有之义。新时代高校青年教师应当把爱作为永恒的主题融入自己教育教学工作之中，秉持“有教无类”“因材施教”的优良传统，发扬“学而不厌，诲人不倦”的师爱品质，尊重、理解和宽容学生在性格爱好、脾气秉性、兴趣特长方面的差异和个色，并精心加以引导和培育，在严爱相济中让学生做到“亲其师，信其道”。

5. 强师技，以提升高校青年教师的专业素质

师技是教师在立德树人和教书育人过程中最直接的教育支撑素质，它突出表现在教师“扎实的知识功底、过硬的教学能力、勤勉的教学态度、科学的教学方法”[③] 等方面。其中，知识是根本基础，能力是重要支撑，态度是价值取向，方法是关键“桥船”。基于此，笔者尝试将教师的师技概括为“学高”和“艺高”两个方面。其中，“学高”指向教师的教学态度和扎实学识，要求教师以求真问实的态度，刻苦学习、掌握知识，实现以深厚的理论底蕴和扎实学识支撑高水平教学；“艺高”指向教师的教学能力和教学艺术，要求教师提升教学艺术，善于运用现代信息技术，从而提升改造学习、改造课堂的能力和水平。应当看到，教师做的是传播知识、传播思想和传播真理的工作，要想实现这种传播效果，教师本人必须强师技，这是因为“青年时期学识基础厚实不厚实，影响甚至决定自己的一生”。[④] “过去讲，要给学生一碗水，教师要有一桶水，现在看，这个要求已经不够了，应该是要有一潭水。”[⑤] “这是一潭深水而不是浅水，要求教育者有扎实的理论功底和深厚的理论素养，做到融会贯通地学、游刃有余地教，引导受教育者真正学有所思、

① 习近平：《做党和人民满意的好老师：同北京师范大学师生代表座谈时的讲话》，人民出版社2014年版，第9—10页。

② 同上书，第10页。

③ 同上书，第8页。

④ 同上书，第11页。

⑤ 同上书，第9页。

思有所得。”[①]这启示我们：做好新时代高校青年教师思想政治工作，一方面，要教育引导广大高校青年教师牢固树立终身学习理念，端正学习态度，勤于学习、敏于求知，深刻理解“水之积也不厚，则其负大舟也无力”的哲学意涵，努力夯实专业知识基础，开阔学术研究视野，不断向理论、实践、同行学习，不断充实、扩展和提升自己，从而避免由于自身的知识储备不足、视野不够导致教育教学过程中捉襟见肘现象的发生。另一方面，要教育引导广大高校青年教师不断提升教育教学能力，注重表达方式，善于更新传授艺术，学会把我们要讲的真理、道理和情理，把我们所讲的现实、事实和确实，用青年学生喜闻乐见的语言、易于接受的方式呈现出来，从而避免由于能力不足、艺术欠缺导致教育教学过程中枯燥乏味现象的发生。

6. 重师智，以提高高校青年教师的创造能力

师智是对教师职业活动智力因素考究的一般理论抽象。师智除一般意义上的智识基础（知识认知）以外，最鲜明的特征就是教师具有的强烈的创新意识和革新思维。这既是教师所具备的一种认识和实践能力，也是教师主观能动性的高级表现，不断助推着教师自我发展和进步。就教育事业改革发展而言，创新也是新时代建设教育强国的一个重要理论和实践主题。创新既是推动教育改革的不竭动力，也是教育培养人才的题中应有之义。对此，习近平明确提出：“素质教育是教育的核心，教育要注重以人为本、因材施教，注重学用相长、知行合一，着力培养学生的创新精神和实践能力，促进学生德智体美全面发展。”[②]他还倡导广大高校教师要“牢固树立改革创新意识，踊跃投身教育创新实践，为发展具有中国特色、世界水平的现代教育作出贡献”。[③]这无疑肯定了改革创新对学校人才培养、教育事业改革和社会发展进步的重要意义。毫无疑问，教育和引导广大高校青年教师葆有改革创新意识的自觉性和自律性，是新时代赋予高校青年教师思想政治工作的新任务。具体而言，要教育引导广大高校青年教师葆有改革创新的自主性，敢于因事、因时、因势而创新，不断提高自身的教育教学质量；要教育引导广大高校青年教师葆有改革创新的首创

① 王学俭、杜敏：《高校思想政治教育供给侧改革探讨》，《思想理论教育导刊》2017年第6期。

② 《习近平关于社会主义社会建设论述摘编》，中央文献出版社2017年版，第57页。

③ 《习近平向全国广大教师致慰问信》，《人民日报》2013年9月10日。

性，积极学习、吸纳和掌握科学的教育理念和前沿的学术成果，不断丰富和更新自身的教育教学内容与资源；要教育引导广大高校青年教师葆有改革创新的先进性，采用科学高效的教学方法和艺术，不断增强自身教育教学的时代感和吸引力。

第三节　高校青年教师思想政治工作的战略意义

“思想政治工作是学校各项工作的生命线。”① “事关办什么样的大学、怎样办大学的根本问题，事关党对高校的领导，事关中国特色社会主义事业后继有人，是一项重大的政治任务和战略工程。”② 就高校青年教师思想政治工作而言，这一生命线作用的发挥，无论是对党的领导，还是对高等教育事业发展、培养优秀人才及青年教师成长发展，都具有十分重要的意义。

一、关乎党对高校教育工作的全面领导

“党政军民学，东西南北中，党是领导一切的。”③ 新时代坚持党对高校工作的全面领导，比以往任何时候都更加紧迫和重要，这是因为“我们的高校是党领导下的高校，是中国特色社会主义高校”，我们的“高校党委对学校工作实行全面领导，承担管党治党、办学治校主体责任，把方向、管大局、作决策、保落实”。“必须坚持党的领导，牢牢掌握党对高校工作的领导权，使高校成为坚持党的领导的坚强阵地。”④ “加强党对教育工作的全面领导，是办好教育的根本保证。”⑤ “做好高校

① 《习近平在全国教育大会上强调：坚持中国特色社会主义教育发展道路　培养德智体美劳全面发展的社会主义建设者和接班人》，《人民日报》2018 年 9 月 11 日。

② 《十八大以来重要文献选编》下，中央文献出版社 2018 年版，第 478 页。

③ 习近平：《决胜全面建设小康社会　夺取新时代中国特色社会主义伟大胜利——在中国共产党第十九次代表大会上的报告》，人民出版社 2017 年版，第 20 页。

④ 《习近平谈治国理政》第 2 卷，外文出版社 2017 年版，第 377、379 页。

⑤ 《习近平在全国教育大会上强调：坚持中国特色社会主义教育发展道路　培养德智体美劳全面发展的社会主义建设者和接班人》，《人民日报》2018 年 9 月 11 日。

知识分子工作，是新时代加强党对高校领导的最重要方面。党带领人民开创伟大事业，离不开知识分子，需要他们作出不可替代的独特贡献。”[①] 应当看到，高校青年教师思想政治工作，是党的意识形态工作和高校党建工作在高校工作的具体体现与重要抓手，这是全面从严治党战略布局在高校的逻辑延展和具体呈现，高校青年教师要自觉做“党执政的坚定支持者”。[②] 毫无疑问，做好新时代高校青年教师思想政治工作，有利于进一步巩固党对高校教育工作的全面领导，切实把党的思想政治工作优势发挥出来，确保高校成为广大青年教师坚持党的领导的坚强阵地。

二、关系高等教育事业发展的正确方向

高校肩负着“四为服务”的重要使命，是巩固和发展马克思主义指导地位与思想的重要阵地。这一重要使命的完成，这一重要阵地的建设，都离不开高校青年教师的积极参与和自觉支持。坚持社会主义办学方向，是新时代我国高校的鲜明特色和根本要求，直接关系到培养人这个教育的根本问题。列宁曾强调指出：“学校的真正的性质和方向并不由地方组织的良好愿望决定，不由学生‘委员会’的决议决定，也不由‘教学大纲’等等决定，而是由教学人员决定的。”[③] 习近平也指出：“我国有独特的历史、独特的文化、独特的国情，决定了我国必须走自己的高等教育发展道路，扎实办好中国特色社会主义高校。”[④] 这就要求我们坚持高等教育“四为服务”的发展方向，坚定不移地走自己的路。如果高校脱离了这个最大实际，也就丢掉了办学的根本，就很难办好。新时代高校青年教师思想政治工作最重要的就是在办学方向上站稳立场、举旗定向，这是因为高校青年教师作为高等教育事业发展最为重要的推动力量和生力军，必须坚持正确的政治方向，才能保证高校沿着我国发展的现实目标和未来方向发展，才能保证人才培养的正确方向。基于此，习近平对包括高校青年教师

① 陈宝生：《写好高等教育“奋进之笔”——在教育部直属高校工作咨询委员会第二十七次全体会议上的讲话》，《中国高等教育》2018 年第 Z1 期。

② 《习近平谈治国理政》第 2 卷，外文出版社 2017 年版，第 379 页。

③ 《列宁全集》第 45 卷，人民出版社 2017 年版，第 244—245 页。

④ 《习近平谈治国理政》第 2 卷，外文出版社 2017 年版，第 376 页。

在内的广大高校教师提出了“坚持不懈传播马克思主义科学理论”“坚持不懈培育和弘扬社会主义核心价值观”“坚持不懈促进高校和谐稳定”“坚持不懈培育优良校风和学风”[①]的四点要求，以保证社会主义高校的办学方向。

三、关涉立德树人根本任务的最终实现

立德树人是高校的立身之本，也是检验高校一切工作的根本标准。从现实来看，我国高等教育已经进入了新时代大众化教育阶段，普通高校有2688所，在校大学生有3000多万人，要把这么多青年学生培养成优秀人才，高校青年教师首先要为人师表，肩负起立德树人的崇高使命和职责任务，因为他们的思想觉悟、理想信念、价值取向、师德师风等直接关乎学生的成长成才。这就要求广大高校青年教师“把立德树人融入思想道德教育、文化知识教育、社会实践教育各环节”，始终“围绕这个目标来教……凡是不利于实现这个目标的做法都要坚决改过来”。[②]另外，从立德树人的内涵指向上讲，我们较为认同“‘立德树人’之‘立德’，具有双重思想指向，既包括学生之德育，又包括师德之建设”。[③]换言之，高校青年教师是教育的主体，他们的思想和行为是教育教学活动的基础，能够直接影响学生、塑造学生，如果想要教出“好学生”，高校青年教师首先要做“好教师”，正所谓“要教育对象相信的，教育者首先自己要相信；让教育对象做到的，教育者自己要首先做到，至少要努力去做，成为教育对象的楷模”。[④]因此，无论是从学生的角度，还是从教师的角度，做好新时代高校青年教师思想政治工作都能够为立德树人根本任务的实现奠定基础和提供保证。

① 《列宁全集》第45卷，人民出版社2017年版，第377页。

② 《习近平在全国教育大会上强调：坚持中国特色社会主义教育发展道路　培养德智体美劳全面发展的社会主义建设者和接班人》，《人民日报》2018年9月11日。

③ 张澍军：《论“立德树人”根本任务与思想政治教育学科建设使命》，《思想教育研究》2013年第7期。

④ 陈万柏、张耀灿：《思想政治教育学原理》（第三版），高等教育出版社2015年版，第169页。

四、关切高校青年教师自身的成长发展

青年兴则国家兴，青年强则国家强。国家始终与新时代广大青年同呼吸、共命运、心连心，青年的成长发展始终都不能脱离民族振兴、国家强盛这个时代背景，也不能背离服务人民、奉献祖国这个核心主题，否则，个人奋斗将毫无意义。应当看到，尽管高校青年教师普遍具有较高的知识水平和文化素养，但并非每一个高校青年教师都能够在其人生的各个阶段不受各种利益诱惑而始终坚持正确的政治原则和立场，也不是每一个高校青年教师都能够看清自身的奋斗目标和承受的社会期望。坚定政治立场与方向、明确角色与定位、明晰使命与职责，都离不开高校青年教师思想政治工作功能和作用的有效发挥。毛泽东指出："人民的觉悟不是容易的，要去掉人民脑子中的错误思想，需要我们做很多切切实实的工作。对于中国人民脑子中的落后的东西，我们要去扫除，就像用扫帚打扫房子一样。从来没有不经过打扫而自动去掉的灰尘。"① "广大青年人人都是一块玉，要时常用真善美来雕琢自己，不断培养高洁的操行和纯朴的情感，努力使自己成为高尚的人。"② 扫除高校青年教师价值观念中布散的"灰尘"，"雕琢"高校青年教师内心的真善美，"培养"高校青年教师的操行和情感，都离不开高校青年教师思想政治工作。它的价值就在于：一是思想政治社会化，使高校青年教师了解并认同社会主流意识形态，从而培养过硬的思想政治素质；二是确立高校青年教师的主体意识，使其在中国特色社会主义伟大实践中，自觉肩负起中华民族伟大复兴中国梦"梦之队"之筑梦人的职责使命；三是重塑高校青年教师的责任感和使命感，让广大高校青年教师深刻认识到："如果我们选择了最能为人类福利而劳动的职业，那么，重担就不能把我们压倒，因为这是为大家而献身；那时我们所感到的就不是可怜的、有限的、自私的乐趣，我们的幸福将属于千百万人，我们的事业将默默地、但是永恒发挥作用地存在下去，而面对我们的骨灰，高尚的人们将洒下热泪。"③

---

① 《毛泽东选集》第 4 卷，人民出版社 1991 年版，第 1131 页。

② 《习近平关于青少年和共青团工作论述摘编》，中央文献出版社 2017 年版，第 41 页。

③ 《马克思恩格斯全集》第 40 卷，人民出版社 1982 年版，第 7 页。

第四节　高校青年教师思想政治工作的发展趋向

新时代高校青年教师思想政治工作面临新挑战、新任务、新使命，必须紧跟时代步伐、聆听时代声音、反映时代需要、彰显时代特征，以应对新挑战、完成新任务、实现新使命。

一、突出政治属性，擦亮高校青年教师队伍的政治底色

列宁明确指出："政治嗅觉只能用教育来培养。"① "所谓教育'不问政治'，教育'不讲政治'，都是资产阶级的伪善说法。"② 2018 年 5 月 2 日，习近平在北京大学师生座谈会上谈到"建设高素质教师队伍"时，也明确提出高校教师"政治素质过硬"的要求。教育部部长陈宝生也指出："从一定意义上讲，教育就是政治，是政治的独特表现形式……它既事关当下的政治，它更塑造未来的政治。我们把握教育战线意识形态工作，要学会从政治上去把握。"③ 应当看到，高校思想政治工作的本质属性是其政治性特质，政治性是教育工作的灵魂，占有核心主导地位。离开了政治性，思想政治工作就会有脱离党的领导的倾向，就会庸俗化，甚至走上邪路。做好新时代高校青年教师思想政治工作，必须把政治属性作为教师教育教学的第一属性，始终坚持把正确的政治导向摆在首位，坚定社会主义大学的办学导向，坚持"四为服务"的价值导向，坚守立德树人的育人导向，牢牢绷紧导向这根弦。

二、增强教育属性，提升高校青年教师的育人育才能力

思想政治工作是一项培养人、教育人和引导人的实践活动。新时

① 《列宁选集》第 1 卷，人民出版社 2012 年版，第 265 页。

② 《列宁全集》第 39 卷，人民出版社 1986 年版，第 400 页。

③ 陈宝生：《做好教育战线意识形态工作》，《紫光阁》2016 年第 12 期。

代凸显高校青年教师思想政治工作的教育属性，是对高校立德树人根本任务的正确认识和积极践行，也是遵循教育规律和教师发展规律的重要体现和价值依循。正如习近平总书记所言："大学是立德树人、培养人才的地方，是青年人学习知识、增长才干、放飞梦想的地方。""高校只有抓住培养社会主义建设者和接班人这个根本才能办好，才能办出中国特色世界一流大学。"[①] 高校青年教师的职责使命是传道、授业和解惑，承担着塑造灵魂、生命和新人的时代重任，必须把"育人高超的高素质"作为高校青年教师从教的一条重要衡量标准，以此来提升高校青年教师的育人育才水平和能力。在这里，笔者通过施一公教授的例子来说明高校青年教师要自觉提升育人育才意识和能力的重要性。施一公在《我的人生观念与事业追求》公开演讲中指出："如果你问我，10 年前回国有什么目的？我想影响一批青年人，我想培养最优秀的创新型青年才俊。"[②] 他在《父亲是我最崇拜的人》一文中也讲道："我的真心话：我回到清华最想做的事就是育人，培养一批有理想、敢担当的青年人，在他们可塑性还较高的时候去影响他们，希望清华的学生在增强专业素质、追求个人价值的同时，让他们清楚而坚定地从内心深处意识到自己对于这个国家和民族义不容辞的责任，承载起中华民族实现强国大梦之重任！"[③] 这启示我们，做好新时代高校青年教师思想政治工作，要教育引导广大高校青年教师主动对标"四有好老师"标准，对焦"四个引路人"要求，对准"大先生"期待，帮助学生"扣好人生的第一粒扣子"，把全部精力和满腔热情都奉献给培养社会主义建设者和接班人的伟大事业，做一名堪当民族复兴大任的大国良师；要教育引导广大高校青年教师正确处理好教学与科研的关系，切实解决好"教"和"学"的矛盾，使自己所在高校的学科建设和人才培养水平上升、教师育人育才能力跃升、学生获得感不断提升，实现各学科专业高校青年教师在立德树人上能够同心同行、同向发力。

① 习近平：《在北京大学师生座谈会上的讲话》，人民出版社 2018 年版，第 4—5 页。

② 施一公：《我的人生观念与事业追求》，《档案记忆》2017 年第 12 期。

③ 施一公：《父亲是我最崇拜的人》，《光明日报》2015 年 3 月 3 日。

三、凸显人民属性，强化高校青年教师服务宗旨意识

人民立场是中国共产党的根本政治立场和终生奋斗追寻。高等教育作为最大的一项民生工程，既是引领未来的工作，也是引领未来的行业。如何适应和满足人民群众对高等教育事业发展的美好期待与愿景所需，是新时代高校青年教师思想政治工作要回应和解答的重要课题，而坚持以人民为中心的发展思想，既是新时代彰显高等教育“为人民服务”的价值旨趣，也是做好党的思想政治工作的必然要求，应着力在“为了人民”和“以人为本”两个方面下功夫、见成效。一方面，“为了人民”突出强调新时代高校青年教师队伍建设，要更加彰显“人民教师”的光荣身份和鲜亮底色，永远把人民对美好生活的向往作为奋斗目标，永远把人民对高等教育的美好期待作为职责使命，增强高等教育为人民服务的宗旨意识和使命自觉，加强科学研究和社会服务职能，为增进人民福祉做出高校青年教师应有的贡献。另一方面，“以人为本”突出强调高校教师工作，要坚持“围绕师生、关照师生、服务师生”的教育理念，增强思想政治工作的教育服务功能，提高大学生的教育获得感和幸福感，提升高校青年教师的职业荣誉感和归属感。例如，要聚焦学生成长成才的现实需要，各门课程都要守好教书育人的一段渠、种好立德树人的责任田，更加注重以文化人、以文育人，着力培养担当民族复兴大任的时代新人；要坚持尊师重教，关注高校青年教师自身思想状况，关心高校青年教师实际诉求，关心高校青年教师心理健康，提升高校青年教师的政治地位、社会地位和职业地位，不断增强高校青年教师的职业荣誉感、工作获得感和生活幸福感，使高校教师成为受社会尊重、令人羡慕的崇高职业。

四、提升文化属性，筑牢高校青年教师队伍文化自信

文化既能滋养人的心灵，也能涵育人的德行，更能引领社会风尚。列宁提出，如果“教师群众接受了资本主义文化遗产，全身沾染了这种文化的缺点，在这种情况下他们不可能是共产主义教师”。[①] 习近平也指出，

---

① 《列宁专题文集　论社会主义》，人民出版社 2009 年版，第 175 页。

“文化是一个国家、一个民族的灵魂。文化兴国运兴，文化强民族强。没有高度的文化自信，没有文化的繁荣兴盛，就没有中华民族伟大复兴。”[①]“文化自信，是更基础、更广泛、更深厚的自信。”[②] 肩负传道、授业和解惑工作的高校青年教师，是先进思想文化的积极传播者和忠诚践行者，承担着传授知识、传播思想和传递真理的职责使命。这就要求高校青年教师立足当代中国、扎根社会现实，自觉坚守和发展中华文化立场与品位，培育和践行社会主义核心价值观，引领社会精神风貌。做好新时代高校青年教师思想政治工作，要着重思考“如何在文化繁荣发展的时代潮流中促使高校青年教师自觉坚定文化自信”这一重要问题，更加凸显思想政治工作内在的文化属性，通过“高校原创文化精品推广行动计划”等文化建设活动，积极发挥文化的浸润、感染和熏陶作用，实现对高校青年教师精神文化方面的引领与教育，努力打造良好的文化育人环境，不断推动我国高等教育文化事业和文化产业发展。

① 《习近平谈治国理政》第 3 卷，外文出版社 2020 年版，第 32 页。

② 《习近平谈治国理政》第 2 卷，外文出版社 2017 年版，第 36 页。

第二章 新时代高校青年教师思想政治工作的理论依循

恩格斯指出："一个民族要想站在科学的最高峰，就一刻也不能没有理论思维。"① 对时代问题的把握和破解折射着人类思维的高度。高校青年教师思想政治工作亦需要理论的支撑和依循。这一理论依循，遵循马克思主义理论基础、教师工作理论并借鉴人类优秀知识，有着深刻的理论底蕴和底气。

第一节 新时代高校青年教师思想政治工作的理论基础

在当代中国，马克思主义，尤其是中国化的马克思主义，既是党的思想政治工作的理论基础，也是思想政治教育学的根本指导思想和重要理论根据。就高校教师思想政治工作而言，我们应当在完整准确地学习、把握和应用马克思主义科学理论体系的基础上，着重研究与高校教师思想政治工作关系最密切、应用得最多、为开展教育工作提供了直接依据的基本原理和理论。对此，应深刻理解和着重领会以下几个基本原理。

一、社会存在与社会意识辩证关系原理

社会存在与社会意识辩证关系理论，科学回答了社会历史观的基本问

① 《马克思恩格斯文集》第9卷，人民出版社2009年版，第437页。

题，清晰揭示了唯物史观的存在实质，是唯物史观最根本的原理。这一原理作为马克思主义唯物史观的基本理论，对高校青年教师思想政治工作具有重要的理论支撑作用和现实指导意义。

一方面，社会存在决定社会意识。社会存在是第一性的，社会意识是第二性的。马克思、恩格斯指出："思想、观念、意识的生产最初是直接与人们的物质活动，与人们的物质交往，与现实生活的语言交织在一起的。""意识一开始就是社会的产物，而且只要人们存在着，它就仍然是这种产物。""不是意识决定生活，而是生活决定意识。"① 恩格斯在致约瑟夫·布洛赫的信中提出："根据唯物史观，历史过程中的决定性因素归根到底是现实生活的生产和再生产。无论马克思或我都从来没有肯定过比这更多的东西。""其中经济的前提和条件归根到底是决定性的。但是政治等等的前提和条件，甚至那些萦回于人们头脑中的传统，也起着一定的作用，虽然不是决定性的作用。"② 可见，社会存在的现实生活的决定性因素规约了社会意识的存在和发展，人们的思想价值观念并非凭空产生，也不是人脑中所固有，而是从客观实际中以一定的社会存在为基础而产生的。另外，我们也要看到，不同的社会形态之间之所以会有迥异的社会意识，其根本原因也在于它们在社会存在方面的差异。对此，马克思、恩格斯在《共产党宣言》中就鲜明指出："你们的教育不也是由社会决定的吗？不也是由你们进行教育时所处的那种社会关系决定的吗？不也是由社会通过学校等等进行的直接的或间接的干涉决定的吗？"③ 毋庸讳言，一切以往的社会意识都是当时社会经济状况的产物，一切不同社会形态的社会意识也都是当时社会存在的主观反映，没有一定的社会物质存在作为基础，社会意识既不能产生也无法交流。就高校青年教师思想政治工作而言，"思想政治工作是转变人的思想、立场、观点，塑造人的灵魂的工作。而人的思想、立场又随着人们的生活条件和社会关系的改变而改变"。④ "人们的观念、观点和概念，一句话，人们的意识，随着人们的生活条件、人们的社会关系、人们的社会存在的改变而改变。"⑤ 尤其是党

---

① 《马克思恩格斯文集》第1卷，人民出版社2009年版，第524、533、525页。

② 《马克思恩格斯选集》第4卷，人民出版社2012年版，第604—605页。

③ 《马克思恩格斯选集》第1卷，人民出版社2012年版，第418页。

④ 饶定轲：《教师思想政治工作概论》，高等教育出版社1992年版，第42页。

⑤ 《马克思恩格斯选集》第1卷，人民出版社2012年版，第419—420页。

的十九大吹响了新时代建设教育强国的冲锋号，中国特色社会主义教育进入新时代，新时代中国社会矛盾发生了重要转变。这启示我们：高校青年教师的思想理念、道德观点、价值观念和政治立场都是源自他们的社会生活，植根于他们的日常生活。做好新时代高校青年教师思想政治工作，我们需要了解社会存在的现实状况，需要了解青年教师的生活环境，需要了解青年教师的生存境遇，需要解决青年教师的生活困惑。这是因为，只有真切地关心并解决了青年教师面临的实际困难和困惑，才能更好地解决青年教师的思想问题，进而引领青年教师的价值追求。

另一方面，社会意识具有相对独立性。1963 年 5 月，毛泽东明确指出："人们的社会存在，决定人们的思想。而代表先进阶级的正确思想，一旦被群众掌握，就会变成改造社会、改造世界的物质力量。"① 可见，社会意识虽然是由社会存在决定的，但它又具有相对的独立性，社会意识一经形成，还会对社会存在起到巨大的反作用。我们从比较研究的视角发现，不同的社会存在必然会产生迥异的高校思想政治工作理论体系和活动形态，这是因为"任何一个时代的统治思想始终都不过是统治阶级的思想"。②"一个阶级是社会上占统治地位的物质力量，同时也是社会上占统治地位的精神力量。支配着物质生产资料的阶级，同时也支配着精神生产资料。"③ 统治阶级作为社会资源的占有者和分配者，不仅要进行"思想的生产"，也要通过宣传进行"思想的分配"。就社会意识所具有的相对独立性和高校青年教师思想政治工作实效性提升的考量而言，与之相应的事实是，我国高校青年教师的思想价值观念，既由本国社会物质生活条件决定，又受国外社会存在影响，这种决定和影响都会对我国社会存在的现有秩序和状况发生反作用，而这种反作用或者能够促进社会进步，或者阻碍社会发展，这就是社会意识具有相对独立性的最突出的表现。这启示我们：在全面深化新时代高校青年教师队伍建设过程中，要特别注意发挥社会意识对社会存在积极的能动的反作用，要时刻密切关注高校青年教师的思想动态，要充分发挥高校教师思想政治工作的职能和作用，帮助高校青年教师树立正确的世界观、人生观和价值观，从而凝聚起广大高校青年对

① 《毛泽东文集》第 8 卷，人民出版社 1999 年版，第 320 页。

② 《马克思恩格斯选集》第 1 卷，人民出版社 2012 年版，第 420 页。

③ 同上书，第 178 页。

社会主义意识形态的向心力和归属感。当然，在实际的教师教育工作中，我们还要防止和克服高校青年教师思想政治工作“无用论”和“万能论”的两种错误倾向。

二、马克思主义人学理论

马克思主义人学理论是马克思主义理论的重要组成部分，是关于人的哲学学说的重要理论阐述。其中，关于人的本质的原理是马克思主义人学理论中最为重要的原理，它规约着人们对人的需要和人的发展的认识和看法，对高校青年教师思想政治工作具有重要指导意义。只有正确认识和把握这一基本原理，我们才能懂得从具体的历史的现实的人出发，去描绘和制定高校青年教师思想政治工作目标、内容及途径，才能正确分析和认识高校青年教师思想政治工作的现实状况，而不至于陷入对“神圣抽象”的人的价值狂热追求之中，从而科学认识和达成高校青年教师“崇高师德”和“底线师德”的有机统一。

关于如何认识人和人的本质，这是几千年来中外哲学家一直关心、探讨和争论的问题。但是，由于社会历史条件的限制和哲学家世界观的局限，在马克思主义产生以前，他们从根本上讲都没能对这个问题做出科学阐释。应当看到，关于人和人的本质的问题是社会现实矛盾的反映，在近现代历史发展进程中，对它的科学解释直接关系到如何认识人类社会以及人的社会活动。同时，这一重大问题也不再仅仅囿于哲学领域，而成为政治学、教育学、社会学、伦理学和心理学等诸多学科共同的研究主题，尤其是在思想政治工作领域，这个问题更有其特殊意义。我们知道，我国思想政治工作的对象是人，坚持思想政治工作就是要使人们形成符合社会发展要求的思想品德、政治观点和价值取向，从而专门培养社会主义建设者和接班人。就高校青年教师思想政治工作而言，如何认识人的本质和人的发展，对于能否揭示人的形成发展规律，能否使高校青年教师思想政治工作遵循客观规律，都具有十分重要的意义。

马克思主义对人的本质问题的认识，是在批判继承人类历史上有价值的关于人的本质论述的优秀成果的基础上发展起来的，特别是在批判继承黑格尔和费尔巴哈的人的本质观的基础上确立起来的。黑格尔用唯心主义观点看待人的本质问题，将“自我意识”同自然和人的本质等同起来，把“绝对观念”看成人及其活动的本原。费尔巴哈用唯物主义观点看待人的本质问题，看到了“人是自然界的产物”，但他把人仅仅看成自然的产物，因而就只能从人的自然属性的抽象中去认识人的本质。二者在人的本质观上是对立的，在脱离人的社会关系上却是一致的。马克思主义正是从对他们的共同错误批判中开始正确认识人的本质问题的。

关于人的本质问题，简单地说就是指人之为人的本质属性。换言之，人的本质就是作为社会人的人所特有的质的明确规定性。马克思坚持从人的社会历史性和人的特殊历史活动方面对人的本质问题进行探索和定义。他认为，人的本质“不是它的胡子、它的血液、它的抽象的肉体，而是它的社会特质”。① 首先，马克思从人同动物的主要区别上来揭示人的本质。人与动物的区别在哪里？马克思早在《1844年经济学哲学手稿》中明确指出：“动物和自己的生命活动是直接同一的。动物不把自己同自己的生命活动区别开来。它就是自己的生命活动。人则使自己的生命活动本身变成自己意志的和自己意识的对象。他具有有意识的生命活动。这不是人与之直接融为一体的那种规定性。有意识的生命活动把人同动物的生命活动直接区别开来。正是由于这一点，人才是类存在物。或者说，正因为人是类存在物，他才是有意识的存在物，就是说，他自己的生活对他来说是对象。”② 所以，作为社会的人的类特性就在于认识有意识的生命活动，肯定了人的自由自觉性和能动作用。其次，马克思把人的自由自觉活动的表现归结为劳动，将劳动看成人同动物的本质区别。把人的本质归为劳动，并非始于马克思。黑格尔对此早有论述。但是，黑格尔是从唯心主义立场来理解劳动，在他那里，劳动只是“抽象的精神劳动”，人的本质归根结底还是精神性的。马克思指出：“正是在改造对象世界中，人才真正地证明自己是类存在物。这种生产是人的能动的类生活。通过这种生产，自然界才表现为他的作品和他的现实。因此，劳动的对象是人的类生活的对象化。”③ 正是这样，马克思和恩格斯在《德意志意识形态》中进一步将劳动规定为人的本质。他们指出：“可以根据意识、宗教或随便别的什么来区别人和动物。一当人开始生产自己的生活资料，即迈出由他们的肉

① 《马克思恩格斯全集》第3卷，人民出版社2002年版，第29页。

② 《马克思恩格斯选集》第1卷，人民出版社2012年版，第56页。

③ 同上书，第57页。

体组织所决定的这一步的时候，人本身就开始把自己和动物区别开来。”[①] 恩格斯后来在《自然辩证法》一书中提出“劳动创造了人本身”[②] 这一重要论断，再次重申了这一观点。再次，马克思认为人的本质有其历史变化的一面。这表明，人的本质既存在于人的“一般本性”之中，也存在于人的历史变化的本性之中，而最终反映人的本质的应该是后者的支配力量，这是因为“每一种本质力量的独特性，恰好就是这种本质力量的独特的本质”。[③] 而马克思在对人的历史和现实的人的考察活动中终于发现，真正决定人的本性发展变化的独特本质力量是社会关系。最后，马克思将人的本质归结为“一切社会关系的总和”。他在《关于费尔巴哈的提纲》一文中明确指出：“人的本质不是单个人所固有的抽象物，在其现实性上，它是一切社会关系的总和。”[④] 马克思关于人的本质的基本观点论述，不仅从根本上同黑格尔、费尔巴哈以及以往一切人的本质观划清了界限，而且对人的本质的最深层次做出了概括总结，是迄今为止所有人的本质论中最科学、最精辟的理论论断，为我们正确认识人和人的活动及其发展奠定了科学理论基础。

中国共产党人十分重视将马克思主义人的本质原理应用于思想政治工作。例如，江泽民在中央思想政治工作会议上的讲话中指出：“党的思想政治工作，从根本上说就是做人的工作，做群众的工作，涉及人们的思想、观念、意识等领域，也就是人们的精神生活。”[⑤] 胡锦涛在全国宣传思想工作会议上强调：“思想政治工作说到底是做人的工作，要坚持以人为本的理念。”[⑥] 习近平在全国高校思想政治工作会议上指出：“思想政治工作从根本上说是做人的工作，必须围绕学生、关照学生、服务学生，不断提高学生思想水平、政治觉悟、道德品质、文化素养，让学生成为德才兼备、全面发展的人才。”[⑦] 可见，思想政治工作从本质上来看也是做人的工作，而对人的本质的不同认识必然导致思想政治工作有关问题的不同

---

① 《马克思恩格斯选集》第1卷，人民出版社2012年版，第147页。

② 《马克思恩格斯选集》第3卷，人民出版社2012年版，第988页。

③ 同上书，第305页。

④ 《马克思恩格斯选集》第1卷，人民出版社2012年版，第135页。

⑤ 《江泽民文选》第3卷，人民出版社2006年版，第76页。

⑥ 《胡锦涛文选》第3卷，人民出版社2016年版，第184页。

⑦ 《习近平谈治国理政》第2卷，外文出版社2017年版，第377页。

结论。因此，就高校青年教师思想政治工作而言，只有坚持以马克思主义的人的本质学说为理论指导，坚持“以人为本”的科学理念，从“现实的人”的基本观点出发，从“社会关系的总和”的立场考量，才能正确定位高校青年教师所肩负的历史使命和时代职责，才能科学地分析高校青年教师的生活境遇及其思想特点，从而帮助他们树立正确的世界观、人生观和价值观。

三、灌输论

灌输理论既是马克思主义理论宝库中的重要组成部分，也是思想政治工作的一项基本原理。灌输理论反对自发论，强调坚持把科学社会主义的思想理论输送给无产阶级和人民群众，从而提高他们的宗旨意识和阶级觉悟，这在科学社会主义运动史上对无产阶级政党争取团结和理论武装群众发挥了重要的宣传作用，为无产阶级夺取和巩固社会主义政权打下了坚实的思想基础。中国共产党人十分重视学习和应用灌输理论，在继承和发展马克思主义灌输理论基础上，结合中国国情创造性地运用于党的思想政治工作之中，取得了显著成效。其中，就高校教师思想政治工作而言，灌输理论是教师学习政治理论知识的重要学理支撑，是教师提升思想政治素质的必要致思路向，也是确立高校教师思想政治工作方针、原则、内容的直接理论根据。做好新时代高校青年教师思想政治工作，应当传承和发扬马克思主义灌输理论的思想精华与优良传统，从而不断提高自身的思想政治理论水平。

1. 马克思、恩格斯对“灌输”思想的最初表达

在马克思看来，理论灌输就如同“思想的闪电……彻底击中这块素朴的人民园地”。[①] 他在《〈黑格尔法哲学批判〉导言》中就明确指出：“理论一经掌握群众，也会变成物质力量。”“哲学把无产阶级当做自己的物质武器，同样，无产阶级也把哲学当做自己的精神武器；思想的闪电一旦彻底击中这块素朴的人民园地，德国人就会解放成为人。”[②] 在这里，“理论掌握群众”“物质武器”“精神武器”的有机结合、“思想的闪电”

① 《马克思恩格斯选集》第1卷，人民出版社2012年版，第16页。

② 同上书，第9、16页。

击中处于自发状态的“人民园地”等用语，包含着社会主义理论需要从工人运动外面灌输进来的意义，即通过理论灌输使广大工人阶级牢牢掌握思想理论的精神武器是人类获得解放的重要形式。另外，恩格斯在国际共产主义运动史上首先提出了“灌输”的概念。他在1844年给马克思写信时就明确指出，在共产主义运动中绝不能“灌输”庸俗习气。马克思、恩格斯在《共产党宣言》中也鲜明指出：“共产党一分钟也不忽略教育工人尽可能明确地意识到资产阶级和无产阶级的敌对的对立，以便德国工人能够立刻利用资产阶级统治所必然带来的社会的和政治的条件作为反对资产阶级的武器，以便在推翻德国的反动阶级之后立即开始反对资产阶级本身的斗争。”① 而后在1864年《国际工人协会成立宣言》中，马克思又进一步指出：“工人的一个成功因素就是他们的人数；但是只有当工人通过组织而联合起来并获得知识的指导时，人数才能起举足轻重的作用。”② 1880年3月恩格斯在《社会主义从空想到科学的发展》一文中指出：“真正的理性和正义至今还没有统治世界，这只是因为它们没有被人们正确地认识。”③ 1887年恩格斯在致威士涅威茨基夫人的信中写道：“我们的理论是发展着的理论，而不是必须背得烂熟并机械地加以重复的教条。越少从外面把这种理论硬灌输给美国人，而越多由他们通过自己亲身的经验（在德国人的帮助下）去检验它，它就越会深入他们的心坎。”④ 由此可见，马克思、恩格斯在创立科学社会主义理论并向人民群众传播革命理论的过程中特别注意对他们的理论灌输和教育。当然，我们也要看到，马克思、恩格斯关于灌输思想的火花散见于他们的著作和信件当中，并未形成系统的科学理论。

2. 列宁对“灌输”理论体系的科学建构和学理阐述

列宁对灌输理论的科学阐述主要集中在1902年发表的《怎么办?》一文中，该文把蕴含在马克思、恩格斯有关文献中的灌输思想阐发出来，对灌输思想的论述进一步系统化，从灌输的原因、主体、客体和方法等层面做出了新的理论创造，形成了内涵丰富、逻辑清晰和科学完整的“灌输论”思想体系。在这里，笔者尝试简单归纳为以下几个要点：①工人

① 《马克思恩格斯选集》第1卷，人民出版社2012年版，第434—435页。
② 《马克思恩格斯选集》第3卷，人民出版社2012年版，第10页。
③ 同上书，第778页。
④ 《马克思恩格斯选集》第4卷，人民出版社1995年版，第588页。

阶级的自发运动绝不会单独产生社会主义。列宁指出："工人本来也不可能有社会民主主义的意识。这种意识只能从外面灌输进去，各国的历史都证明：工人阶级单靠自己本身的力量，只能形成工联主义的意识。"[①] ②理论武装对无产阶级政党建设具有重大意义。列宁在谈及工人群众自己创立的意识形态时明确提出："问题只能是这样：或者是资产阶级的意识形态，或者是社会主义的意识形态。……对社会主义意识形态的任何轻视和任何脱离，都意味着资产阶级意识形态的加强。"[②] 同时，他又指出："没有革命的理论，就不会有革命的运动。"[③] 可见，任何政党如果想要登上政治舞台的权力中央，都必须拥有自己的政治纲领和理论指导，如果没有自己理论上的武装和优势，就不会形成革命的强大洪流和恢宏气势，也就不会发挥无产阶级革命先进战士的先锋作用。③社会主义学说是在知识分子中间发展起来的。"社会主义学说则是从有产阶级的有教养的人即知识分子创造的哲学理论、历史理论和经济理论中发展起来的。"[④] ④要充分调动和发挥社会民主党人组织宣传的积极性和主动性。"阶级政治意识只能从外面灌输给工人，即只能从经济斗争外面，从工人同厂主的关系范围外面灌输给工人。" "为了向工人灌输政治知识，社会民主党人应当到居民的一切阶级中去，应当派出自己的队伍分赴各个方面。"[⑤] "我们应当既以理论家的身份，又以宣传员的身份，既以鼓动员的身份，又以组织者的身份'到居民的一切阶级中去'。"[⑥] ⑤理论灌输是一项长期而艰巨的系统工程。列宁在回应为什么工人阶级自发的运动在沿着阻力最小的路线进行时会受到资产阶级意识形态的控制这一问题时明确指出："资产阶级意识形态的渊源比社会主义意识形态久远得多，它经过了更加全面的加工，它拥有的传播工具也多得不能相比。"[⑦] 可见，对工人群众进行理论灌输是一项任重而道远的艰巨任务。以上几个要点从灌输的必要性、灌输的主客体以及灌输的方法等维度展开，构成了一个科学完整的灌输理论体系。这

① 《列宁全集》第 6 卷，人民出版社 2013 年版，第 29 页。
② 同上书，第 38 页。
③ 同上书，第 23 页。
④ 同上书，第 29 页。
⑤ 同上书，第 76 页。
⑥ 同上书，第 79 页。
⑦ 同上书，第 40 页。

一理论无疑是无产阶级掌握马克思主义精神武器，继而从自发阶级成长为自为阶级的重要手段。

3. 中国共产党人对灌输理论的继承和发展

中国共产党及其领导人一贯重视在结合中国国情的基础上对人民群众进行理论灌输和思想引导。毛泽东十分注重向人民群众、军队和广大知识分子进行理论“灌输”。例如，他在《论持久战》中指出：“没有进步的政治精神贯注于军队之中，没有进步的政治工作去执行这种贯注，就不能达到真正的官长和士兵的一致，就不能激发官兵最大限度的抗战热忱，一切技术和战术就不能得着最好的基础去发挥它们应有的效力。”[①] 必须向广大农民群众不断“灌输”社会主义思想，“我们要在党内外五百万知识分子和各级干部中，宣传并使他们获得辩证唯物论，反对唯心论”。[②] 周恩来指出，知识分子的思想进步“通常经过三条道路：一条是经过社会生活的观察和实践；一条是经过他们自己的业务的实践；一条是经过一般的理论的学习”。[③] 这些都是对灌输理论体系的延展和丰富，也使灌输理论开始彰显中国特色。邓小平特别强调理论“灌输”的重要性，认为要加强高校思想政治工作，“学生从到学校第一天起，就要对他们进行政治思想工作”。[④]“各级党委和学校的党组织，应该热情地关心和帮助教师思想政治上的进步，帮助他们认真学习马克思列宁主义、毛泽东思想，使更多的人牢固地树立起无产阶级的共产主义的世界观。”[⑤]“十年最大的失误是教育，这里我主要是讲思想政治教育，不单纯是对学校、青年学生，是泛指对人民的教育。”[⑥] 换言之，也就是忽视了对广大人民群众进行社会主义意识形态的“灌输”教育。邓小平对灌输理论的重要性认识无疑对新时期认识思想政治工作的重要性，坚持和加强对人民群众进行理论灌输和引导打下了坚实的思想基础。江泽民十分重视思想政治工作作为无产阶级占领意识形态领域的重要功能发挥，并指出：“只有把学习搞好了，掌握的理论知识和科学文化知识多了，政治认识和精神境界提高了，讲政治

---

① 《毛泽东选集》第 2 卷，人民出版社 1991 年版，第 511 页。

② 《毛泽东文集》第 6 卷，人民出版社 1999 年版，第 395 页。

③ 《周恩来选集》下，人民出版社 1984 年版，第 176 页。

④ 《邓小平文选》第 2 卷，人民出版社 1994 年版，第 290 页。

⑤ 同上书，第 109 页。

⑥ 《邓小平文选》第 3 卷，人民出版社 1994 年版，第 306 页。

才讲得起来，正气才能树立和发扬起来。”① “思想政治工作必须经常做、反复做，持之以恒，坚持不懈。”② 这为新时期坚持和应用思想政治工作的“灌输”理论指明了发展方向。胡锦涛也十分重视思想政治工作“灌输”的灵活应用。他明确指出：“在各项工作中要贯穿讲政治的要求，增强原则性、系统性、预见性、创造性，立场坚定，旗帜鲜明，始终坚持正确方向。”③ “要把思想政治工作同经济工作和各项业务工作结合起来，寓思想教育于实际工作之中。”④ 习近平在哲学社会科学工作座谈会上的讲话中也明确提出：“要自觉坚持以马克思主义为指导，自觉把中国特色社会主义理论体系贯穿研究和教学全过程，转化为清醒的理论自觉、坚定的政治信念、科学的思维方法。”⑤ 不难看出，“贯注”“宣传”“学习”“占领”“贯穿”“教育”“结合”等与中国实际相结合的“灌输”言论和思想，使马克思主义灌输理论在中国得到了不断的继承、丰富和发展。

总的来说，在人类的思想传播、价值传递和代际延续活动中，灌输是一种普遍存在的教育实践活动。在世界德育思想史乃至整个教育思想史上，“灌输”理论是一个影响深远又存有重大争议的理论体系，尤其是近年来这一理论体系遭受的非议越来越多。作为一名思想政治工作者，我们必须看到，尽管当前马克思主义理论教育的环境、客体、载体和方法等都发生了很大变化，但是，推进马克思主义理论教育的大众化仍然离不开“灌输论”，社会主义意识形态必须灌输的理论、原则非但没有过时，而且对灌输的要求比以往任何时候都高了，灌输的条件也比以往任何时候好多了。就高校青年教师思想政治工作而言，灌输理论仍具有重要的指导意义。一方面，高校青年教师思想政治工作要加强马克思主义理论宣传教育，首先要通过理论灌输，以课堂、课本和课程等理论教育方式获得关于马克思主义和中国特色社会主义理论体系的理性认识，而后才能在实践中笃行。另一方面，高校青年教师思想政治工作在学习和应用灌输理论时，要特别注意方式方法，在对灌输理论的非议之声进行科学回应和有力反驳之余，既要反对“填鸭式”的“硬灌”，也要反对形式主义的“伪灌”，

---

① 《江泽民文选》第 2 卷，人民出版社 2006 年版，第 284 页。

② 《江泽民文选》第 3 卷，人民出版社 2006 年版，第 95 页。

③ 《胡锦涛文选》第 1 卷，人民出版社 2016 年版，第 387 页。

④ 同上书，第 394 页。

⑤ 《习近平谈治国理政》第 2 卷，外文出版社 2017 年版，第 329 页。

做到将总体上的"漫灌"和因人而异的"滴灌"有机结合起来，从而推动抽象、枯燥的理论形象化、生活化。

第二节　新时代高校青年教师思想政治工作的理论依据

理论依据是人们在学术科学研究中处理、论证和解决某个理论与实践问题时所持有的理论层面的根据，它起着支撑一项学术研究的基石性作用，并予以指导和规范科学研究活动，进而推动此研究活动走向深化发展。因此，做好新时代高校青年教师思想政治工作，要深刻挖掘理论依据，为科学开展具体工作提供理论支撑和智慧之源。

一、人类灵魂工程师思想

"人类灵魂工程师"实质上是一种"隐喻性陈述"。现在这一称谓通常意指帮助人们缔造健全的道德人格的广大教师。20 世纪 30 年代，斯大林在高尔基家里会见作家并谈到文学的社会功能时提到，作家是"人类灵魂的工程师"。[①] 1939 年 7 月，苏联教育家加里宁谈到，教员们往往不太注意教育工作，其实教育工作在培养学生们的性格和道德方面具有极为重要的意义。"很多教师常常忘记他们应当是教育家，而教育家也就是人类心灵工程师。"[②] 雅斯贝尔斯在《什么是教育》中也认为："教育是人的灵魂的教育，而非理性知识和认识的堆积。"[③] 关于教师是人类灵魂工程师的提法，最早可见诸 1951 年 10 月 13 日《人民日报》发表的关于《稳定和发展小学教育，培养百万人民教师》的一篇社论。该文明确指出，"教师是人们灵魂的工程师"，他们必须严格要求自己，认真改造自己的思想，提高自己的思想觉悟，并使自己成为真正的"人民教师"。同年 11

① ［苏］罗可拉夫：《斯大林与文化》，蒋天佐译，人民出版社 1951 年版，第 69 页。

② ［苏］加里宁：《论共产主义教育和教学》，陈昌浩、沈颖译，人民教育出版社 1957 年版，第 186 页。

③ ［德］雅斯贝尔斯：《什么是教育》，邹进译，三联书店 1991 年版，第 4 页。

月1日，《人民教育》杂志第四期发表《人民教师必须成为马克思主义者》的社论，提出人民教师和一切教育工作者是“新中国儿童、青年的灵魂工程师”。1957年6月，周恩来指出：“学校教师是培养下一代的灵魂工程师，他们应该在过去思想改造的基础上，根据自愿的原则，继续进行自我教育和自我改造。”① 毫无疑问，关于“教师是人类灵魂工程师”的观点无不体现了人们对教师工作意义的广泛关注。这也为教师群体的职业性质、职责使命、根本任务和教育内容提供了具体的指导。

中国共产党人同样十分重视发挥教育者灵魂工程师的功能和作用。毛泽东指出，知识分子“在思想上要有所进步，政治上也要有所进步，这就需要学习马克思主义，学习时事政治。没有正确的政治观点，就等于没有灵魂”。② 这无疑强调了政治的灵魂性的引领作用。邓小平指出：“作为灵魂工程师，应当高举马克思主义的、社会主义的旗帜，用自己的文章、作品、教学、讲演、表演，教育和引导人民正确地对待历史，认识现实，坚信社会主义和党的领导，鼓舞人民奋发努力，积极向上，真正做到有理想、有道德、有文化、守纪律，为伟大壮丽的社会主义现代化建设事业而英勇奋斗。”③ 这无疑指明了社会主义思想战线上人类灵魂工程师所肩负的传播马克思主义理论的基本任务。江泽民指出：“振兴民族的希望在教育，振兴教育的希望在教师。教师是人类灵魂的工程师。这个职业是崇高而又艰辛的，应该受到全党全社会的尊敬。”④ “人类灵魂工程师是一种很高的评价，是一项很高的要求，要真正做得好，是很不容易的。”⑤ “老师作为人类灵魂的工程师，不仅要教好书，还要育好人，各个方面都要为人师表。”⑥ 这无疑对教师的战略地位、职责使命和教育要求做出了明确规定。胡锦涛指出：“一切有理想有抱负的文艺工作者，都要做到德艺双馨，积极履行人类灵魂工程师的职责。”⑦ 习近平指出：“教师是人类灵魂的工程师，承担着神圣使命。传道者自己首先要明道、信道。”⑧ 这无疑

---

① 《建国以来重要文献选编》第10册，中央文献出版社1994年版，第318页。
② 《毛泽东文集》第7卷，人民出版社1999年版，第226页。
③ 《邓小平文选》第3卷，人民出版社1993年版，第40页。
④ 《江泽民文选》第1卷，人民出版社2006年版，第371页。
⑤ 同上书，第565页。
⑥ 《江泽民文选》第2卷，人民出版社2006年版，第588页。
⑦ 《胡锦涛文选》第1卷，人民出版社2016年版，第543页。
⑧ 《习近平谈治国理政》第2卷，外文出版社2017年版，第379页。

再次凸显了教师在铸育人类灵魂中的重要作用。

人类灵魂工程师思想对新时代高校青年教师思想政治工作具有重要指导意义。一方面，人类灵魂工程师理论确证了高校教师的职业性质、价值追求和教育作用。教师作为铸育学生的人格、良心、精神、思想和感情等的一种崇高职业，承担着启人以大智、育人以大德的神圣的职责使命，这就要求高校教师首先有纯净的灵魂，要坚持教育者先受教育，因为“一个教师从口袋里掏出来的用以擦拭自己颜容的手帕都务须干净整洁，又何况从心灵里掏出来用以滋养学生成长、进步的精神养料呢!”[①] 另一方面，人类灵魂工程师理论有助于我们充分认识和科学把握思想政治工作“铸魂育人”的本质意涵。将唯物主义的“灵魂”所指——社会意识——引入思想政治教育领域并作为一个基本范畴，这已在学界达成共识。刘树杰教授指出：“灵魂是意识的高级形式，是精神世界的主宰。共产党人所追求的灵魂生活，具体地说，就是科学的理论、崇高的思想。”[②] 李忠军教授明确提出：“铸魂育人是思想政治教育的本质核心内涵……在当前内涵着中国梦、社会主义核心价值观与中国精神“三位一体”的灵魂铸塑过程，是思想政治教育本质核心内涵所规定的时代任务。”[③] 可见，信仰、价值和精神已经成为新时代教师作为人类灵魂工程师的核心内容。基于此，高校必须引导广大青年教师筑就理想信念、掌握丰富知识、锤炼高尚师德、滋养仁爱之心，为在信仰、价值和精神上为青年学生树立榜样而打下坚实基础。

二、教育者先受教育理论

“教育者先受教育”既是高校教育教学的重要规律，也是思想政治教育的规律依循，更是高校青年教师思想政治工作的理论依据。教育者先受教育理论揭示了教育者和受教育者之间本质的必然的联系。教育者只有先学后教、德业并进和知行统一，才能更好地肩负起教书育人、立德树人和

① 沈壮海：《加强和改进高校宣传思想工作的主线、基础和重点》，《中国高等教育》2016 年第 6 期。

② 刘树杰：《共产党人的“三层楼”》，《人民日报》2018 年 7 月 4 日。

③ 李忠军：《“铸魂育人”是思想政治教育本质核心内涵的探讨》，《思想理论教育导刊》2015 年第 10 期。

铸魂育人的职责使命，才能培养出一代代接续发展的社会主义建设者和接班人。“在实际工作中，不少人一谈到高校思想政治教育，就直接将其定位于对学生的教育。其实，教育者的先行教育、自我教育更具根本性和前提性。”① 而对教育者先受教育这一理论的科学阐述和学理阐释，将有助于厘清目前一些高校青年教师对思想政治工作的错误认知和价值偏见，从而更好地为开展高校青年教师思想政治工作提供学理支撑和智慧支持。

新时代高校青年教师承担着培养和造就一批勇于担当民族复兴大任的时代新人的重要使命，必须先学后教、先受教育。“师者，所以传道授业解惑也。”“道之所存，师之所存也。”这无疑表明，有道是教师职业存在的一个根本特征，有道是传道的前提基础和先决条件，要遵循教育者先受教育的规律。古今中外教育家也都十分重视教育者先受教育理论。孔子明确指出：“己欲立而立人，己欲达而达人。”（《论语·雍也》）对教与学的关系问题，《礼记·学记》早有训言：“虽有至道，弗学，不知其善也。是故学然后知不足，教然后知困。知不足，然后能自反也，知困，然后能自强也。故曰：教学相长也。”德国著名民主主义教育家阿道尔夫·第斯多惠也明确指出，“1. 正如没有人能把自己所没有的东西给予别人一样，谁要是自己还没有发展、培养和教育好，他就不能发展、培养和教育别人。2. 他自己受了多大程度的教育和教养，在多大程度上使这种教育和教养成为他自己的财富，他就只能在这样大和这样多的程度上对别人发生培养和教育的影响，而且必然会发生这样的影响。3. 只有他自己致力于他自己的教育和修养时，他才能实在地教育和培养别人。”② 不难看出，教育者只有通过自我学习、自我修养，才能问道在先、闻道从善，进而做到知困自省、修为人师。

教育者如果不先受教育，就不可能真正成为教育者。马克思在《关于费尔巴哈的提纲》中深刻指出：“教育者本人一定是受教育的。”③ 中国共产党人也十分重视教育者先受教育的规律。毛泽东对此多有精辟阐述。他指出：“我们的教授、教员，都在教人民，教学生。因为他们是教育者，是当先生的，他们就有一个先受教育的任务。在这个社会制度大变动

① 沈壮海：《加强和改进高校宣传思想工作的主线、基础和重点》，《中国高等教育》2016 年第 6 期。

② 张焕庭：《西方资产阶级教育论著选》，人民教育出版社 1964 年版，第 340 页。

③ 《马克思恩格斯选集》第 1 卷，人民出版社 2012 年版，第 134 页。

的时期，尤其要先受教育。过去几年，他们受了一些马克思主义的教育，有些人并且很用功，比以前大有进步。但是就多数人来说，用无产阶级世界观完全代替资产阶级世界观，那就还相差很远。”“如果认为教人者不需要再受教育了，不需要再学习了，如果认为社会主义改造只是要改造别人……不要改造知识分子，那就错误了。”“即使是对于马克思主义已经了解得比较多的人，无产阶级立场比较坚定的人，也还是要再学习，要接受新事物，要研究新问题。知识分子如果不把自己头脑里的不恰当的东西去掉，就不能担负起教育别人的任务。我们当然只能是一面教，一面学，一面当先生，一面当学生。”① “要当先生，就得先当学生，没有一个教师不是先当过学生的。而且就是当了教师之后，也还要向人民群众学习，了解自己学生的情况。”② 邓小平指出：“要教育人民，必须自己先受教育。要给人民以营养，必须自己先吸收营养。”③ 广大知识分子“不应该自满，不能就此停步不前，而要继续努力，在政治上、业务上都要不断求得新的进步”。④ 江泽民提出：“教书者必先强己，育人者必先律己。”⑤ “教育者必先受教育，不但要学专业知识、科学文化知识，还要学政治知识、实践知识，以不断丰富和提高教师教书育人的水平。教师是学生增长知识和思想进步的导师，一言一行都会对学生产生影响，一定要在思想政治上、道德品质上、学识学风上全面以身作则，自觉率先垂范，这样才能真正为人师表。”⑥ 胡锦涛指出，科技专家也应当坚持“学习政治理论，要坚持少而精，重要的是要树立正确的世界观和科学方法论”。⑦ 习近平指出：“高校教师要坚持教育者先受教育，努力成为先进思想文化的传播者、党执政的坚定支持者，更好担起学生健康成长指导者和引路人的责任。”⑧ “师德需要教育培养。”⑨ 由此可见，教育者之所以必须先学后教、先受教育，

---

① 《毛泽东文集》第7卷，人民出版社1999年版，第270—271页。

② 《毛泽东文集》第8卷，人民出版社1999年版，第324页。

③ 《邓小平文选》第2卷，人民出版社1994年版，第211页。

④ 同上书，第93页。

⑤ 《江泽民文选》第2卷，人民出版社2006年版，第502页。

⑥ 同上书，第388页。

⑦ 《胡锦涛文选》第1卷，人民出版社2016年版，第197页。

⑧ 《习近平谈治国理政》第2卷，外文出版社2017年版，第379页。

⑨ 习近平：《做党和人民满意的好老师：同北京师范大学师生代表座谈时的讲话》，人民出版社2014年版，第7页。

是因为教育者只有先当学生、率先问道，才能率先有道、悟道和传道，才能成为一名合格的优秀教师。这是教育者履行教书育人、立德树人和铸魂育人使命的先决条件，也为高校青年教师在教育教学工作中的传道授业解惑奠定了坚实的理论基础。

另外，教育者先受教育还特别强调高校青年教师要始终做到德业并进和知行统一。一方面，教育者担负着教书育人的重要使命，既要给人以大智，更要育人以大德，而教育者“只有在先受教育的过程中，德业并进，修德涵智，既注重提高自己的思想道德素质，又注重提高自己的科学文化素质，并且在提高科学文化素质的过程中提高自身的思想道德素质，才能做到德艺双馨，更好地履行教书育人的责任担当。”① 因此，教育者要坚持以德为先、德业并进，在提高自身科学文化素质的同时，不断提高自己的思想道德素质。另一方面，教育者要通过自己的言传身教促进受教育者的知行统一。教育者先受教育，不仅要求教育者要带头求知、认知和明知，还要带头信道、悟道和行道，这样才能做到言传身教、知行合一，不断提高立德树人的实效。

总的来说，教育者先受教育理论是新时代高校青年教师思想政治工作的重要理论依据，它的核心要求是夯实教育者的信仰之基，根本任务是纯洁教育者的师德品质，基本保证是强化教育者的自警自励，实践途径是坚持教育者改造终生。新时代高校青年教师要始终自觉遵循教育者先受教育，坚持教育工作的主体性和主导性相统一的原则，注重把教育者的主导作用和受教育者的主体性充分发挥出来，坚持教育者自己首先受教育、育人者首先做表率，努力成长为一名合格的人民教师。

三、师德需要教育培养

师德是一名教师深厚的知识修养和高雅的文化品位的质性体现，也是评价教师素质的第一标准。师德需要教育、培养和引导才能成为教师内化于心、外化于行、固化于性的良好品质，而这种专业和持续的教师的师德培养须通过加强师德建设来实现。美国教育家杜威指出：“一切教育都能

① 骆郁廷：《论教育者先受教育的规律》，《思想理论教育》2017 年第 12 期。

塑造性格、锻炼智力和培养道德。”① 习近平提出“师德需要教育培养”②，这为高校青年教师思想政治工作加强师德师风建设提供了理论遵循。应当看到，师德的本质指向是教师高尚的道德情操，好教师首先应该是道德上的合格者。这是因为，教师为人处世、于国于民和于公于私所持的价值观是学生道德修养的镜子，镜子自身不干净怎能照出学生美丽动人的美好形象。近年来媒体频繁曝光的一些高校青年教师师德师风失范问题正在严重损害高校教师的形象和声誉。“这就要求我们的高校教师以高度的社会责任感坚持教书育人、为人师表，以良好的思想道德品质给大学生以潜移默化的影响。”③ 沈壮海教授指出：“教师的职业道德素养与其思想政治素质紧密关联。从一定意义上讲，教师的职业道德素养是其思想政治素质在教师这一职业领域的进一步展开和具体化。学生‘亲其道’方会‘信其道’，师德也是学生选择价值取向和政治立场的重要引领性力量。”④ 所以，育有德之生，需有德之师，高校青年教师要铺好师德的品行底色，不断提高师德修养、提升人格品质，率先垂范、以身作则。师德需要教育培养构成高校青年教师思想政治工作的一个重要前提，是加强高校师德建设的逻辑基点。做好高校青年教师思想政治工作，就要教育广大高校青年教师做一个有道德情操的好老师，使其更加明大德、守公德、严私德，最根本的是积极引导他们对教师职业的忠诚和热爱，树立为教育事业奋斗终生的崇高志向，自觉守护人类精神家园、坚守教师人格底线。广大高校青年教师应该执着于立德树人、教书育人，在物欲横流的利益诱惑中能够安贫乐道，始终保持那份教书初心和育人情怀，做到以德立身、以德立学、以德施教，培养一代代接续发展的社会主义建设者和接班人。

四、新时代“四有好老师”思想

“四有好老师”是习近平立足实现中华民族伟大复兴中国梦对高等教

① ［美］约翰·杜威：《民主主义与教育》，陶志琼译，中国轻工业出版社 2016 年版，第 72 页。

② 习近平：《做党和人民满意的好老师：同北京师范大学师生代表座谈时的讲话》，人民出版社 2014 年版，第 7 页。

③ 《习近平在会见第二十次全国高校党建工作会议代表时强调：为建设能够培养高质量大学生的社会主义大学提供坚强的思想政治和组织保证》，《党建》2012 年第 2 期。

④ 沈壮海：《加强和改进高校宣传思想工作的主线、基础和重点》，《中国高等教育》2016 年 6 月。

育、卓越人才和优秀教师迫切渴求的战略高度，聚焦办学治校、育人育才等方向性和重大性问题，对广大教师所特有的职业品质提出的具有理论深度和时代高度的新思想、新观点、新论断。这一理论思想的提出和确立的重要标志是习近平在2014年9月9日同北京师范大学师生代表座谈时所发表的重要讲话。他明确指出："每个人心目中都有自己好老师的形象。做好老师，是每一个老师应该认真思考和探索的问题，也是每一个老师的理想和追求。我想，好老师没有统一的模式，可以各有千秋、各显身手，但有一些共同的、必不可少的特质。"即"做好老师，要有理想信念"，"做好老师，要有道德情操"，"做好老师，要有扎实学识"，"做好老师，要有仁爱之心"。[①] 其中，好教师要有理想信念，更加明确了教师传道第一位的职责和使命，更加强调了教育"四为服务"的发展方向，凸显了教师的无私奉献精神；好教师要有道德情操，更加确证了教师师德建设的重要作用，更加彰显了教师以德立身、以德施教、以德育人的楷模风范，凸显了教师的职业道德精神；好老师要有扎实学识，更加明确了智慧型教师的价值追求，更加坚定了知识的根本基础性作用，凸显了教师的终身学习精神；好老师要有仁爱之心，更加深化了教师要做"仁师"的要求，更加彰显了教师尊重、理解和宽容学生的品质，凸显了教师的仁而爱人精神。此后，习近平在不同场合还特别强调广大教师要争做"四有好老师"，做党和人民满意的好老师。例如，2018年5月2日，习近平在同北京大学师生座谈时再次强调做一名好老师"要有理想信念、有道德情操、有扎实学识、有仁爱之心"，并提出了"评价教师队伍素质的第一标准应该是师德师风"[②] 的重要论断。这无疑为新时代高校教师队伍建设提供了重要的价值依循。

毋庸讳言，"四有好老师"是新时代全面深化高校教师队伍建设改革的指导思想和政治原则，对高校青年教师思想政治工作具有重要的指导意义。从理论指导来看，这一理论思想为高校青年教师思想政治工作提供了重要的目标价值导向，确立了高校青年教师队伍建设"四有好老师"的价值追求，明晰了高校青年教师思想政治工作的任务和内容。好老师通过

---

① 习近平：《做党和人民满意的好老师：同北京师范大学师生代表座谈时的讲话》，人民出版社2014年版，第4、6、8、9页。

② 习近平：《在北京大学师生座谈会上的讲话》，人民出版社2018年版，第8—9页。

理想信念指引教书育人，通过道德情操践行言传身教，通过扎实学识实现学术研究自由和学术规范统一，通过仁爱之心不辍问道和反哺社会，这对开创新时代高校青年教师思想政治工作具有重要的理论支撑作用。从社会现实来看，我国高等教育已经进入了新时代大众化教育阶段，普通高校有2688所，在校学生有3000多万人，要把这么多青年学生培养成优秀人才，高校教师首先要为人师表、行为世范，既要有深厚的理论学识和扎实的知识功底，又要有崇高的理想信念和良好的道德品质，更要有仁而爱人的责任之心。换言之，高校教师是教育的主体，他们的思想和行为是教育教学活动的基础，能够直接影响学生、塑造学生，如果想要教出“好学生”，教师首先要做“好教师”。正所谓“要教育对象相信的，教育者首先自己要相信；让教育对象做到的，教育者自己要首先做到，至少要努力去做，成为教育对象的楷模”。[①] 教师的言行举止是最现实、生动和有力的教育手段。因此，高校青年教师要“敏于事而慎于言”“言必信而行必果”，争做一名新时代有理想信念、有道德情操、有扎实学识、有仁爱之心的“四有好老师”。

第三节　新时代高校青年教师思想政治工作的知识借鉴

现代科学研究的一个重要特征就是多学科之间的交叉、渗透和综合。习近平也明确指出：“哲学社会科学研究范畴很广，不同学科有自己的知识体系和研究方法。对一切有益的知识体系和研究方法，我们都要研究借鉴，不能采取不加分析、一概排斥的态度。”[②] 高校青年教师思想政治工作的理论基础建构亦然如此。综合来看，其他学科相关理论知识和国外有关理论知识，是建构高校青年教师思想政治工作理论基础的具有较强代表性意义和参照性价值的知识资源，应予以高度重视。

---

① 陈万柏、张耀灿：《思想政治教育学原理》，高等教育出版社2017年版，第169页。

② 《习近平谈治国理政》第2卷，外文出版社2017年版，第341页。

一、费希特的“学者的使命”思想

费希特是德国古典唯心论发展史上的一位民主主义者和重要哲学家。尽管他的学术思想和观点带有浓厚的唯心主义色彩，但他关于“学者的使命”的重要思想，无不体现了那个时代对青年知识分子使命和责任的呼唤与要求。费希特关于学者使命的思想论述，集中体现在1794年他在耶拿大学所做的五篇公开演讲中。他最初用的题目是《学者的道德》，在1794年秋天以单行本出版时改为《关于学者使命的若干演讲》。这些演讲充盈着他关于人的使命和学者的使命的重要思考，这对新时代高校青年教师思想政治工作无疑具有重要的理论借鉴意义。基于此，我们有必要梳理和展现费希特关于学者的使命思想的重要论述，以为开展高校青年教师思想政治工作提供必要的理论支撑。

首先，费希特论述了自在人的使命。在费希特的逻辑中，要想了解和把握学者的使命，就要在社会里先回答另一个问题：社会的人的使命是什么？而要回答这个问题，又必须回答另一个更高深的问题：自在人的使命是什么？于是，对自在人的使命的回应和回答就构成了他关于学者的使命认识的前提。在费希特看来，人是纯粹自我和经验自我的建构过程，纯粹自我的存在完全是因为自我存在，因为人之所以应该是他所是的东西完全是因为他存在；经验自我不是按照纯粹自我的形式决定，不是自己决定自己，而是由外在事物决定的，这也是经验自我经常自相矛盾的一个标志。不管是纯粹自我，还是经验自我，我们都应该将人的理性和感性用文化的技能加以实现其最终目的，而“人的最终和最高目标是人的完全自相一致，而且为了使人能自相一致，还在于人以外的一切同他对于事物的必然实践概念相一致，这种概念决定着事物应该是怎样的”。[①] 当然，费希特也看到了这一使命实现的艰难性，明确指出：“人的最终目标必定是不能达到的，达到最终目标的道路必定是无限的。因此，人的使命并不是要达到这个目标。但是，人能够而且应该日益接近这个目标；因此，无限地接

① ［德］费希特：《论学者的使命　人的使命》，梁志学、沈真译，商务印书馆2017年版，第11页。

近这个目标，就是他作为人的真正使命”。[①]

其次，费希特论述了社会的人的使命。在费希特看来，人的纯粹自我意识不能产生理性生物的概念，这里就必须按照预先假定在我们之外确实存在理性生物，而这些理性生物的相互关系就构成了社会。作为社会的人会有一个积极的特性，那就是通过自由所造成的相互作用，这种“相互作用以自身为目的；行动是按照相互作用完成的，单纯由于这个目的，行动才得以完成”。[②] 紧接着，费希特论述了“基本意向”这一理性生物或人的理想概念。他明确指出：“每一个体一般都具有其关于人的特殊理想，这些理想虽然没有内容上的差别，但毕竟有程度上的不同；每个人都会按照他自己的理想来检验他承认为人的人。每个人都凭着这个基本意向，渴望在任何别的人身上找到同这个理想相同的东西。”[③] “我们迄今全部研究的结果是：人注定是为社会的。”[④] 基于这样的认识，人的社会意向的目的就是相互作用、相互影响、相互取予和相互授受，在于确立人与人之间的交往，在于确立平等协作关系。因此，费希特最后指出：“社会的最终的、最高的目标就在于同社会的所有可能的成员完全一致和同心同德。”[⑤] 当然，这一完全一致也跟自在人的使命目标一样也不可能完全达到，所以他又指出：“不断地接近这一目标，无限地接近这一目标，这却是人能够做得到的，而且也是人应该做到的。这种接近于同所有个体完全一致和同心同德的过程，我们可以称为联合的过程。因此，这种在热诚方面应当变得日益坚实，在规模方面应当变得日益广阔的联合过程，就是社会的人的真正使命。”[⑥] 而完成这一联合的途径需要通过完善才能办到，共同的完善过程就是我们的社会使命。

再次，费希特论述了社会各阶层的差别。在费希特看来，完成了对自在人的使命和社会人的使命论述之后，紧接着就是关于“社会的学者的使命是什么”这一问题。对于这一问题的论述，他首先想到的是学者不

---

① ［德］费希特：《论学者的使命　人的使命》，梁志学、沈真译，商务印书馆2017年版，第11—12页。

② 同上书，第19页。

③ 同上。

④ 同上书，第20页。

⑤ 同上书，第22页。

⑥ 同上书，第23页。

仅是社会的一个成员，又是一个特殊社会阶层的成员。于是，他从社会各阶层的差别这一视角出发，着重探究了“人类各阶层的差别究竟是从何而来”这一重大问题，并从中讨论了学者这一阶层的职能定位。那么，各个不同的阶层是根据什么理由存在的呢？总的来说，费希特认为，人的理性和经验在人的天资方面的影响和作用是一个重要的因素，而人的天资的充分发挥依赖于人的技能的获取。“我的阶层是由特别的技能决定的，我通过自由选择，自愿献身于这种技能的发展。”① 当然，还有另外一个重要的问题值得人们去思考：“我该选择一个特定的阶层吗？”对于这个问题的回答，费希特明确指出：“阶层的选择是以自由为手段的选择；因此，没有一个人可以被迫参加某个阶层或被开出某个阶层。”② 但是，我们“为了能够向社会报答社会为我们所做的事情，可以选定一个特定的阶层，使一定的才干得以进一步发展；所以每一个人都必须真正运用自己的文化来造福社会”。③“特别是，学者阶层为了达到这个目的能够发挥何等有力的作用，学者阶层掌握着多少达到这个目的的手段，这到适当的时候我们是会看清楚的。”④

最后，费希特论述了学者的使命。对于学者的定位，他显然已经选择了科学为学者生活的职业。费希特说：“每一个阶层都是必不可少的；每一个阶层都值得我们尊敬；给予个人以荣誉的不是阶层本身，而是很好地坚守阶层的岗位；每个阶层只有忠于职守，完满地完成了自己的使命，才受到更大的尊敬。”⑤ 基于此，他论述了学者的四个主要使命。一是推动学科发展的使命。“每一个学者，以及每一个选择了特殊阶层的人，都本能地要求进一步发展科学，特别是发展他们选定的那部分科学。”“他应当尽力而为，发展他的学科；他不应当休息，在他未能使自己的学科有所进展以前，他不应当认为他已经完成了自己的职责。”⑥ 二是为社会服务的使命。“学者的使命主要是为社会服务，因为他是学者，所以他比任何一个阶层都更能真正通过社会而存在，为社会而存在。因此，学者特别担

① ［德］费希特：《论学者的使命 人的使命》，梁志学、沈真译，商务印书馆2017年版，第31页。

② 同上书，第33页。

③ 同上书，第33—34页。

④ 同上书，第34页。

⑤ 同上书，第37—38页。

⑥ 同上书，第42—43页。

负着这样一个职责：优先地、充分地发展他本身的社会才能、敏感性和传授技能。"[①] 在他看来，传授技能是学者所必须具备的，"因为他掌握知识不是为了自己，而是为了社会"。[②] 三是做人类的教师的使命。费希特明确指出："就学者的使命来说，学者就是人类的教师。"[③] 因为学者要带领人类跳跃过自己的道路，学者要用道德手段来影响社会，学者要引领人类走上正道而不是迷途，学者就是人类的教养员。四是提高整个人类道德风尚的使命。费希特明确指出："提高人类道德风尚是每一个人的最终目标，不仅是整个社会的最终目标，而且也是学者在社会中全部工作的最终目标。学者的职责就是永远树立这个最终目标，当他在社会上做一切事情时都要首先想到这个目标。"[④] 这就是学者共同的使命，也是学者共同的命运。

总的来说，费希特关于"学者的使命"思想，为新时代高校青年教师思想政治工作提供了重要的理论支撑，对高校青年教师思想政治工作社会维度的目标制定，对崇高师德和底线师德内在张力的有益处理，对高校青年教师思想政治工作服务内容的合理安排，都具有重要的指导意义。广大高校青年教师也要切实履行青年学者的时代使命，认清自己的使命，不负时代重托，自觉肩负起传播知识、思想和真理，塑造灵魂、生命和新人的时代重任。

二、阿普尔的"意识形态与课程"理论

美国教育学家迈克尔·W. 阿普尔在关注课程理论和课程实践工具理性的基础上，将研究视角转向学校课程中的意识形态传播和渗透方面，喊出了"谁的知识最有价值"这一教育方面的时代之问，提出了具有重大教育意义的"意识形态与课程"理论。这一理论主要集中体现在他的《意识形态与课程》一书中。阿普尔明确指出："教育并非一个价值中立的事业，就教育制度的本质而言，无论教育工作者是否意识到，他们已经被卷入了一项政治活动。"[⑤] 我们的教育从根本上说是政治的、经济的、文化的和社会的。"今天我们不得不探究把教育作为一门科学的观点怎样

① ［德］费希特：《论学者的使命　人的使命》，梁志学、沈真译，商务印书馆2017年版，第43页。
② 同上。
③ 同上书，第44页。
④ 同上书，第45页。
⑤ ［美］阿普尔：《意识形态与课程》，黄忠敬等译，华东师范大学出版社2003年版，第1页。

发挥着意识形态的作用。正如霸权在学校内通过进行潜移默化的教学得以维持一样，一种反批判的教学观和极端的技术与实证科学观通过‘知识分子’形成了一种有效并起支配作用的文化。”[①] 阿普尔对知识合法性批判性的价值追问，站在政治和伦理的立场，从意识形态的视角，唤醒了我们对早已习以为常的“教育”的怀疑和审思，引导我们切入一个全新的问题域，即从意识形态视角来分析学校课程中所隐含的意识形态问题，这无疑触及了教育最根本的核心问题。“意识形态与课程”理论为新时代高校青年教师思想政治工作提供了重要的理论借鉴，将有助于厘清和规训高校青年教师在授课中的一些错误倾向和言论，从而积极引导高校青年教师以德立学、以德施教、以德育人。因此，做好新时代高校青年教师思想政治工作，我们有必要正确认识和科学把握“意识形态与课程”理论的精神实质和主要内涵。

1. 课程中潜在的意识形态导向

意识形态作为思想上层建筑，在一个国家的政治、经济、文化和社会生活中发挥着巨大的作用，这种作用就是意识形态的功能。不管是意识形态具体的引导、教化、批判、整合、控制、维护、合法化等功能，还是其广义的政治、经济、文化等功能，我们都可以感受到潜移默化的意识形态无处不在，并无时无刻地影响着整个国家和社会的发展与进步。课程中的意识形态导向，是意识形态通过课程载体对一定社会集团和阶级发生的绝对的价值定位和行为导向的功用。所谓导向，“就是一定的意识形态作为一面旗帜，为一定的社会或国家进行政治目标导向和社会价值导向，对人们的思想、行为进行符合目标的引导并对偏离目标的思想、行为进行阻滞”。[②] 这种价值导向和规范功能，是保持政治关系稳定的根本前提。一方面，意识形态能够“成为一个重要的凝合剂，能够把各种运动、党派、革命团体都聚合起来”[③]，从而激发人们对生活的热情与激情，唤起民族自信心与自豪感，提升社会凝聚力与聚合力；另一方面，使特定社会集团的长远目标对团体成员来说更具有吸引力、说服力和影响力，以获得所有成员的支持，从而为社会整体利益做出自己的短期利益牺牲。课程中的意识

① ［美］阿普尔：《意识形态与课程》，黄忠敬等译，华东师范大学出版社 2003 年版，第 123 页。

② 郑永廷：《社会主义意识形态发展研究》，人民出版社 2002 年版，第 344 页。

③ ［美］迈克尔·罗斯金等：《政治科学》，王震译，华夏出版社 2001 年版，第 105 页。

形态导向作用，不在于强势的外力逼迫，而在于学生的内心深处已经全盘接受了它、习惯了它、内化了它、喜欢了它，会在思想和行为上自觉或不自觉地维护它，起到“凝心聚力”和“凝聚人心”的特殊作用。具体到高校，成功的课程意识形态导向不仅可以指引师生树立共同的理想信念，形成社会稳定的思想基础，起到维护社会整合和国家稳定的作用，而且能作为一种准则帮助师生在现实社会生活中做出正确的价值判断和行为选择。

2. 意识形态决定并指导课程

“在成熟的资本主义社会形态中占据统治地位的意识形态国家机器，是教育的意识形态机器。”① “统治阶级的意识形态始终操纵和控制着学校的运作，经由‘标准’、‘共识’、‘默认’等方式存在于教育中，通过国家法定的教科书和学校中的‘潜在课程’发挥作用。”② 通过“意识形态”的方式，资产阶级利用对人思想意识的渗透，并进一步以非暴力的形式，向师生强制灌输统治阶级主导的意识形态，在年轻人中生成“我们感”，协助统治阶级实现文化与精神上的控制，发挥着引导社会舆论和宣扬全体领导主体价值的功能。统治阶级通过意识形态统摄和指导课程设置的性质、内容和方向等，通过课程中的意识形态解释和辩护培养社会成员的团结意识与认同感，并借此创造社会舆论，进而规范和引导社会变革，维护自身的统治地位即政治、经济、文化利益。

3. 课程承载并服务于意识形态

课程总是代表着人们对重要知识和整个世界的看法。一方面，课程本身就是教育价值的体现，同时包含了丰富的价值信息和价值因素。意识形态是课程最重要的思想资源和价值宝库。“课程的日常价值被看作保存现有特权、利益和知识的基本元素。”③ “应该明确的是，课程的设计，适合于学生的教育性环境的创造，天生就是一个政治和道德的过程。它涉及有价值教育活动的竞争性意识形态、政治和强烈的个人概念。而且，它的主要部分之一就是影响别人——即学生——的事实。”④ “‘专家’的基本观点强烈地受到他们所属的集体的主流价值和他们所处的社会情形的影响，

---

① 陈越：《哲学与政治：阿尔都塞读本》，吉林人民出版社 2003 年版，第 343 页。

② 徐冰鸥：《意识形态解蔽与教育批判——阿普尔教育哲学思想研究》，高等教育出版社 2014 年版，第 30 页。

③ ［美］阿普尔：《意识形态与课程》，黄忠敬等译，华东师范大学出版社 2003 年版，第 55 页。

④ 同上书，第 129 页。

这些主流价值必然要影响到他们的工作。”① 正如西方世俗课程中渗透宗教目的一样，“文法课是要教人正确地阅读圣经、了解圣经；修辞课是要教人更生动、更巧妙地讲经布道；逻辑课是要教人善于同‘异端者’辩论，以打击‘异教徒’；就连算术课也要教人从中感受上帝的存在与万能”。② 另一方面，课程语言是意识形态表达的重要载体。马克思曾指出：“‘精神’从一开始就很倒霉，受到物质的‘纠缠’，物质在这里表现为振动着的空气层、声音，简言之，即语言。”③ “意识形态的表达工具是语言，语言作为人的交往实践的产物，又承载着人类的目的、意志以及利益、权利旨趣等，因此，语言并不仅仅是对事实或事态的实证描述，也并非绝对中立客观的。社会的背景结构和深层社会结构对语言的影响，导致了语言的所谓的‘非中立性’，并构筑了意识形态的基本特征。”④ 借用马克思的话可以这样说，意识形态把语言当作物质武器，语言把意识形态当作精神武器。可见，不管是课程中的日常价值、课程设计、课程语言，还是课程的提供者和授课者，都在一定程度上承载着一定社会阶级或集团的意识形态价值，并作用到整个课程的研发、设置和实施过程中。“虽然对教育意识形态方面的特征人们已经有点意识，但直到最近人们才意识到日常学校生活课堂讯息的形式和内容都体现了意识形态的‘传播’。”⑤ 因此，课程传播的一个重要的作用就是向不同学校的人传播不同的思想倾向和价值观，因而课程传播的正式的和非正式的知识、评估的程序等都需要被视为有联系的，否则我们将失去它们的真正意义。

总的来说，“意识形态与课程”理论对新时代高校青年教师思想政治工作具有重要的理论指导意义。就高校青年教师的教育教学活动来讲，教师在传道授业解惑过程中自身的意识形态是很难隐藏的，不是宣扬正确的价值立场，就是宣传和纵容错误的价值立场。思想政治理论课教师自不待言，专业课教师也不例外。因此，高校青年教师在授课中要严格遵守相关法律法规和有关纪律约束制度，必须立场坚定，价值清晰，旗帜鲜明，态度坚决，做到课堂讲授有纪律、公开言论守规矩。

---

① ［美］阿普尔：《意识形态与课程》，黄忠敬等译，华东师范大学出版社 2003 年版，第 168 页。

② 王瑞荪：《比较思想政治教育学》，高等教育出版社 2001 年版，第 46 页。

③ 《马克思恩格斯选集》第 1 卷，人民出版社 2012 年版，第 161 页。

④ 卢永欣：《语言维度的意识形态分析》，社会科学文献出版社 2013 年版，第 93 页。

⑤ ［美］阿普尔：《意识形态与课程》，黄忠敬等译，华东师范大学出版社 2003 年版，第 183 页。

三、马斯洛的“需要层次”理论

亚伯拉罕·马斯洛是当代最伟大的心理学家之一，被人们誉为“人本心理学之父”。他在 1954 年出版的《动机与人格》中提出过许多十分精彩且人们耳熟能详的理论，包括人本心理学科学观理论、元动机理论、需要层次理论、自我实现理论、高峰体验理论等。其中，需要层次理论是马斯洛心理学中影响最大的理论之一，至今仍在多个学科领域和实际工作中发挥着巨大的影响力。这一理论在思想政治教育学科领域所发挥的理论借鉴作用不言而喻。就高校青年教师思想政治工作而言，它对教师思想政治工作政策决议出发点的思忖、工作对象人本的观照、工作求是原则、激励原则的确立都具有重要的指导意义。

在马斯洛看来，人类价值体系中存在两类不同“级别”的需要。一类是人的“基本需要”，一类是人的“自我实现需要”。其中，人的“基本需要”也称为人的“匮乏性需要”，它是指人的最根本的需要，它们构成了需要层次系列的需要，即生理需要、安全需要、归属和爱的需要、自尊需要，在层次系列中具有优势递进的性质。人的“自我实现的需要”也被称为人的“成长性需要”，它是指人的“高级性”需要，特别强调人的自由全面发展，彰显人的自我潜能发挥，凸显人的创造性和独立精神。关于马斯洛需要层次的五个主要内容的具体论述，学界已有诸多研究成果，不再赘述。这里，笔者主要想谈一谈这两类需要的重要区别。一方面，在与外界的关系上，人的“基本需要”的满足在很大程度上依赖于他人和环境，而人的“自我实现需要”的满足则能够在相当大的程度上独立于他人和环境。对此，马斯洛明确指出：“自我实现者是由成长性动机而不是匮乏性动机推动的，那么，他们主要的满足就不依赖于现实世界、他人、文化或达到目的的手段，总之，是不依赖于外界来实现的。可以这样说，他们自己的发展和持续成长依赖于自己的潜力以及潜在的资源。”① 另一方面，在满足的效应上，人的“基本需要”的满足主要是可以避免人类出现健康问题，而人的“自我实现需要”的满足可以将人类

① ［美］亚伯拉罕·马斯洛：《动机与人格》（第三版），许金声等译，中国人民大学出版社 2007 年版，第 170 页。

导向更积极的健康状态。

在这里我们还要澄清一个关于“需要层次”理论认识上的误区，即一些人在谈及马斯洛的需要层次理论时，认为需要层次论讲的是“需要的更替”，也就是一个需要满足之后才会产生更高的需要。实际上，在马斯洛看来，“需要层次论”讲的也是“优势需要”的更替问题。在关于需要之间的关系问题上，他明确指出：“如果一个需要得到满足，则另一个需要相继产生。这个说法可能会造成这样的虚假印象：一个需要必须100%地得到满足，下面的需要才会出现。事实上，对于我们社会中的大多数正常人来说其全部基本需要都部分地得到了满足，同时又都在某种程度上未得到满足。要想更加真实地描述这个层级序列，就应该在这个优势序列中逐级减小满足的百分比。”[①]“我们的一般需要通常是在优势需要得到满足后才会出现。……某种需要一旦满足，就不再起积极的决定或者组织作用。”[②] 由此可见，需要满足是一个成长的过程，马斯洛的需要层次理论讲的是“优势需要”的更替，而非“需要”的更替。

总的来说，马斯洛的需要层次理论自提出之后，一方面不断得到引用、引证和应用，另一方面也不断地遭受到各种各样的质疑和批评。尽管一些批评者试图提出更好的、更为完整的需要理论，但迄今为止仍然没有一种需要理论能够取代它的位置。可以说，它是一个已经经受了一定时间考验且具有重要价值的心理学理论。这无疑也为高校青年教师思想政治工作提供了重要的理论借鉴意义。其一，这一理论从现实的人的观点出发，通过研究人的心理动机和需要，为我们审视高校青年教师的心理需要发展态势提供了重要切入点，有助于我们更好地科学把握高校青年教师对美好生活的意愿和追求，从而帮助我们切实地制定高校青年教师思想政治工作政策和工作路径。其二，这一理论对制定高校青年教师思想政治工作原则具有重要的指导意义。它能够使我们更好地把握高校青年教师的思想特点和发展需求，从而立足于青年教师的实际情况来认识和掌握解决他们思想问题和解决实际问题相结合的工作原则。其三，这一理论对提升高校青年教师的职业感、获得感和幸福感具有重要的价值引领作用。高校青年教师

---

① ［美］亚伯拉罕·马斯洛：《动机与人格（第三版）》，许金声等译，中国人民大学出版社2007年版，第36页。

② 同上书，第39页。

作为社会的一员，有自身的成长发展诉求、需求和愿景，他们的职业感、获得感和幸福感都是建立在满足和实现这些成长需求基础之上的，对教师发展需要层次的优势更替有助于提升高校青年教师思想政治工作的实效性。

四、巴赫金的“交往对话”理论

米哈伊尔·米哈伊洛维奇·巴赫金是苏联著名文艺学家、文艺理论家和批评家。他的诸多思想理论著述对文艺学、民俗学、人类学和心理学都有巨大影响。其中，交往对话思想是巴赫金整个思想体系中的重要组成部分，可以说是一个“关于人的生存、存在、思想、意识的交往、对话、开放的体系”，是一个“灌注了平等、平民意识的交往、对话、开放的体系”。[①] 这一对话交往思想对新时代高校青年教师思想政治工作具有重要的指导意义，尤其是在注重教育者与教育对象之间的平等关系、培养教育对象的批判反思意识、强调教育双方的互敬互爱以及实施教育沟通对话方面具有启示价值。

巴赫金十分重视对话交往在人的生存中的重要作用，并将其视为人的本质性存在。

1. 巴赫金强调“对话是人的存在方式”

巴赫金跟马克思一样，都将社会性看成人的本质属性，确认人是社会交往关系中的存在。而且，巴赫金将对话交往作为人的存在的基本方式，人的生活、思想、语言和文学的本质都是对话。在他看来，人的存在不是个体存在，而是个人行为的产物，是一种“我眼中有我”的确实存在，他将存在设置成“我”与“他人”两类人，进而慢慢建立了让一种对话性互构互建互存的方式：“人实际存在于我和他人两种形式之中（‘你’、‘他’或者‘man’）。我自己是人，而人只存在于我和他人的形式中。”“我离不开他人，离开他人我不能成其为我；我应先在自己身上找到他人，再在他人身上发现自己”。[②] 在巴赫金看来，人是相互反映和接受的，对话就是人的本质存在，因为“一切都是手段，对话才是目的。单一的

① 钱中文主编：《巴赫金全集》第1卷，河北教育出版社1998年版，第65页。

② 梅新林、潘德宝：《中国文学古今演变研究通论》，上海人民出版社2016年版，第156页。

声音，什么也结束不了，什么也解决不了。两个声音才是生命的最低条件，生存的最低条件”。[①] 应当看到，一个人的“言谈”总是带有某种特殊观点和价值观的表达与流露，但这种表达和流露并不代表一个固定的立场，而是一个在和潜在对象的对话交往中慢慢渐进完成其功能的，并且和其他“言谈”一起构建了话语的公共空间，各种差异和不同的声音借此汇成一个充满张力的复合体。

2. 巴赫金肯定了“话语是交往的中介”

他指出：“一切意识形态的东西都有意义：它代表、表现、替代着在它之外存在着的某个东西，也就是说，它是一个符号。哪里没有符号，哪里就没有意识形态。”[②] 而这个符号就是人的意识在集体的、有组织的社会交往过程中创造出来的。“个人意识依靠符号，产生于符号，自身反映出符号的逻辑和符号的规律性。意识的逻辑就是意识形态交际的逻辑、集体的符号相互作用的逻辑。”[③] 不难看出，巴赫金将符号作为人与人交往以及意识形态的物化表现形式，而话语则是最能表现符号特性的，因为话语不仅是一种独特的意识形态现象，而且“是最纯粹和最巧妙的社会交际 medium（手段）”。[④] 可见，话语是语言交际的最基本的单位，语言真正的生命便在于话语、在于人的表述。

3. 巴赫金强调了“对话交往中人的主体间性”

在巴赫金看来，对话也是人的主体间性的重要表现，这是因为人不可能脱离他人的存在而存在，任何人的意识和话语也不可能脱离与他人的意识和话语的联系和关系。“实际上话语是一个两面性的行为。它在同等程度上由两面所决定，即无论它是谁，还是它为了谁，它作为一个话语，正是说话者与听话者相互关系的产物。任何说话都是在对‘他人’的关系中来表现一个意义的。在话语中，我是相对于他人形成自我的……话语是连结我和别人之间的梁。……话语是说话者与对话者之间共同的领地。”[⑤] 可见，在人的交往对话中，人都是处在于一种主客体相互转换的关系之中。

---

① 梅新林、潘德宝：《中国文学古今演变研究通论》，上海人民出版社 2016 年版，第 340 页。

② 钱中文主编：《巴赫金全集》第 2 卷，河北教育出版社 1998 年版，第 349 页。

③ 同上书，第 353—354 页。

④ 同上书，第 354 页。

⑤ 同上书，第 437 页。

总的来说，做好新时代高校青年教师思想政治工作，我们要从巴赫金的对话交往思想中汲取一些有益的理论营养。其一，要注重教育者与受教育者之间的平等对话关系。高校青年教师思想政治工作中的对话绝不能简单地被认为是教育者对受教育者单向度的思想理论“灌输”，而应该是基于双方平等关系的对话和交往。其二，要注重培养受教育者的批判反思意识。对话交往的一个重要体现或特点，就是人与人相互之间的“提问”越来越受到重视。这种提问方式显然打破了传统说教式的教育方法，有助于培养受教育者的批判反思意识，进而增进对话交流的针对性和实效性。其三，要在高校青年教师思想政治工作中做到双方之间相互尊重。尊重是对话交往的重要基石，没有尊重就没有平等的对话和交流。做好高校青年教师思想政治工作要尊重青年教师的意愿、意志和要求，从而营造一个和谐融洽的教育工作氛围。其四，采取多种交往对话方式进行教育工作。教育者和受教育者可以灵活采用批判性、平等性、合作性、创造性等对话交流方式进行教育工作，从而在交往对话中实现教育工作的目标。

第三章　新中国成立以来高校青年教师思想政治工作的历史沿革

“明镜所以照形，古事所以知今。”（《三国志·吴书·孙奋传》）我们梳理和回顾高校青年教师思想政治工作的发展历程，是为了总结历史经验、把握工作规律、汲取实践智慧、发扬优良传统，从而增强开拓新时代高校青年教师思想政治工作的勇气和力量。根据中国共产党思想政治工作的历史进程以及高校青年教师思想政治工作自身的发展特质，本书以新中国成立、改革开放启程和党的十八大召开为重要历史节点，将高校青年教师思想政治工作划分为三大历史阶段，并尝试对各个历史时期所创造、积累的宝贵经验与优良传统及出现过的一些失误和教训进行科学概述，以加深人们对高校青年教师思想政治工作客观规律的认识和把握。

第一节　新中国成立到改革开放前的高校青年教师思想政治工作

新中国成立揭开了中国教育史的新篇章，高校青年教师思想政治工作也开启了新征程。回顾改革开放前的高校青年教师思想政治工作的历史沿革，呈现的是一幅前进与曲折、发展与徘徊、成功与失败复杂交织的画面。其中，丰富经验值得珍视，深刻教训永远铭记，这对高校青年教师思想政治工作科学化发展具有历史镜鉴价值。

一、新中国成立初期的高校青年教师思想政治工作

新中国成立以后，中国共产党的工作重心从农村转向城市，面临新民主主义向社会主义转变的重要时期，面对恢复和发展国民经济、繁荣和振兴文化事业的艰巨任务。作为上层建筑的高等教育要主动适应社会主要矛盾的变化，积极推动社会经济建设的恢复和发展。其中，“要改变中国经济文化的落后面貌，必须把知识分子团结在党和人民政府周围，充分利用他们的科学文化知识为新中国建设事业服务”①，而高校青年教师思想政治工作的建立和开展对此起到了积极促进作用。

1. 团结、教育和改造高校青年知识分子以适应新中国的需要

新中国成立初期，仅有普通高校205所，在校师生为11.65万人，招收本科生约为9.4万人，专科生为2.3万人，研究生仅为69人，教职工为4.6万人，其中专任教师为1.6万人。② 中国高等教育事业发展面临开启新的历史征程的伟大任务和现实挑战。1949年12月，第一次全国教育工作会议在北京召开，会议明确指出我国教育性质是新民主主义的，教育工作的关键是争取、团结和改造知识分子，使其为人民服务、为当前的革命斗争与建设服务。钱俊瑞副部长在做会议总结报告时指出：“对新区学校安顿以后的主要工作，是有计划、有步骤地在教师和青年学生中进行政治与思想教育，其主要目的乃是逐步地建立革命的人生观。”③ 1949年9月，《共同纲领》明文规定：“给青年知识分子和旧知识分子以革命的政治教育，以应革命工作和国家建设工作的广泛需要。”④ 1950年6月6日，毛泽东在中国共产党七届三中全会上的报告中指出：“帝国主义在我国设立的教会学校和宗教界中的反动势力，以及我们接收的国民党的文化教育机构中的反动势力，反对我们。这些都是我们的敌人。我们要同这些敌人

---

① 中共中央党史研究室：《中国共产党历史上册（1949—1978）》，中共党史出版社2011年版，第155页。

② 《中国教育事典》编委会编：《中国教育事典（高等教育卷）》，河北教育出版社1994年版，第544页。

③ 《中国教育年鉴》编辑部编：《中国教育年鉴（1949—1981）》，中国大百科全书出版社1984年版，第685页。

④ 《建国以来重要文献选编》第1册，中央文献出版社1992年版，第11页。

作斗争，在比过去广大得多的地区完成土地改革，这场斗争是很激烈的，是历史上没有过的。”[①] 我们要“有步骤地谨慎地进行旧有学校教育事业和旧有社会文化事业的改革工作，争取一切爱国的知识分子为人民服务”。[②] 1952 年 9 月 5 日，毛泽东在《给黄炎培的信》中指出：“一个人的思想中有坏的方面，也有好的方面。我们应该帮助他们去掉坏的方面，发展好的方面。”[③] 党的过渡时期总路线提出以后，党又把社会主义教育和反对资产阶级腐朽思想作为高校知识分子思想改造工作的重要任务。正如季羡林先生和费孝通先生在回忆历史上党对知识分子的思想改造运动时所讲的那样，“随时准备深挖自己的思想，改造自己的资产阶级思想，真正树立无产阶级思想”，“感觉到自己百无是处了，梦想着一种可称为‘魔术性’的改造，点石成金似的，一下子变为一个新人”。[④] 1953 年 3 月 31 日，政务院颁布《关于目前高等学校教学改革的情况与问题的报告》，着重强调：“团结、改造与提高旧有教师，大力培养新师资。首先，必须加强对教师的思想政治领导，达到政治与业务水平不断提高并相互结合。”[⑤] 毋庸讳言，中国共产党高度关注和重视高校知识分子的思想改造问题，将其摆在为人民服务、为社会主义建设服务的工作大局之中，彰显出高校青年教师思想政治工作的迫切性和重要性。

2. 设置马克思主义政治理论课以提升理论水平

开设政治理论课是改造旧大学、建设新大学的重要途径，也是高校青年教师思想政治工作的基本形式。1950 年 6 月，毛泽东在谈“不要四面出击”时明确指出：“对知识分子，要办各种训练班，办军政大学、革命大学，要使用他们，同时对他们进行教育和改造。要让他们学社会发展史、历史唯物论等几门课程。”[⑥] 1950 年 7 月，教育部召开“全国大学政治课教学讨论会”。在这一会议的推动下，高校政治课教学内容改革进展很大，开设了“辩证唯物论和历史唯物论”“新民主主义论”“政治经济

① 《毛泽东文集》第 6 卷，人民出版社 1999 年版，第 74 页。

② 同上书，第 71 页。

③ 《毛泽东年谱（一九四九——一九七六）》第 1 卷，中央文献出版社 2013 年版，第 594—595 页。

④ 夏杏珍：《建国初期对知识分子思想改造的历史必然性》，《红旗文稿》2014 年第 21 期。

⑤ 《中国教育年鉴》编辑部编：《中国教育年鉴（1949—1981）》，中国大百科全书出版社 1984 年版，第 359 页。

⑥ 《毛泽东文集》第 6 卷，人民出版社 1999 年版，第 74 页。

学”等公共必修课程。1952 年 9 月，中共中央发出《关于培养高等、中等学校马克思列宁主义理论师资的指示》。从这一重要指示中我们可以清晰地看到，党和国家十分重视理论队伍建设以保证政治课改革的顺利进行。毛泽东指出：“我们要在党内外五百万知识分子和各级干部中，宣传并使他们获得辩证唯物论，反对唯心论，我们将会组成一支强大的理论队伍，而这是我们极为需要的，这又是一件大好事。”① 1952 年 10 月，《关于全国高等学校马克思列宁主义、毛泽东思想课程的指示》颁布实施，对全国高校政治课做出统一规定。另外，一些高校也随之开始组织高校青年教师参加寒暑假学习会、教师轮训班以及业余学习组织，共同学习《新民主主义论》《共同纲领》《社会发展史》等政治理论知识和相关时事政策，确立了政治课在高校青年教师思想政治工作中的主渠道地位，有助于高校青年教师在理论上牢牢掌握马克思主义的思想武器。

3. 组织参加政治实践以提高思想觉悟

为密切配合党的中心任务，这一历史时期的高校青年教师思想政治工作组织进行了有目的、有领导、有广大高校青年教师参加的政治运动，目的是在实践中使他们接受教育。

（1）在抗美援朝运动中接受爱国主义和国际主义教育洗礼。根据教育部《关于加强在高等学校中进行抗美援朝时事教育通知》的精神，各高校通过座谈会、讲演会、时事学习会和参观展览等形式，积极在高校青年教师中普遍开展订立和执行爱国公约、“增加生产、厉行节约”等活动，振奋了高校青年教师的革命精神，提高了他们的民族自尊心和自信心，极大地激发了他们的爱国主义和国际主义热情。

（2）在土地改革运动中进行反封建思想教育。土地改革运动是使高校青年教师走上与工农相结合的道路以及改造世界观的重要机会。毛泽东指出：“民主人士及大学教授愿意去看土改的，应放手让他们去看，不要事先布置，让他们随意去看，不要只让他们看好的，也要让他们看些坏的，这样来教育他们。吴景超、朱光潜等去西安附近看土改，影响很好。”② 教育部也积极组织北大、清华的高校青年教师和学生分赴西北、中南和西南地区参加土地改革，广大高校师生思想触动很大，沟通了与农

① 《毛泽东文集》第 6 卷，人民出版社 1999 年版，第 395 页。

② 同上书，第 152 页。

民的感情，端正了对土地改革的认识，使自己的思想认知得到升华。

（3）在镇压反革命运动中接受巩固人民民主专政的教育。各高校党组织积极进行广泛的宣传教育工作，充分发动群众揭露学校暗藏的反革命分子，提高了广大高校青年教师的阶级觉悟和思想认识水平。

（4）在“三反”“五反”运动中增强抵制资产阶级思想侵蚀的能力。通过揭发批判资产阶级教育思想，使高校青年教师在斗争中认清资产阶级进攻的实质和资产阶级腐化堕落思想的丑恶本质，以自觉改造自己的思想。

（5）在知识分子思想改造运动中提高政治觉悟。从1951年开始，首先在北京、天津等地的20所高校3000余名高校教师中开展以改造思想、改革高等教育为目标的学习运动。周恩来在京津高校教师学习报告会议上发表了《关于知识分子的改造问题》的重要讲话，此后全国各地高校相继开展了高校教师思想改造运动，广泛开展宣传唯物主义以批判资产阶级唯心主义思想的运动。广大高校青年教师通过学习马列主义、毛泽东思想和党的路线方针政策，开始明确知识分子要为人民服务、必须走与工农结合道路。“根据北京、天津、青岛四所高等学校对于一百四十一个教师的统计，过去六年中，进步分子由百分之十八增为百分之四十一，落后分子由百分之二十八减为百分之十五。”①

（6）在“向科学进军”过程中提升科学文化素质。1956年1月，周恩来在知识分子问题会议上宣布“我国绝大部分知识分子已经成为工人阶级的一部分”，并做出“向科学进军”的伟大号召，高校党组织积极引导知识分子，特别是鼓励高校青年教师向科学进军的热情，牢固树立远大理想，端正进军方向，促进科技文化教育事业的发展。

4. 突出采取显性教育方法

一方面，继承和发扬中国共产党在革命战争年代进行思想政治工作的优良传统和政治优势，强调政治学习、批评与自我批评等，通过组织高校青年教师上党课、听讲座，开展学马列、学党章学习小组等形式，进行富有成效的高校青年教师思想政治工作。

另一方面，主要采用理论灌输和说服教育的显性教育方法，各高校都积极安排和组织高校青年教师进行思想政治学习与培训，除政治课和讲座

① 《周恩来选集》下，人民出版社2004年版，第163页。

等形式之外，还广泛利用广播、报纸、宣传栏等媒介进行宣传教育，取得显著成效。另外，积极引导高校青年教师走与实践、与工农相结合的道路以实现实践育人。工农群众的实践活动是高校青年教师最广阔的用武之地，高校青年教师来到这里可以充分施展才华，为社会做出较大贡献，尤其是高校青年教师，涉世不深，实践经验很少，对中国国情和人民革命史不太熟悉，在思想上跟工农大众还存有一定差距，他们更需要向实践学习、向工农学习。

5. 思想政治工作领导体制初步形成

高校青年教师思想政治工作的领导体制和工作制度是保证高校青年教师坚持社会主义办学方向的重要保障。1950 年 8 月，政务院颁布《高等学校暂行规程》，明确规定了大学及专门学院采取校（院）长负责制，其中的一个重要职责就是领导“全校（院）教师、学生、职员、工警的政治学习”。[①] 1952 年 10 月，教育部颁发《关于在高等学校有重点地试行政治工作制度的指示》，指出要在高校设立政治辅导处，并配备政治辅导员负责实施政治理论教育和思想政治工作，其任务之一就是指导高校师生的政治理论学习，掌握教职工和学生的政治思想情况。自此，高校思想政治工作有了专门的组织机构，一直保留至今，成为高校思想政治工作的重要组织力量。1955 年 3 月，全国学校教育工作座谈会明确了党委对学校教育工作的领导和监督，强调学校领导和党团对师生共产主义道德教育肩负着重大责任。1955 年 8 月，中央宣传部《关于学校教育工作座谈会的报告》明确指出，学校中的党组织的工作范围包括对师生员工进行思想政治工作。同年 12 月，中央发布《关于配备高等学校政治工作干部的指示》，明确提出要“配齐或调整党委书记、人事处长等政治工作领导骨干，把党团组织和人事、保卫等政工部门充实起来，以增强高校政治工作的力量”。[②] 经过几年建构，高校青年教师思想政治工作基本形成了党委统一领导、校长负责以及各级党团组织分工配合的工作体制的雏形。

总体来看，新中国成立初期的高校青年教师思想政治工作取得了积极成效，广大高校教师积极拥护和支持党中央的方针、路线和政策，调动了他们的积极性、主动性和能动性，为社会主义建设事业做出突出贡献。当

① 人民教育社：《高等学校暂行规程》，《人民教育》1950 年第 5 期。

② 王树荫、王炎：《新中国思想政治教育史纲（1949—2009）》，人民出版社 2010 年版，第 127 页。

然，这一时期高校青年教师思想政治工作中也有一些值得吸取的教训，如社会政治生活和高校青年教师思想政治工作相混淆；在政治运动中一些高校没有掌握必要的限度，打乱了教学秩序，伤害了一些高校青年教师的感情，挫伤了他们的积极性。正如毛泽东总结道："过去的思想改造是必要的，收到了积极的效果。但是在做法上有些粗糙，伤了一些人，这是不好的。这个缺点，今后必须避免。"①

二、全面建设社会主义时期的高校青年教师思想政治工作

1956—1966 年是我国开展全面建设社会主义时期。社会主义改造基本完成以后，如何正确认识我国的社会主义性质？如何最大限度地调动人民群众的积极性去建设我们的社会主义国家？这既是党和国家亟待解决的重大问题，也是全党做好思想政治工作必须回应的时代问题。就高校教师工作而言，党和国家在研究和总结教育经验和规律、反思高校思想政治工作失误和教训的过程中，对高校青年教师思想政治工作进行了积极探索，提出一系列正确原则、途径和方法，积累了丰富经验。当然，这一时期党在指导思想上出现了"左"的错误，导致高校青年教师思想政治工作经历几次曲折发展过程。

1. 高校青年知识分子必须继续改造自己

从国际上看，20 世纪 50 年代是一个形势复杂多变的重要历史时期。1952 年 2 月，苏联共产党二十大全盘否定斯大林，暴露出苏联社会主义内部诸多矛盾，在全世界社会主义国家引起巨大震动。西方国家对社会主义的直面攻击也演绎成"和平演变"，企图通过对社会主义建设者和接班人的渗透和影响以颠覆社会主义政权。另外，世界性反共、反社会主义浪潮使人民群众在思想上产生不同程度的混乱，影响到党对知识分子包括高校青年教师在内的政策调整。

从国内来看，生产资料私有制的社会主义改造带来经济社会的深刻变化，加之党内官僚主义作风抬头，使经济和政治生活中出现了一些紧张关系，激化了一些人民群众的内部矛盾。例如，1956 年下半年，学校出现

① 《毛泽东文集》第 7 卷，人民出版社 1999 年版，第 226 页。

了学生罢课现象，工人中出现了罢工请愿事件，农民中出现了闹退社事件，一些高校青年教师在教育领域针对党和政府部分缺点错误和作风问题发表尖锐意见。“这些人闹事的直接的原因，是有一些物质上的要求没有得到满足……闹事的另一个原因是对于工人、学生缺乏思想政治教育。”①

在国际国内形势复杂多变的情况下，党和国家就高校青年教师思想政治工作做出明确指示：“在知识分子和青年学生中间，最近一个时期，思想政治工作减弱了，出现了一些偏向。在一些人的眼中，好像什么政治，什么祖国的前途、人类的理想，都没有关心的必要。好像马克思主义行时了一阵，现在就不那么行时了。针对这种情况，现在需要加强思想政治工作。”② 尤其是“要加强学校政治思想教育”。③ 这是继知识分子思想改造之后党对高校知识分子情况做出的又一重要判断。毛泽东也明确指出：“过去为旧社会服务的几百万知识分子，现在转到为新社会服务，这里就存在着他们如何适应新社会需要和我们如何帮助他们适应新社会需要的问题。”“广大的知识分子虽然已经有了进步，但是不应当因此自满。为了充分适应新社会的需要，为了同工人农民团结一致，知识分子必须继续改造自己，逐步地抛弃资产阶级的世界观而树立无产阶级的、共产主义的世界观。”④ 因此，高校青年教师思想政治工作只能加强、不能削弱。“不论是知识分子，还是青年学生，都应该努力学习。除了学习专业之外，在思想上要有所进步，政治上也要有所进步。这就需要学习马克思主义，学习时事政治。没有正确的政治观点，就等于没有灵魂。”⑤

2. “又红又专”培养目标的角色定位

1957 年 2 月，毛泽东指出：“我们的教育方针，应该使受教育者在德育、智育、体育几方面都得到发展，成为有社会主义觉悟的有文化的劳动者。”⑥ 围绕这一教育方针和价值依循，党和国家从战略高度提出“又红又专”的培养目标，为广大师生指引了正确的成才方向和人生道路。1958 年 1 月，毛泽东在《工作方法六十条（草案）》中明确提出了人才培养规

---

① 《毛泽东文集》第 7 卷，人民出版社 1999 年版，第 236 页。

② 同上书，第 226 页。

③ 同上书，第 247 页。

④ 同上书，第 224—225 页。

⑤ 同上书，第 226 页。

⑥ 同上。

格与标准的“又红又专”问题，认为“红与专、政治与业务的关系，是两个对立物的统一”。如果我们“不注意思想和政治，成天忙于事务，那会成为迷失方向的经济家和技术家，很危险。思想工作和政治工作，是完成经济工作和技术工作的保证，它们是为经济基础服务的。思想和政治又是统帅，是灵魂”。[①] 就高校青年教师而言，所谓“红”与“专”就是通过加强高校青年教师思想政治工作，使广大高校青年教师在思想上、政治上始终与党中央保持一致，在业务上达到精教育、勤钻研的工作水平，做一名又红又专的社会主义事业建设者和接班人。因此，我们要“端正方向，争取一切可能争取的教授、讲师、助教、研究人员为无产阶级的教育事业和文化科学事业服务”。[②] 例如，时任清华大学校长蒋南翔提出“两种人会师”的教育思想，成为清华大学加强高校教师思想政治工作的重要指导思想。1961 年 9 月，中共中央在庐山召开工作会议，会议审议通过了《中华人民共和国教育部直属高等学校暂行工作条例（草案）》（简称“高教六十条”），这为高校思想政治工作提供了价值遵循，也为高校青年教师思想政治工作指明了发展方向。其中第二条明确规定“高等学校必须继续努力培养又红又专的教师队伍”；第三条明确规定“必须正确执行党的知识分子政策，团结一切可以团结的教授、副教授、讲师、助教和其他具有专门知识技能的人，调动一切积极因素，为社会主义的高等教育事业服务”；第二十九条明确规定“高等学校教师的根本任务，就是认真教好学生，完成教学任务”。

3. *以马克思主义理论教育为中心内容*

以马克思主义理论教育为中心内容，是高校青年教师思想政治工作的重点任务。1957 年 3 月 8 日，毛泽东在同文艺界代表的谈话中特别强调：“在知识分子当中提倡学习马克思主义是很有必要的，要提倡大家学他十年八年，马克思主义学得多了，就会把旧思想推了出去。”[③] 同年 3 月 12 日，毛泽东在全国宣传工作会议讲话中也指出：“就世界观来说，在现代，基本上只有两家，就是无产阶级一家，资产阶级一家，或者是无产阶级的世界观，或者是资产阶级的世界观。”[④] 高校青年知识分子在“过去

① 《毛泽东文集》第 7 卷，人民出版社 1999 年版，第 351 页。
② 同上书，第 464 页。
③ 同上书，第 261 页。
④ 同上书，第 273 页。

几年，他们受了一些马克思主义的教育，有些人并且很用功，比以前大有进步。但是就多数人来说，用无产阶级世界观完全代替资产阶级世界观，那就还相差很远”。[①] 这是因为，要改造一个人的世界观，尤其是要形成马克思主义的世界观绝非一日之功，需要久久为功。1958 年 9 月，中共中央、国务院在《关于教育工作的指示》中明确提出，“在高校中进行马克思列宁主义的政治教育和思想教育，培养广大高校师生工人阶级的阶级观点、群众观点、劳动观点和辩证唯物主义观点。”毫无疑问，这一历史时期高校青年教师思想政治工作的内容主要是以马克思主义理论教育为中心，通过政治理论课和各种培训班方式，在具体内容上以爱国主义、国际主义、集体主义和社会主义的教育，阶级观点、劳动观点、群众观点和辩证唯物主义观点的教育，自力更生、艰苦奋斗的教育，全心全意为人民服务的共产主义道德教育等为主，奠定了高校青年教师的马克思主义思想基础。

4. *形成一些较为有效的教育工作方法*

（1）“团结—批评—团结”的方法。开展高校青年教师思想政治工作应当遵循毛泽东关于正确处理人民内部矛盾的理论，严格区分敌我矛盾和人民内部矛盾。对人民内部的矛盾，必须根据“团结—批评—团结”的原则和方法来加以解决，采用民主的方法和说服教育的方法。“知识分子的问题首先是思想问题，对于思想问题采取粗暴的办法、压制的办法，那是有害无益的。知识分子的改造，特别是他们的世界观的改变，要有一个长期的过程。……不能企图上几次课，开几次会，就把人家在几十年生活中间形成的思想意识改变过来。要人家服，只能说服，不能压服。”[②] “教授可能有缺点，学生是不是要提意见呢？要提，这不是要把教授赶走，教授还是好教授。”[③]

（2）榜样示范法。榜样的力量是无穷的，运用典型人物的先进事例引导广大师生向先进人物学习，是这一历史时期高校青年教师思想政治工作的重要方法，如“全心全意为人民服务”的雷锋、“心中装着全体人民”的焦裕禄、“到祖国最需要的地方去”的董加耕。高校广泛、深入和

① 《毛泽东文集》第 7 卷，人民出版社 1999 年版，第 271 页。

② 同上书，第 279 页。

③ 同上书，第 391 页。

持久地宣传一系列典型英雄集体和英雄人物，深深地影响着广大高校青年教师的思想和行为，产生了深远影响，铸育了几代新人。

（3）积极参加社会实践。教育与生产劳动相结合，积极引导广大高校青年教师参加社会实践，是高校青年教师思想政治工作的重要路径。1958 年 1 月，毛泽东指出，要“派教师住到合作社去，使理论和实践结合”①，以提高高校青年教师思想政治觉悟。1964 年 9 月 11 日，中共中央、国务院根据“我国高等学校文科脱离实际的倾向十分严重，资产阶级的和修正主义的思想影响相当普遍”的判断，发出《关于组织高等学校文科师生参加社会主义教育运动的通知》，认为高等学校“今后的方向，就是使文科院校附设工厂或迁到农场，办成半工半读或半耕半读的学校”。“必须首先抓紧组织高等学校文科师生参加正在全国开展的社会主义教育运动，使他们在实际斗争中接受教育和锻炼，提高社会主义觉悟，进行世界观的改造。”②

5. 不断完善党委领导的工作体制

高等学校领导体制是全面建设社会主义时期保证社会主义办学方向的重要保障，也是顺利开展高校青年教师思想政治工作的根本保证。回顾这一历史时期高校青年教师思想政治工作领导体制的发展变化，可划分为两个重要阶段：一是党委领导下的校务委员会负责制。1957 年 3 月 7 日，毛泽东在普通教育工作座谈会上明确指出：“党委应当指导青年的思想，指导教师的思想。”③ 1958 年 9 月，中共中央、国务院在《关于教育工作的指示》中也规定：“一切教育行政机关和一切学校，应该受党委的领导。”“在一切高等学校中，应当实行党委领导下的校务委员会负责制。”二是党委领导下的以校长为首的校务委员会负责制。1961 年 9 月，“高教六十条”明文规定：“高等学校的领导制度，是党委领导下的以校长为首的校务委员会负责制。”由此可见，这两种领导体制都明确强调党对高等学校的领导和党委在学校中的政治核心地位。高校党委作为核心领导，其职责之一就是做好高校教师思想政治工作，在全校教职工中宣传马列主义、毛泽东思想，宣传中国共产党的路线、方针和政策，不断提升他们的

---

① 《毛泽东文集》第 7 卷，人民出版社 1999 年版，第 360 页。

② 中央教育科学研究所编：《中华人民共和国教育大事记（1949—1982）》，教育科学出版社 1984 年版，第 367 页。

③ 《毛泽东文集》第 7 卷，人民出版社 1999 年版，第 247 页。

思想政治觉悟和道德素质。

总的来说，全面建设社会主义时期的高校青年教师思想政治工作，在突出政治的格局下发展，呈现鲜明的时代特色，在教育内容和教育方法上创造、积累了诸多成功的宝贵经验。当然，受“左”倾错误思想的影响，这一历史时期的高校青年教师思想政治工作也历经了几次曲折的发展过程。例如，在反右斗争扩大化中误伤了一些好教师，在“大跃进”和人民公社化运动中批判了一些好教师。在“文化大革命”时期，高校青年教师思想政治工作在指导思想、工作内容、方式方法方面出现了重大错误。这些教训值得反思和借鉴。

第二节　改革开放到党的十八大前的高校青年教师思想政治工作

党的十一届三中全会确定了正确的思想路线，结束了两年的徘徊发展境遇，并做出把工作重点转移到社会主义现代化建设上来的重大决策，开创了改革开放和社会主义现代化的新局面。伴随着由封闭走向开放的这一变革历程，我国高校师生思想状况发生了重大变化，高校青年教师思想政治工作也经历了几个变化发展的过程。

一、恢复发展阶段的高校青年教师思想政治工作

“文化大革命”结束后，思想政治战线面临的突出问题就是把全党和全国人民的思想从“左”的错误思想和教条主义、个人迷信与个人崇拜的禁锢中解放出来，以重新恢复和确立党的实事求是的思想路线。在教育思想战线上，对高校青年教师思想政治工作的恢复和发展始终同党对教育工作的重新审视密切相关。

1. 回应和解答关于对教育战线十七年的“估计”问题

在粉碎“四人帮”的初期，全国上下仍有“左”的错误思想在暗流涌动。[①]

① 顾明远：《改革开放30年中国教育纪实》，人民出版社2008年版，第4页。

面对国内思想政治战线的复杂形势，在邓小平等老一辈无产阶级革命家的倡导和支持下，广大师生同全国人民一道，对党内残存的“左”的错误思想进行了有力的抵制和斗争。例如，1977 年 5 月 24 日，邓小平对“两个凡是”提出质疑，认为它不符合马克思主义。1978 年 5 月 10 日，《实践是检验真理的唯一标准》一文发表，随后全国掀起了关于真理标准问题的大讨论。这次大讨论对纠正“左”的错误思想，坚定对待马克思主义的根本态度，促进党的思想大解放有着重大意义。同时，这一思想解放大潮对端正党的思想政治工作的根本指导思想和重新评价关于对教育战线十七年的“估计”问题具有重要的促进作用。

1977 年 8 月，邓小平明确指出，毛泽东在知识分子问题上的主导思想是红线。“十七年中，绝大多数知识分子，不管是科学工作者还是教育工作者，在毛泽东思想的光辉照耀下，在党的正确领导下，辛勤劳动，努力工作，取得了很大成绩。特别是教育工作者，他们的劳动更辛苦。”① 同年 9 月 19 日，邓小平在与教育部主要负责同志谈话中指出：“‘两个估计’是不符合实际的。怎么能把几百万、上千万知识分子一棍子打死呢？我们现在的人才，大部分还不是十七年培养出来的？”“要加强学校的教师队伍。”② 1978 年 3 月，邓小平在全国科学大会上指出，人民教师是培养革命后代的园丁，他们“绝大多数已经是工人阶级和劳动人民自己的知识分子，因此也可以说，已经是工人阶级自己的一部分”。③ “一个学校能不能为社会主义建设培养合格的人才，培养德智体全面发展、有社会主义觉悟的有文化的劳动者，关键在教师。”④ 我们要“尊重知识，尊重人才。要反对不尊重知识分子的错误思想”。⑤ 特别是要倡导整个社会形成尊师重道的浓厚氛围以调动教育工作者的积极性。

2. 高校教育工作中的拨乱反正

1978 年 12 月 18—22 日，召开了具有划历史意义的十一届三中全会。这次会议重新确立了党的实事求是的思想路线。在高校中，教育工作的拨乱反正有序进行，并得到了广大师生的支持和肯定。

---

① 《邓小平文选》第 2 卷，人民出版社 1994 年版，第 49 页。
② 同上书，第 67、70 页。
③ 同上书，第 89 页。
④ 同上书，第 108 页。
⑤ 同上书，第 41 页。

一方面，平反教育领域的冤假错案。1978 年 10 月，中共中央组织部召开落实知识分子政策座谈会，正式宣布过去对知识分子的“团结、教育、改造”方针不再适用，提出要充分信任、放手使用知识分子，努力改善知识分子的工作条件和生活条件。基于“我国知识分子的绝大多数已经属于工人阶级的一部分”① 的正确认识，1979 年 3 月 19 日，党中央撤销对教育战线上“两个估计”的错误定性，肯定了广大高校教师是认真执行党的教育方针的好老师。随后，党中央对被错误划为右派的高校教师给予复查纠正，平反了一批冤假错案。“在高教系统，平反工作的成绩也很突出。截至 1984 年，上海市在 7 年里共平反了 1373 件高等学校的冤假错案。黑龙江省共为高等学校中涉及冤假错案的 3472 人平反昭雪。”② 另外，为肯定广大教师对我国教育事业所做出的突出贡献，1985 年 1 月，国务院关于建立教师节的议案顺利通过第六届全国人大常委会第九次会议审议，决定将每年的 9 月 10 日定为教师节。这些实际有效的措施受到高校教师的热烈拥护和欢迎，促进了高校安定团结的政治局面的发展，调动了广大高校教师建设社会主义的积极性和主动性。

另一方面，明确教育发展的正确方向。1979 年 5 月，《人民教育》刊登《按照教育工作的客观规律来办高等学校》的文章，明确指出：“在现阶段，教育就是要为我国社会主义四个现代化服务。”“坚持又红又专的社会主义方向，对全体师生都要求做到热爱社会主义祖国，拥护共产党的领导，愿意为人民服务……社会主义高等学校的教学和科研工作，必须以马列主义、毛泽东思想为指导，从事自然科学的师生，也要努力学习运用辩证唯物主义，作为自己学习、研究、工作的思想指导。”③ 1980 年 4 月，教育部等部门联合印发《关于加强高等学校学生思想政治工作的意见》，明确提出：“我国高等学校的培养目标必须坚持又红又专的方向，使受教育者在德智体几方面都得到发展，成为有社会主义觉悟的专门人才。”④ 1981 年 6 月，《关于建国以来党的若干历史问题的决议》在党的十一届六

---

① 《三中全会以来重要文献选编》下，人民出版社 2011 年版，第 544 页。

② 改革开放以来的教育发展历史性成就和基本经验研究课题组：《改革开放 30 年中国教育重大历史事件》，教育科学出版社 1994 年版，第 23 页。

③ 教育部理论组：《按照教育工作的客观规律来办高等学校》，《人民教育》1979 年第 5 期。

④ 教育部思想政治工作司：《加强和改进大学生思想政治教育重要文选选编（1978—2014）》，知识产权出版社 2015 年版，第 4 页。

中全会上审议通过，明确指出："思想政治工作是经济工作和其他一切工作的生命线"①，肯定了思想政治工作的地位，对高校青年教师思想政治工作提供了重要的价值遵循。

3. 以"继续培养又红又专的教师队伍"为目标导向

1978年4月22日，邓小平在全国教育工作会议上提出"我们的学校是为社会主义建设培养人才的地方"，"学校应该永远把坚定正确的政治方向放在第一位"，要把"我国建设成为现代化的社会主义强国，并且在上层建筑领域最终战胜资产阶级的影响，就必须培养具有高度科学文化水平的劳动者，必须造就宏大的又红又专的工人阶级知识分子队伍"。② 同年10月4日，教育部印发《关于讨论和试行全国重点高等学校暂行工作条例（试行草案）的通知》，明确指出"高等学校必须继续培养又红又专的教师队伍"。这无疑对高校青年教师努力在政治上、业务上沿着"又红又专"的道路前进做出了明确要求。另外，在向科学技术现代化进军的过程中，明确了高校青年教师思想政治工作的重要任务是"使每个科学技术人员都了解他所从事的科学技术工作同实现四个现代化的伟大目标的关系，鼓舞和动员他们以革命的精神，和衷共济，大力协同，努力攻克科学堡垒，攀登科学高峰"。③ 1983年10月，邓小平鲜明指出："作为灵魂工程师，应当高举马克思主义的、社会主义的旗帜，用自己的文章、作品、教学、讲演、表演，教育和引导人民正确地对待历史，认识现实，坚信社会主义和党的领导，鼓舞人民奋发努力，积极向上，真正做到有理想、有道德、有文化、守纪律，为伟大壮丽的社会主义现代化建设事业而英勇奋斗。"④ 其中，"四有"公民成为高校青年教师培养目标规格的内在规定。1986年5月29日，国家教委颁布《关于加强高等学校思想政治工作的决定》，明确指出"对教师进行思想政治工作，要着重帮助他们认识国内外形势，认清自己的历史责任，明确教书育人是教师的崇高职责"；"要引导教师正确处理政治与业务、个人与集体、理论与实践、教学与科研的关系"。1987年5月29日，中共中央印发《关于改进和加强高等学校思想政治工作的决定》，指出："办好社会主义的高等学校，培养德才

---

① 《三中全会以来重要文献选编》下，人民出版社1982年版，第831页。

② 《邓小平文选》第2卷，人民出版社1994年版，第103—104页。

③ 同上书，第99页。

④ 《邓小平文选》第3卷，人民出版社1993年版，第40页。

兼备的学生，教师起着决定性的作用。教师的思想品德对学生有潜移默化的影响。教师的思想政治教育与教学工作结合起来，更容易为学生所接受。这就要求教师坚持正确的政治方向，忠诚于人民的教育事业，全面关心学生的成长，努力做到教书育人，为人师表。"①

4. 凸显"反对资产阶级自由化"的教育内容

资产阶级自由化实质上是要把我国现行的方针、政策和路线引导到走资本主义道路上，而这股思潮的代表人物就是要把我们引导到资本主义的错误方向上。当前社会"精神污染的实质是散布形形色色的资产阶级和其他剥削阶级腐朽没落的思想，散布对于社会主义、共产主义事业和对于共产党领导的不信任情绪"。"不要以为有一点精神污染不算什么，值不得大惊小怪。有的现象可能短期内看不出多大坏处。但是如果我们不及时注意和采取坚定的措施加以制止，而任其自由泛滥，就会影响更多的人走上邪路，后果就可能非常严重。"② 而且，受资产阶级自由化思潮的影响，一些高校师生开始崇拜西方所谓的自由和民主，理想信念发生了动摇，对四项基本原则和社会主义现代化产生了质疑；还有高校青年教师群体中"出现了极少数以骂共产党、骂社会主义出名的所谓'精英'，他们已经自己撕去'爱国'、'民主'的外衣"。③ 邓小平指出："各级党委和学校的党组织，应该热情地关心和帮助教师思想政治上的进步，帮助他们认真学习马克思列宁主义、毛泽东思想，使更多的人牢固地树立起无产阶级的共产主义的世界观。"④ "特别强调坚持四项基本原则，反对资产阶级自由化，同时提出加强思想政治工作、说服教育工作，同社会不良风气包括特权思想进行斗争。"⑤ "对青年人来说，右的东西值得警惕，特别是他们不知道什么是资本主义，什么是社会主义，因此要对他们进行教育。"⑥

5. 强调"团结—批评—团结"的原则方法

国家对有问题的教师，在教育方法上，否定了简单粗暴的批斗方法。

① 教育部思想政治工作司：《加强和改进大学生思想政治教育重要文选选编（1978—2014）》，知识产权出版社 2015 年版，第 72 页。

② 《邓小平文选》第 3 卷，人民出版社 1993 年版，第 40、45 页。

③ 《江泽民文选》第 1 卷，人民出版社 2006 年版，第 61 页。

④ 《邓小平文选》第 2 卷，人民出版社 1994 年版，第 109 页。

⑤ 《邓小平文选》第 3 卷，人民出版社 1993 年版，第 205 页。

⑥ 同上书，第 229 页。

邓小平明确指出："学校中清洗了一些有政治问题的人是必要的，但处理要非常慎重，因为这些人往往就是民族中的上层分子，甚至其中全部是上层分子，所以在处理时需要非常慎重。"[①] "至于他们身上还存在着的缺点错误，那是教育、帮助的问题，要用批评和自我批评的方法来解决。没有缺点错误的人是没有的。"[②] "对于犯了错误的人，有的需要有适当的惩处。但不要强调惩处，要强调帮助，满腔热情地帮助他们改正错误，帮助他们进步。"[③] 邓小平还进一步指出，我们"开展积极的思想斗争的时候，仍然要注意防止'左'的错误。过去那种简单片面、粗暴过火的所谓批判，以及残酷斗争、无情打击的处理方法，决不能重复"。[④] "解决思想战线混乱问题的主要方法，仍然是开展批评和自我批评。"[⑤]

6. 理论与实践相统一的有益途径

（1）组织马列主义课程的学习和培训。改革开放以后，党和国家重点对高校马列主义课进行了调整和改进。1980 年 7 月 7 日，教育部印发《改进和加强高等学校马列主义课的试行办法的通知》，明确了高等学校马列主义课在师生思想政治工作中的地位和任务。这对高校青年教师进行马克思主义理论教育，帮助他们提高社会主义觉悟，树立无产阶级世界观，掌握马克思主义立场、观点和方法，都具有重要指导意义。

（2）开展系列教育活动。为提高高校青年教师的思想觉悟，各高校积极展开了爱国主义教育、社会主义教育、集体主义教育、共产主义道德品质教育以及反对资产阶级自由化的系列教育活动。1987 年 3 月 5 日，国家教育委员会明确指出："教师要深入了解资产阶级自由化思潮在学生中的影响，加强教学的针对性，着重解决根本政治原则和政治方向问题。"[⑥] 另外，针对学习党的十二大和十三大报告精神，各高校积极组织广大青年教师学习党的基本路线、方针和政策；针对《邓小平文选》的出版，在高校教师工作中抓了"四有"公民教育，高校青年教师思想觉

① 《邓小平文集（1949—1974）》上卷，人民出版社 2014 年版，第 386 页。

② 《邓小平文选》第 2 卷，人民出版社 1994 年版，第 93 页。

③ 同上书，第 51 页。

④ 《邓小平文选》第 3 卷，人民出版社 1993 年版，第 47 页。

⑤ 同上书，第 46 页。

⑥ 教育部思想政治工作司：《加强和改进大学生思想政治教育重要文选选编（1978—2014）》，知识产权出版社 2015 年版，第 62 页。

悟显著提高。

（3）鼓励参与社会实践活动。走出校园，走向社会，在社会实践活动中接受思想政治教育，是高校青年教师思想政治工作的重要途径。1987年5月29日，《关于改进和加强高等学校思想政治工作的决定》明确指出："青年教师是高等学校未来的希望所在，但其中不少人缺乏实践锻炼，对他们应严格要求、热情帮助，使他们不断提高政治、业务水平，做好本职工作。凡是缺乏实践锻炼的青年教师，都要安排一定的时间参加社会实践。"①

总的来说，党和国家对高校青年教师思想政治工作的一系列部署和科学实践取得了积极成效，极大地鼓舞和调动了广大高校青年教师教书育人的积极性。当然，我们也要看到，改革开放初期我国面临国际国内复杂形势的影响，一方面，国际敌对势力加紧在政治、经济、文化等领域进行各种渗透和颠覆活动；另一方面，国内掀起一股资产阶级自由化的逆流，各种错误思想泛滥。邓小平总结指出："我们最近十年的发展是很好的。我们最大的失误是在教育方面，思想政治工作薄弱了，教育发展不够。我们经过冷静考虑，认为这方面的失误比通货膨胀等问题更大。"② "四个坚持、思想政治工作、反对资产阶级自由化、反对精神污染，我们不是没有讲，而是缺乏一贯性，没有行动，甚至讲得都很少。不是错在四个坚持本身，而是错在坚持得不够一贯，教育和思想政治工作太差。"③ 因此，党和国家应该坚持不懈地把高校青年教师思想政治工作摆在全党的重要位置上来，绝不能忽视和放松，应予以高度重视和加强，对此深刻的经验教训，要认真加以研究、总结和反思。

二、改革探索阶段的高校青年教师思想政治工作

1990—2002年是高校青年教师思想政治工作改革探索的重要历史时期。党的十三届四中全会以后，我国步入改革开放的新时期。在这一历史节点，高校青年教师思想政治工作在总结历史经验基础上结合新的时代特

① 教育部思想政治工作司：《加强和改进大学生思想政治教育重要文选选编（1978—2014）》，知识产权出版社2015年版，第72页。

② 《邓小平文选》第3卷，人民出版社1993年版，第290页。

③ 同上书，第305页。

点不断加强和改进，在提升高校青年教师思想政治素质、促进高校教育改革发展和维护高校和谐稳定方面做出了积极贡献。

1. 任何时候都不能放松和削弱思想政治工作

1990 年 5 月 3 日，江泽民在谈到高校青年知识分子问题时明确指出，高校青年教师“涉世不深，实践经验较少，不大熟悉中国国情和中国人民奋斗的历史，存在着一些弱点和不足。特别是在一段时间里，我们放松了思想政治工作和优良传统的教育，致使一些青年知识分子不同程度地受到西方资产阶级人生观、价值观的影响，受到民族虚无主义的影响”。我们要“积极创造条件，把广大青年知识分子培养成为又红又专的社会主义事业接班人”。[①] 1993 年 8 月 13 日，中共中央组织部等部门联合印发《关于新形势下加强和改进高等学校党的建设和思想政治工作的若干意见》，明确指出加强和改进高校思想政治工作的重要性，对教师思想政治工作的主要任务、内容做了相关规定，对“两课”教师队伍建设做了详细说明。1994 年 8 月 31 日，中共中央印发《关于进一步加强和改进学校德育工作的若干意见》，强调教育行政部门和学校都要加强教师思想政治工作，制定和完善有关制度、政策，采取切实措施调动全体教师的积极性与责任感。1999 年 6 月 15 日，江泽民在全国教育工作会议上提出：“思想政治教育，在各级各类学校都要摆在重要地位，任何时候都不能放松和削弱。”“轻视思想政治教育、历史知识教育和人格培养，那就会产生很大的片面性，而这种片面性往往会影响人一生的轨迹。”[②] “教育者必先受教育，不但要学专业知识、科学文化知识，还要学政治知识、实践知识，以不断丰富和提高教师教书育人的水平。”[③] 2000 年 6 月 28 日，江泽民在中央思想政治工作会议上鲜明指出：“党的思想政治工作绝不是可有可无、无所作为，而是必不可少、大有可为。”“如果思想政治工作软弱，抓得不紧，错误思潮泛滥，人们的思想乱了，人心散了，就会产生严重后果。”[④] “各个领域的知识分子对社会思想文化能够产生重要影响，对他们的思想政治工作尤其要重点做好。”[⑤] 这对加强和改进高校青年教师思想

---

① 《江泽民文选》第 1 卷，人民出版社 2006 年版，第 128—129 页。

② 《江泽民文选》第 2 卷，人民出版社 2006 年版，第 332 页。

③ 同上书，第 338 页。

④ 《江泽民文选》第 3 卷，人民出版社 2006 年版，第 84 页。

⑤ 同上书，第 91 页。

政治工作具有重要的指导意义。

2. 以“三点希望”为目标遵循

1990 年 5 月 3 日，江泽民在首都青年纪念五四报告会议上明确提出我国知识分子的使命问题。他指出：“知识分子作为人类科学文化知识的重要继承者和传播者，作为先进科学技术的重要开拓者，作为美好精神产品的重要创作者，在精神文明建设中是一支骨干力量。我们要提高全民族的思想道德素质和科学文化素质，培育一代又一代有理想、有道德、有文化、有纪律的社会主义新人。在这方面，广大知识分子负有重要职责。”[①] 1994 年 6 月 14 日，江泽民在全国教育工作会议上提出：“振兴民族的希望在教育，振兴教育的希望在教师。教师是人类灵魂的工程师。这个职业是崇高而又艰辛的，应该受到全党全社会的尊敬。”[②] 1997 年 9 月，党的十五大报告明确强调：“知识分子要加强学习，提高自己，努力成为先进思想的传播者、科学技术的开拓者、‘四有’公民的培育者和优秀精神产品的生产者，同广大工人、农民一起，为中华民族的振兴建功立业。”[③] 1999 年 8 月 16 日，教育部印发《关于新时期加强高等学校教师队伍建设的意见》，明确提出：“高等教育担负着培养高级专门人才和知识创新、技术创新的重要历史使命，而高等教育的发展水平在很大程度上取决于教师队伍的整体素质。”“加强教师思想政治工作，提高教师职业道德水平。”“教师要热爱党、热爱社会主义祖国，忠诚于人民的教育事业，遵守教师职业道德规范，增强职业责任感，不断提高思想政治素质和业务素质，教书育人，为人师表。”2002 年 9 月 8 日，江泽民在北京师范大学建校一百周年庆祝大会上提出：“我国广大教师要率先垂范，做先进生产力和先进文化发展的弘扬者、推动者，做青少年学生健康成长的指导者、引路人，努力成为无愧于党和人民的人类灵魂的工程师。”[④] 这无疑对高校青年教师思想政治工作提供了重要的价值遵循。

3. 凸显唯物论和无神论的教育内容

为进一步划清马克思主义唯物论与唯心论、无神论与有神论、科学与迷信的界限，各高校对广大师生进行了马克思主义的唯物论和无神论教

---

① 《江泽民文选》第 1 卷，人民出版社 2006 年版，第 125 页。

② 同上书，第 371 页。

③ 《江泽民文选》第 2 卷，人民出版社 2006 年版，第 35 页。

④ 《江泽民文选》第 3 卷，人民出版社 2006 年版，第 501 页。

育。1999 年 8 月 23 日，教育部明确提出："教师是人类灵魂的工程师，是学生增长知识和思想进步的导师。教师要为人师表，一定要在思想政治上、道德品质上和学识学风上，全面以身作则，做崇尚科学、破除迷信的表率。"[①] 2001 年 2 月 1 日，教育部、共青团中央明确提出，广大高校青年教师要宣传马克思主义唯物论和无神论，加强法制教育和弘扬科学精神，进一步深化对"法轮功"等邪教组织本质和严重危害的认识，在与"法轮功"等邪教组织的斗争中率先垂范、为人师表。通过这一教育内容的学习，广大高校青年教师认清了邪教组织的本质面貌，树立了正确的"三观"。

4. 积极创新教育工作方式方法

（1）用正确的思想方法分析现实形势。正确的思维方式有利于防止片面性、唯心主义和形而上学。"我们不能用简单的口号去说服别人，必须用正确的观点、正确的理论进行分析，明辨是非，引导人民群众坚持走社会主义道路，坚定改革开放的信心。"[②] 对思想政治领域的问题，我们"要从历史和现实、国际和国内、主观和客观等方面全面加以分析和把握，不能简单化，也不能就事论事，要注意总结经验教训"。[③]

（2）解决思想问题与解决实际问题相结合。"党的思想政治工作，从根本上说就是做人的工作，做群众的工作，涉及人们的思想、观念、意识等领域，也就是人们的精神生活。"[④] 如果我们只是空空泛泛地喊口号，走过场，是不会产生实际效果的。高校青年教师思想政治工作内容一定要贴近教师，善于从教师最关心、与教师切身利益最密切的问题入手，把工作做到教师心坎上。

（3）讲求艺术方法。"思想工作必须讲求春风化雨，润物无声，耐心细致，潜移默化。"[⑤] 例如，20 世纪 90 年代高校利用广播、报刊、宣传橱窗和讲坛等多种形式动员高校青年教师学习马克思主义理论活动的情况、经验和效果就十分明显。

---

① 教育部思想政治工作司：《加强和改进大学生思想政治教育重要文选选编（1978—2014）》，知识产权出版社 2015 年版，第 193 页。

② 《江泽民文选》第 1 卷，人民出版社 2006 年版，第 43—44 页。

③ 《江泽民文选》第 2 卷，人民出版社 2006 年版，第 565 页。

④ 《江泽民文选》第 3 卷，人民出版社 2006 年版，第 76 页。

⑤ 同上书，第 93 页。

（4）开展系列教育活动。积极开展“三讲教育”活动、反“法轮功”主题教育活动、精神文明创建活动以及组织高校青年教师积极参加社会实践等活动。例如，在“三讲教育”活动中，江泽民指出：“不要以为西方国家不讲政治，他们讲政治得很。他们的政府、政党、宣传工具、学校、教会等，整天都在向人们灌输他们的价值观念。他们不遗余力地向世界各国输出他们的人权观、民主观、世界观。为什么？也是为了维护和巩固他们的社会制度、意识形态和国家利益。难道在西方允许自由自在、毫无拘束地宣传共产主义的意识形态并组织力量去推翻他们现有的政权吗？”①这有助于提高广大高校青年教师的政治觉悟和水平。

（5）积极纳入法律法规。1993年10月31日，《中华人民共和国教师法》以法律形式明文规定，要“加强教师的思想政治教育和业务培训”，并对教师的培养、培训、考核、待遇、奖励等情况做了明确规定，为高校青年教师思想政治工作提供了法律支持。

总的来说，党的十三届四中全会以来，高校青年教师思想政治工作遵循党的基本路线，积极适应中国经济体制转型，紧密围绕培养社会主义建设者和可靠接班人的根本任务，不断加强和改进；面对国际国内形势复杂多变，直面和回应思想战线新问题、新挑战、新任务，不断探索开拓前进。回顾这段发展历程，有许多带有指导性和规律性的有益经验值得我们借鉴和传承。当然，我们也要看到，在这段发展历程中，由市场经济带来的负面影响、西方敌对势力“和平演变”战略的加紧实施以及思想文化领域的多元化发展，都在一定程度上加剧了高校青年教师思想政治工作的艰难性，也使得在高校工作中出现了忽视思想政治工作的情况，这些情况都值得去认真解决并汲取相关教训。

三、全面发展阶段的高校青年教师思想政治工作

2002—2012年是高校青年教师思想政治工作全面发展的重要历史阶段。跨入21世纪，我国进入加快推进社会主义现代化发展的新阶段。在“三个代表”重要思想和科学发展观的指导下，党的思想政治工作与时俱进、开拓创新，在科学发展的道路上一路前行，高校青年教师思想政治工

①《江泽民文选》第2卷，人民出版社2006年版，第113页。

作也在科学推进中取得积极成效。

1. 深刻认识高校青年教师思想政治工作面临的新形势

国际国内形势深刻变化，既给高校青年教师思想政治工作带来有利条件，也带来了严峻挑战。

从国际上看，一方面，和平、发展与合作是当今时代的主要潮流。在经济全球化深入发展，各种不稳定不确定因素明显增加的国际环境中，国际竞争的实质越来越体现为以经济和科技为基础的综合国力的较量，这一竞争归根结底又是人才特别是创新型人才的竞争。可见，国家能否继续繁荣发展，能否在世界上具有竞争力，关键在人才、根本在教育。如果说教育是国家发展的重要基石，那么教师就是这一基石的奠基者，发挥着在建设一流教育、培养一流人才中的基础性支撑作用。这迫切需要加强高校教师思想政治工作，以培养一批高素质专业化的教师队伍。另一方面，国际敌对渗透势力同我国争夺青年一代的斗争变得更加尖锐和复杂，高校青年教师面对着大量西方思想文化、社会思潮和价值观念的冲击，尤其是某些西方国家打着所谓“民主”“自由”“人权”等旗号，大肆推销其社会制度和价值观念，这给高校青年教师思想政治工作提出新的挑战和任务。

从国内来看，党和国家十分重视高等教育事业的发展和建设，这一历史时期科教兴国战略稳步推进，对作为培养社会主义建设者和接班人的高校教师队伍建设提出了更高要求。如表 3－1 所示，跨入 21 世纪以来，我国高校数量开始呈现迅猛增长趋势，高校教师数量也相应增长，高校数量从 2002 年到 2007 年增加了 500 多所，高校教师数量增长 50 多万人，在校大学生数量增加了近 1 倍。这在一定程度上有利于推动我国高等教育事业的快速发展。

表 3－1　2002—2007 年高校教师和招生数量

年份	2002	2003	2004	2005	2006	2007
普通高校数量(所)	1396	1552	1731	1792	1867	1908
高校教师数量(万人)	70.73	80.98	94.45	105.01	115.74	124.85
高校本科生招生人数(万人)	158.53	182.53	209.92	236.37	253.09	565.92
高校专科生招生人数(万人)	145.23	199.64	237.43	268.104	292.97	
研究生招生人数(万人)	20.26	26.89	32.63	36.48	39.79	41.86

资料来源：相关年份《全国教育事业统计公报》。

当然，我们也要清醒地看到，如表3－2所示，在这一历史发展阶段，由于高校连年扩招，高等学校亟须补充大量的师资力量，而在高质量高校教师数量不足的情况下，一些高等学校不得不降低标准补充了一些学历、职称较低的青年教师，“本科毕业教本科”的现象也屡见不鲜。这在一定程度上导致高校教师队伍整体质量下滑，学历、职称、年龄结构都有待优化。

表3－2　2002—2006年全国普通高等学校专任教师学历、职称情况

年份	2002	2003	2004	2005	2006
专任教师数量（万人）	61.84	72.47	85.84	96.58	107.60
博士学位（万人）	4.34	5.36	7.05	8.85	10.86
硕士学位（万人）	14.94	18.25	22.39	26.90	31.78
学士学位（万人）	39.73	45.85	53.27	57.84	62.02
教授（正高级）（万人）	6.02	7.01	8.32	9.66	10.89
副教授（副高级）（万人）	18.63	21.62	25.03	27.82	30.48
讲师（中级）（万人）	21.10	24.06	28.09	31.20	35.22
助教（初级）（万人）	12.02	14.61	18.33	21.47	23.95
教员（无职称）（万人）	4.07	5.18	6.07	6.44	7.06

资料来源：顾明远：《改革开放30年中国教育纪实》，人民出版社2008年版，第513页。

另外，在市场经济条件和开放环境下，高校青年教师思想政治工作面临许多新情况、新问题、新挑战。随着对外开放的不断扩大，我国经济领域发生翻天覆地新变化，取得了举世瞩目的成就，人们思想活动的独立性、选择性、多变性和差异性日益增强。同时，这一经济变化带给意识形态领域一些不容忽视的负面影响，正确与错误、先进与落后、主流与非主流的思想观念在高校中交织呈现，致使一些高校青年教师不同程度地存在理想信念模糊、价值取向偏移和社会责任感缺乏等问题。基于此，加强高校青年教师思想政治工作，“必须适应变化了的情况，在继承和发扬优良传统的基础上，认真研究新形势下思想政治工作特点和规律，积极开辟新途径、探索新办法、总结新经验”。①

① 《胡锦涛文选》第1卷，人民出版社2016年版，第393页。

2. *在目标导向上更加注重师德建设*

“努力造就一支师德高尚、业务精湛、结构合理、充满活力的高素质专业化教师队伍”①，是21世纪高校青年教师思想政治工作的根本任务和价值旨归。围绕这一总体性目标，党和国家十分重视高校师德建设，并将高校师德建设摆在高校工作的重要位置。2004年8月26日，中共中央等部门联合印发《关于进一步加强和改进大学生思想政治教育的意见》，提出：“教师要提高师德和业务水平，爱岗敬业、教书育人、为人师表，以良好的思想政治素质和道德风范影响和教育学生。”② 2007年8月23日，胡锦涛明确指出：“高尚的师德，是对学生最生动、最具体、最深远的教育。广大教师要自觉坚持社会主义核心价值体系，带头实践社会主义荣辱观，不断加强师德修养，把个人理想、本职工作与祖国发展、人民幸福紧密联系在一起，树立高尚的道德情操和精神追求，甘为人梯，乐于奉献，静下心来教书，潜下心来育人，努力做受学生爱戴、让人民满意的教师。”③ 他还对广大教师提出“四点希望”，即做到爱岗敬业、关爱学生，刻苦钻研、严谨笃学，勇于创新、奋发进取，淡泊名利、志存高远。2010年7月，《国家中长期教育改革和发展规划纲要（2010—2020）》颁布实施，提出要“加强教师职业理想和职业道德教育，增强广大教师教书育人的责任感和使命感”。2011年12月23日，教育部印发《高等学校教师职业道德规范》的通知，明确提出高等学校教师职业道德规范的主要内容：“爱国守法、敬业爱生、教书育人、严谨治学、服务社会、为人师表。”这无疑为高校青年教师思想政治工作提供了重要的价值遵循。

3. *在教育内容上更加重视思想理论建设*

（1）理想信念教育。“思想政治工作的核心内容是理想信念教育。没有坚定正确的理想信念就没有凝聚力。”④ 高校青年教师思想政治工作的核心内容，就是要积极引导教师树立共产主义理想，用共同理想动员和团结广大教师，为建设中国特色社会主义而奋斗终生。

（2）中国特色社会主义理论教育。理论上的成熟是思想政治坚定的

---

① 《胡锦涛文选》第3卷，人民出版社2016年版，第425—426页。

② 教育部思想政治工作司：《加强和改进大学生思想政治教育重要文选选编（1978—2014）》，知识产权出版社2015年版，第269页。

③ 胡锦涛：《在全国优秀教师代表座谈会上的讲话》，《人民日报》2007年9月1日。

④ 《胡锦涛文选》第1卷，人民出版社2016年版，第392页。

基础。改革开放以来，中国共产党高举中国特色社会主义伟大旗帜，植根社会主义初级阶段基本国情，实现了马克思主义中国化的第二次飞跃，即形成了中国特色社会主义理论体系，我们要“深入推进马克思主义中国化最新成果进教材、进课堂、进头脑工作，让青年知识分子了解和相信党的理论，在广大青年中培养一大批坚定的马克思主义者”。[①]

（3）爱国主义教育。爱国主义是具体的，不是抽象的。自《爱国主义教育实施纲要》颁布以来，在师生群体中进行爱国主义教育已经成为高校日常思想政治工作的主要内容。例如，以弘扬载人航天精神为主题的爱国主义、民族精神和科学精神学习教育，使广大高校青年教师深刻认识到载人航天事业对加快我国改革开放和社会主义现代化事业建设、增强中国综合国力以及提高中国国际地位的战略意义，激发了广大高校青年教师的爱国主义热情。

（4）教师职业道德教育。针对师德内容要求，牢固树立育人为本、德育为先、能力为重、全面发展的育人观，积极开展了将社会主义荣辱观和廉洁自律教育融入高校师德建设的教育活动，特别是在高校青年教师岗前培训中强化了学术道德、学术规范教育，提升了高校青年教师的思想政治素质、职业道德水平和廉洁自律意识。

（5）形势与政策教育。围绕党的中心任务，重点对高校青年教师进行了党的基本理论、基本路线、基本纲领和基本经验教育；进行了我国改革开放和社会主义现代化建设的形式、任务和发展成就教育；进行了当前国际国内形势状况、发展趋势、重大事件以及我国政府的原则立场教育。

4. 在教育方法上更加突出人文关怀和心理疏导

“思想政治工作说到底是做人的工作，要坚持以人为本的理念。”[②] 党的十七大报告也明确提出：“加强和改进思想政治工作，注重人文关怀和心理疏导，用正确方式处理人际关系。”[③] 在继承思想政治工作优良传统的基础上，21 世纪高校青年教师思想政治工作更加注重以人为本，而“坚持以人为本，在教育工作中的最集中体现就是育人为本、德育为先”。[④] 这就要求做好高校青年教师思想政治工作，在加强理想信念教育、

① 《胡锦涛文选》第 2 卷，人民出版社 2016 年版，第 528—529 页。

② 《胡锦涛文选》第 3 卷，人民出版社 2016 年版，第 184 页。

③ 《胡锦涛文选》第 2 卷，人民出版社 2016 年版，第 640 页。

④ 《胡锦涛文选》第 3 卷，人民出版社 2016 年版，第 420 页。

师德教育、社会主义核心价值观教育时，要把解决教师思想问题同解决实际问题相结合，把教育引导同切实服务教师结合起来，多为广大高校青年教师办实事，不断改善他们的学习、工作和生活条件，根据高校青年教师群体年龄结构和职称层次等差异，有的放矢进行教育工作，做到“解疑释惑，明辨是非，鼓舞士气，凝聚民心”。[①]

5. 在学理研究上有了马克思主义理论一级学科的重要支撑

高校青年教师思想政治工作是一门科学。在20世纪90年代初期，就有学者提出实现教师思想政治工作科学化要专门研究“教师思想政治工作学”[②]，由于党和国家把高校思想政治工作重点放在学生思想政治工作上，高校青年教师思想政治工作在一定意义上是服务于学生思想政治工作的，这就使高校青年教师思想政治工作学研究始终处于未竟状态。这一状态在21世纪初期伴随师德建设研究兴起和马克思主义理论一级学科成立而得到明显改善。2005年1月14日，教育部印发《关于进一步加强和改进师德建设的意见》，明确对师德建设的总体要求、主要任务、主要措施等问题进行了详细说明，在高校随之兴起高校师德建设研究热潮。2005年12月23日，国务院学位委员会等部门联合印发《关于调整增设马克思主义理论一级学科及所属二级学科的通知》。2008年教育部又增设“中国近现代史基本问题研究”二级学科。这无疑为新时期研究高校师德建设问题拓展了学科和专业支撑的边界和力量，为高校青年教师思想政治工作学探究提供了重要的马克思主义的学理支持。

6. 在工作路径上更加侧重于实效性的质量提升

（1）高校党委加强对高校青年教师思想政治工作的顶层设计和统一领导，制定了完善的师德规范，严格师德管理，明确了主要领导的职责任务和教师师德的考核方式，形成了教书育人、管理育人、服务育人的工作格局与良好氛围。

（2）把高校教师队伍学风建设，尤其是把加强科研诚信作为高校学风建设专项教育和治理行动的实施重点，积极教育引导广大高校青年教师抵制投机取巧、粗制滥造、盲目追求数量而不顾质量的浮躁风气和行为，自觉把优良学风内化为实际行动。

① 《胡锦涛文选》第1卷，人民出版社2016年版，第394页。

② 饶定轲：《教师思想政治工作概论》，高等教育出版社1992年版，第4页。

（3）广泛开展学习时代楷模活动，发挥先进教师典型模范的示范作用。以庆祝教师节为契机，积极开展表彰优秀教师和高校师德宣传教育活动。例如，为落实教育部有关“教授要上讲台”的指示要求，2003 年教育部将“高等学校教学名师奖”列为常设行政性表彰奖励项目，每 3 年评选出 100 名获奖教师；学习“最美教师”张丽莉舍己救人、无私奉献的新时期人民教师的高尚师德。这些活动在高校青年教师群体中营造了崇尚先进、学习先进和争当先进的浓厚氛围，有助于增强高校青年教师教书育人的使命感和责任感。

（4）不断提高实践育人水平。通过参加社会实践活动、挂职锻炼、学习考察等活动，积极调动广大高校青年教师参加社会和学校实践活动的积极性，选派相关专业高校青年教师到社会各个部门挂职锻炼，组织高校青年教师到红色基地进行学习考察，提升了高校青年教师的思想政治素质和实践能力水平。

总的来说，21 世纪高校青年教师思想政治工作在科学推进中持续加强和改进。广大高校青年教师积极拥护党的领导，自觉贯彻党的教育方针，教书育人、学为人师、行为世范、无私奉献，体现了新时期教师职业道德的崇高和伟大，为我国高等教育事业发展和社会主义现代化建设做出了突出贡献，赢得了社会的广泛赞誉和普遍尊重。当然，我们也要看到，受市场经济开放条件和教育工作自身不适应新环境变化发展的影响，高校青年教师思想政治工作还存在一些亟待解决的突出问题和薄弱环节。例如，有的高校青年教师只教书不育人，部分高校青年教师学风浮躁、急功近利，个别高校青年教师师德失范、学术不端。这些问题尽管不是主流，但必须予以高度重视。

第三节　党的十八大以来的高校青年教师思想政治工作

党的十八大以来，以习近平同志为核心的党中央，从全局和战略高度深刻回答了事关高校教师队伍建设方向性和全局性的一系列重大问题，并把高校教师思想政治工作摆在突出位置，做出一系列重要决策部署。各高校采取有力保障措施，积极主动开展工作，创造了许多成功做法，积累了许多宝贵经验，对指导和做好新时代高校青年教师思想政治工作具有重要启示意义。

一、以培养造就一大批一流教师为总体目标

高校青年教师思想政治工作目标取向的确证，能够使教育工作确立恰当的任务和内容，采取有效的形式与方法，朝着正确的方向前进。总的来说，这一历史阶段高校青年教师思想政治工作的总体目标，就是习近平总书记所说的“努力培养造就一大批一流教师，不断提高教师队伍整体素质”。[①] 围绕这一目标取向，高校青年教师要“努力成为先进思想文化的传播者、党执政的坚定支持者，更好担起学生健康成长指导者和引路人的责任”。[②]

（1）教育引导高校青年教师做高等教育“四个服务”的积极贡献者。教育的使命同党、国家和民族的使命密切相关、融为一体。中国高等教育的重要使命就是习近平高度凝练、概括和总结的“四个服务”，高校青年教师的理想信念应该以这一要求为基准，始终不遗余力地坚持正确的政治方向，遵循“四个服务”的价值导向，从思想高度和战略层面上做高等教育事业发展的积极贡献者。

（2）教育引导高校青年教师做党和人民满意的“四有好老师”。怎样才能成为一名优秀的好老师？这是每一位高校青年教师应该认真思考和探索的重大问题，也是每一位高校青年教师的理想志趣和价值追求。对此，2014 年 9 月 9 日，习近平在北京师范大学师生代表座谈会上明确提出了“有理想信念、有道德情操、有扎实学识、有仁爱之心”[③] 的“四有好老师”素质要求。这无疑为广大高校青年教师的职业理想提供了重要的价值遵循和实践导向。

（3）教育引导高校青年教师做学生成长成才的“四个引路人”。日趋激烈的国际竞争越来越体现在源源不断的人才资源的潜在力量和后发优

① 习近平：《做党和人民满意的好老师：同北京师范大学师生代表座谈时的讲话》，人民出版社 2014 年版，第 13 页。

② 《习近平谈治国理政》第 2 卷，外文出版社 2017 年版，第 379 页。

③ 习近平：《在北京大学师生座谈会上的讲话》，人民出版社 2018 年版，第 8 页。

势，我们对高质量教育的需求和渴望比以往任何时候都更加迫切。这要求高校更加要落实立德树人的根本任务，积极教育引导广大高校青年教师“做学生学习知识的引路人，做学生创新思维的引路人，做学生奉献祖国的引路人”[①]，履行打造中华民族“梦之队”的筑梦人的历史使命。

二、以思想教育和价值引领为主要内容

高校青年教师思想政治工作要强化思想理论教育和价值引领，其关键就是加强对高校青年教师的马克思主义理论教育，努力培养造就堪当民族复兴大任的大国良师。

1. 理想信念教育

“一个国家，一个民族，要同心同德迈向前进，必须有共同的理想信念作支撑。”[②] 高校青年教师须有灵魂、有理想、有信念，因为“老师肩负着培养下一代的重要责任。正确理想信念是教书育人、播种未来的指路明灯。不能想象一个没有正确理想信念的人能够成为好老师”。[③] 基于此，着眼于提升高校青年教师思想政治素质，这一历史阶段高校青年教师思想政治工作把理想信念放在首位，切实抓好高校青年教师政治学习制度，广泛开展了马克思列宁主义、毛泽东思想、中国特色社会主义理论体系学习教育，深入学习了习近平总书记系列重要讲话精神，从而增强了广大高校青年教师的“四个意识”，坚定了中国特色社会主义“四个自信”。

2. 社会主义核心价值观教育

“核心价值观，其实就是一种德，既是个人的德，也是一种大德，就是国家的德、社会的德。”[④] 社会主义核心价值是社会主义核心价值体系的内核，也是凝聚中国力量的思想道德基础。2013 年 12 月，《关于培育和践行社会主义核心价值观的意见》明确提出：“要把培育和践行社会主

---

① 《习近平关于社会主义社会建设论述摘编》，中央文献出版社 2017 年版，第 57 页。

② 《习近平谈治国理政》，外文出版社 2017 年版，第 323 页。

③ 习近平：《做党和人民满意的好老师：同北京师范大学师生代表座谈时的讲话》，人民出版社 2014 年版，第 5 页。

④ 习近平：《青年要自觉践行社会主义核心价值观——在北京大学师生座谈会上的讲话》，人民出版社 2014 年版，第 4 页。

义核心价值观融入国民教育全过程。”① 在高校主要体现为坚持贯穿结合融入、落细落小落实，引导高校青年教师准确理解和把握社会主义核心价值观的深刻内涵和实践要求，做到内化于心、外化于行、固化于性。2014 年 3 月，教育部印发《关于全面深化课程改革落实立德树人根本任务的意见》，明确提出：“要把社会主义核心价值观纳入教师教育课程体系，融入高校青年教师职前培养和准入、职后培训和管理的全过程。”

3. 中华优秀传统文化和革命文化、社会主义先进文化教育

“文化是一个国家、一个民族的灵魂。……文化自信，是更基础、更广泛、更深厚的自信，是更基本、更深沉、更持久的力量。”② 基于对高校青年教师文化自信的教育，教育部制定实施了《高校原创文化精品推广行动计划》，各高校积极组织了一批中华传统文化在线开放课程，邀请一些传统文化名家和非物质文化遗产传承人进入高校为师生讲课，推动优秀传统文化融入教师教育教学；组织高校青年教师积极参与重大历史实践纪念活动、爱国主义教育基地、国家公祭意识等主题教育活动，更加坚定了广大高校青年教师对文化自信的认识和体悟；组织高校青年教师观看《战狼》《湄公河行动》《红海行动》《黄大年》等影视作品，激发了广大高校青年教师的爱国主义热忱和情感。

三、以加强师德师风建设为关键节点

师德师风建设是高校青年教师思想政治工作的重要内容之一。党的十八大以来，党和国家十分重视高校师德师风建设。2013 年 5 月 4 日，教育部等部门印发《关于加强和改进高校青年教师思想政治工作的若干意见》，明确指出“推进青年教师师德师风建设”，要“强化青年教师职业理想和职业道德教育”。2014 年 9 月 9 日，习近平总书记在北京师范大学师生代表座谈会上特别强调：“师德是深厚的知识修养和文化品位的体现……做一个高尚的人、纯粹的人、脱离了低级趣味的人，应该是每一个

① 教育部思想政治工作司：《加强和改进大学生思想政治教育重要文选选编（1978—2014）》，知识产权出版社 2015 年版，第 644 页。

② 习近平：《习近平谈治国理政》第 2 卷，外文出版社 2017 年版，第 349 页。

老师的不懈追求和行为常态。”[1] 2016年12月，习近平总书记在全国高校思想政治工作会议上明确指出：“要加强师德师风建设，坚持教书和育人相统一，坚持言传和身教相统一，坚持潜心问道和关注社会相统一，坚持学术自由和学术规范相统一，引导广大教师以德立身、以德立学、以德施教。”[2] 自此之后，“四个相统一”教育内容成为高校师德师风建设的重点内容。2018年1月20日，《关于全面深化新时代教师队伍建设改革的意见》明确指出：“有的教师素质能力难以适应新时代人才培养需要，思想政治素质和师德水平需要提升。”“着力提升思想政治素质，全面加强师德师风建设。”2018年5月2日，习近平总书记在北京大学师生座谈会上提出：“师德师风建设应该是每一所学校常抓不懈的工作，既要有严格制度规定，也要有日常教育督导……同时，也要看到教师队伍中存在的一些问题。对出现的问题，我们要高度重视，认真解决。要引导教师把教书育人和自我修养结合起来。”[3] 另外，值得注意的是，2018年11月8日，教育部印发《新时代高校教师职业行为十项准则》和《关于高校教师师德失范行为处理的指导意见》，专门针对高校教师师德师风建设问题做出了明确要求，无疑对推动新时代高校师德建设常态化、长效化具有重要意义。

四、以推进教育工作改革创新为着力点

各高校为提升高校青年教师思想政治工作实效性，积极采取了有效措施，不断推动思想政治工作改革创新，提高了教育工作的能力和水平。

1. 贴近高校青年教师思想实际开展工作

思想政治工作是做人的工作的，各高校正在积极转变思想政治工作理念，一切从教师的思想实际出发，紧紧围绕教师、关心教师、依靠教师，建立了校领导、院领导联系教师和谈心谈话制度，及时了解高校青年教师思想状况和具体诉求。例如，东北师范大学建立了院系领导定期联系沟通教师制度，特别是加强与高校青年教师的沟通和谈心工作，在服务和解决

---

① 习近平：《做党和人民满意的好老师：同北京师范大学师生代表座谈时的讲话》，人民出版社2014年版，第7页。

② 《习近平谈治国理政》第2卷，外文出版社2017年版，第379页。

③ 习近平：《在北京大学师生座谈会上的讲话》，人民出版社2018年版，第9页。

教师实际问题的过程中解决教师的思想问题，取得了积极成效。

2. 创新高校青年教师网络思想政治工作

为加强高校青年教师网络道德建设，各高校积极主动占领网络思想政治工作阵地，教育引导广大高校青年教师正确使用网络工具，强化网络言行的法律意识和责任意识，有效应对涉及高校青年教师的舆论事件，形成了良好的网上舆论氛围。

3. 开展教师系列主题教育和实践活动

例如，积极组织开展了“中国梦”主题教育活动，着力引导广大高校青年教师深刻领会中国梦的精神实质，科学把握好国家富强、民族振兴和人民幸福的基本内涵，引导高校青年教师深刻认识奋斗是成就事业的基石，唯有奋斗才能踏进梦想之门，把实现中国梦的满腔热血转化为勤奋工作、报效祖国的实际行动。积极开展“全国高校思想政治理论课骨干教师暑期社会实践考察活动”，使广大高校思想政治理论青年教师在社会实践中增强了感性认识，为促进理论与实践相结合打下了坚实的基础。积极选派高校青年教师挂职锻炼和参加社会实践活动，提升了广大高校青年教师了解体验国情社情民情的积极性和主动性，有利于正确认识国家前途命运和自身社会责任。2017 年 7 月，教育部印发《关于开展全国高校黄大年式教师团队创建活动的通知》，明确提出：“通过创建‘全国高校黄大年式教师团队’，组织引导广大高校教师和科研工作者以黄大年同志为榜样，心有大我、至诚报国，教书育人、敢为人先，淡泊名利、甘于奉献，把爱国之情、报国之志融入祖国改革发展的伟大事业之中、融入人民创造历史的伟大奋斗之中。”各高校掀起学习黄大年教师精神的系列教育活动，取得积极成效。

五、以教育部师德师风建设基地为示范引领

为进一步适应新时代我国师德师风建设的实际需要，不断促进师德师风的理论研究和实践发展，教育部经过意向征询、考察遴选，于 2020 年 1 月决定与 10 家单位[①]合作建设教育部师德师风建设基地。教育部明确指

① 包括北京师范大学、东北师范大学、复旦大学、浙江大学、江西省教育厅井冈山教师培训中心、曲阜师范大学、武汉大学、华南师范大学、西南大学、西北师范大学。

出，各基地要围绕师德师风研究、示范性师德教育以及师德师风情况监测，建设专兼结合、理论与实务兼备的师德师风研究人才队伍，形成一系列高水平、能够有效指导实践的理论研究成果，探索有效的师德师风建设经验模式，开发具有实效性的师德教育资源，加强师德师风建设整体情况监测和分析评估，提高师德师风建设科学性。目前，各基地已经基本围绕建设任务，明晰了自身的建设目标和建设思路，并根据师德师风工作和研究基础，制定了基地发展的发展规划。例如，东北师范大学师德师风建设基地将“建成示范性国家师德师风建设智库”作为总体目标，努力建成“三个中心”，即国家师德师风建设示范研究中心、国家师德师风建设示范培训中心、东北地区师德师风建设示范监测中心，以“研究型”“示范性”“一体化”“国际化”的“四维并进”思路形成合力，产出一系列高水平、能够有效指导实践的理论研究成果，探索有效的师德师风建设经验模式，开发具有实效性的师德教育资源，为新时代师德师风建设提供了重要参考。

六、以高校党委的领导为根本保证

高校青年教师思想政治工作直接关系到办学治校、育人育才这一重大问题。“各级党委和政府要从战略高度来认识教师工作的极端重要性，把加强教师队伍建设作为基础工作来抓”[①]，牢牢掌握高校党委对高校青年教师思想政治工作的领导权，保证教师坚持正确办学方向，保证教师坚持教书育人。围绕这一目标要求，各高校党委重点主抓了以下几个方面的工作：第一，着力建构高校党委统一领导、各部门齐抓共管的工作格局，将高校青年教师思想政治工作纳入党建工作和意识形态工作责任制。第二，加强教师党支部建设，“在高校教师和学生中发展党员工作，加强党员队伍教育管理，使每个师生党员都做到在党爱党、在党言党、在党为党”。[②]第三，在有条件的高校成立党委教师工作部，统筹做好高校青年教师思想教育和管理服务工作。例如，目前一些高校（电子科技大学、西南交通

① 习近平：《做党和人民满意的好老师：同北京师范大学师生代表座谈时的讲话》，人民出版社2014年版，第13页。

② 《习近平谈治国理政》第2卷，外文出版社2017年版，第379页。

大学、东北师范大学等）在学生工作部和研究生工作部的基础上，已经开始探索成立党委教师工作部，牵头、统筹和负责教师思想政治教育、师德师风建设、党员教师管理和服务等方面的工作，进一步完善了“大思政”格局。第四，不断增强高校党委的服务意识。习近平明确指出，各级党委要“满腔热情关心教师，改善教师待遇，关心教师健康，维护教师权益，充分信任、紧紧依靠广大教师”。① 引人注目的是，习近平在这里特别强调了高校党委领导的本质性问题，这无疑增强了高校党委在服务引导中加强思想教育的自觉性和坚定性。

总的来看，党的十八大以来高校青年教师思想政治工作更加积极主动，呈现持续加强改进、不断向上向好的态势。当然，我们也要看到，当前国际国内形势变化发展快速，社会思想文化领域交流、交融、交锋愈演愈烈，意识形态领域情况更加复杂多变。在高校这一神圣田园中，马克思主义指导思想面临多元社会思潮的挑战，社会主义核心价值观面临市场经济逐利性的挑战，优秀传统文化面临社会变迁现代化的挑战，教育教学方法面临网络新媒体的挑战，特别是人才培养面临境外敌对势力同我争夺阵地、争夺青年、争夺人心的挑战。高校青年教师思想政治工作遇到的挑战和承担的任务更加严峻、更加复杂。同时，高校青年教师思想政治工作还存有一些亟待解决的问题。例如，有的高校不重视教师思想政治工作；有的高校依然存在重教书轻育人、重智育轻德育、重科研轻教学等现象；个别高校青年教师师德失范，不能为人师表。其中有些是长期存在的问题，有些是新形势下产生的问题，都需要下大力气加以解决。

第四节　高校青年教师思想政治工作的基本经验

新中国成立以来的 70 多年，是我国高校青年教师思想政治工作快速发展的重要历史时期。各高校党委、党政职能部门、思想政治教育工作者以及广大高校青年教师认真贯彻党的基本路线、方针和政策，在高校各方

① 习近平：《做党和人民满意的好老师：同北京师范大学师生代表座谈时的讲话》，人民出版社 2014 年版，第 13 页。

面做了大量卓有成效的实际工作，形成和积累了许多优良传统与成功经验，必须继承和发扬。

一、围绕办学育人中心工作

紧紧围绕党的中心任务开展思想政治工作，是我们党思想政治工作的优良传统。就高校教师工作而言，高校青年教师思想政治工作围绕什么中心来进行，并不能随意选择和规定，其确立的基本准则主要有两条：其一，社会主义现阶段的根本任务和党的中心工作；其二，社会主义教育培养人的目标。高校青年教师思想政治工作必须始终围绕中心、服务大局。新中国成立以来，我国高校密切结合党的中心任务和高校实际工作，紧紧围绕办学治校、育人育才这个中心和改革稳定的大局开展高校思想政治工作，不断加强和改进高校青年教师思想政治工作，充分发挥了思想政治工作的导向、激励、保证和育人等功能，调动了广大高校青年教师积极参与社会主义现代化建设的热忱和激情。历史经验证明，高校青年教师思想政治工作如果偏离了社会主义本质所规定的根本任务和由社会主义教育目标所提出的根本要求，就不可能坚持正确的发展方向，也不可能真正培养社会主义建设者和接班人。因此，做好新时代高校青年教师思想政治工作，必须始终围绕办学育人这个中心来开展工作，服务于党长期执政，服务于国家实现现代化，服务于民族实现伟大复兴，服务于人民满意的高等教育诉求。

二、遵循教育者先受教育的规律

“教育者先受教育”既是高校教育教学的重要规律，也是思想政治教育的规律依循，更是高校青年教师思想政治工作的理论依据。应当看到，教育者如果不先受教育，就不可能真正成为教育者。马克思在《关于费尔巴哈的提纲》中深刻指出：“教育者本人一定是受教育的。”[①] 中国共产党人也十分重视教育者先受教育的规律。毛泽东提出：“我们的教授、教员，都在教人民，教学生。因为他们是教育者，是当先生的，他们就有一

① 《马克思恩格斯选集》第1卷，人民出版社2012年版，第138页。

个先受教育的任务。在这个社会制度大变动的时期，尤其要先受教育。”[①] 邓小平指出：“要教育人民，必须自己先受教育。要给人民以营养，必须自己先吸收营养。”[②] 江泽民指出：“教书者必先强己，育人者必先律己。”[③] 胡锦涛强调：“科技专家学习政治理论，要坚持少而精，重要的是要树立正确的世界观和科学方法论。”[④] 习近平指出：“师德需要教育培养。”[⑤] 总的来说，高校青年教师思想政治工作在新中国成立以来的发展历程中取得了巨大成就，其重要经验还在于在教育工作中遵循了教育者先受教育的规律。这一规律最为重要的内容就是“教育者必须先学后教、德业并进和知行统一”。[⑥] 其中，先学后教是教师履行教育使命的前提，是适应时代发展的需要，是引导学生成长成才的要求；德业并进是教师受教育的内容指向，就是要坚持以德为先和精通专业业务，不断提升自身思想道德素质和科学文化素质；知行统一是教师悟道、信道和传道的有机结合，是教师言传和身教的有机统一，是教师知行有机转化的过程。正是在广大高校青年教师积极开展自我学习教育的背景下，我国高校青年教师思想政治工作坚持了教育工作的主体性和主导性相结合的一般原则，注重把教师的主导作用和学生的主体性充分发挥出来，坚持教育者先受教育，不断涌现出一大批可亲可信可敬的好老师，推动了高校青年教师思想政治工作的科学化发展。

三、解决思想问题和解决实际问题相统一

高校青年教师所处的客观外界条件是他们思想形成和发展的基础，教学、科研、学习和生活是高校青年教师最基本的实践活动，他们的各种思想问题在很多情况下都是由这些实际情况引起的。历史经验证明，高校青年教师思想政治工作从来都是与广大高校青年教师切身利益密切关联的，

---

① 《毛泽东文集》第7卷，人民出版社1999年版，第270—271页。

② 《邓小平文选》第2卷，人民出版社1994年版，第211页。

③ 《江泽民文选》第3卷，人民出版社2006年版，第502页。

④ 《胡锦涛文选》第1卷，人民出版社2016年版，第197页。

⑤ 习近平：《做党和人民满意的好老师：同北京师范大学师生代表座谈时的讲话》，人民出版社2014年版，第7页。

⑥ 骆郁廷：《论教育者先受教育的规律》，《思想理论教育》2017年第12期。

离开高校青年教师日常生活实际而空谈思想政治工作只能是痴人说梦、收效甚微。马克思也明确指出："人们为之奋斗的一切，都同他们的利益有关。"[①] 高校青年教师的思想问题往往源自他们日常生活中所遇到的实际问题，大多是社会实际利益问题的主观反映和现实表现。而要有效解决高校青年教师的思想问题，就必须紧紧抓住和解决其背后的现实工作、学习和生活中的实际困难和矛盾。思想政治工作归根到底是做人的工作，要坚持"以人民为中心"的发展思想，围绕教师、关照教师、服务教师，从广大高校青年教师的思想、工作和生活实际出发，不断增强高校青年教师思想政治工作的针对性和吸引力。当然，坚持解决思想问题和解决实际问题相结合，要时刻注意区分高校青年教师的合理要求与不合理要求的界限，特别是要警惕"左"的倾向。

四、引导教师走与实践、与工农相结合的道路

与实践相结合、与工农相结合是我国高校青年教师健康成长的正确道路。这不仅是历史经验的总结，也是新时代高校青年教师自身发展的需要。一方面，广大高校青年教师积极投身于改革开放的伟大实践中，在"两个结合"道路上成为人民教师的优秀代表；另一方面，走"两个结合"道路，既是高校青年教师业务成长的需要，也是高校青年教师思想政治成长的需求，尤其是涉世不深、实践经验较少的高校青年教师更应向实践学习、向工农学习。从长远来看，理论来源于实践，任何理论如果脱离实际便会成为无源之水、无本之木，失去应有的活力和价值；理论又必须应用于实践，这样才能变为改造世界的物质力量。无数高校青年教师已用他们自己的亲身经历证明了这一点。另外，我们还要注意防止和克服两种倾向：一是防止和克服轻视实践、轻视工农的偏向，二是要防止和克服把"两个结合"简单化的偏向。

五、坚持高校党委的全面领导

新中国成立以来，高校青年教师思想政治工作之所以能够沿着正确的

① 《马克思恩格斯全集》第1卷，人民出版社1995年版，第187页。

发展方向得到不断改进和加强，最为重要的一个缘由就是高校党委领导体制的确立和完善。习近平指出："办好我国高等教育，必须坚持党的领导，牢牢掌握党对高校工作的领导权，使高校成为坚持党的领导的坚强阵地。党委要保证高校正确办学方向，掌握高校思想政治工作主导权，保证高校始终成为培养社会主义事业建设者和接班人的坚强阵地。各级党委要把高校思想政治工作摆在重要位置，加强领导和指导，形成党委统一领导、各部门各方面齐抓共管的工作格局。"① 历史经验表明，坚持高校党委领导是高校青年教师思想政治工作的政治优势和组织优势，必须坚持把高校青年教师思想政治工作列为高校党委日常工作的主要议事日程，纳入党建工作和意识形态工作责任制，在有条件的高校继续成立党委教师工作部，统一领导、规划、决策和部署，坚持把思想政治工作融入高校管理全过程，既发挥各级党组织和党员的作用，又发挥各职能部门的价值，从而双向融合整体推进基层党建工作者和行政系统工作者参与思想政治工作，克服"两支队伍""两张皮"和"两种工作""两股道"的现象，使高校青年教师思想政治工作日常化和制度化。

① 《习近平谈治国理政》第2卷，外文出版社2017年版，第379页。

第四章　高校青年教师思想政治工作的现状分析

马克思曾指出："问题却是公开的、无所顾忌的、支配一切个人的时代之声。问题是时代的格言，是表现时代自己内心状态的最实际的呼声。"① 习近平指出："问题是创新的起点，也是创新的动力源。只有聆听时代的声音，回应时代的呼唤，认真研究解决重大而紧迫的问题，才能真正把握住历史脉络、找到发展规律，推动理论创新。"② 做好新时代高校青年教师思想政治工作，必须坚持一切从实际出发、实事求是，通过强化问题意识、把握工作现状、分析发展瓶颈，切实做好问需、问弱、问计工作。

第一节　高校青年教师思想动态的现实考察

高校青年教师思想政治工作的对象是高校青年教师。正确认识和把握好高校青年教师的思想动态，是做好高校青年教师思想政治工作最基本、最基础的前提工作。为此，笔者在吉林省高校系统选取了部分高校青年教师作为调研对象，进行了高校青年教师思想动态的问卷调查和个案访谈，为开展有针对性的高校青年教师思想政治工作提供数据参考和智慧之思。

---

① 《马克思恩格斯全集》第 1 卷，人民出版社 1995 年版，第 203 页。

② 习近平：《在哲学社会科学工作座谈会上的讲话》，人民出版社 2016 年版，第 14 页。

一、高校青年教师思想动态的调研设计

1930年毛泽东在《反对本本主义》一文中提出："你对于某个问题没有调查，就停止你对于某个问题的发言权。这不太野蛮了吗？一点也不野蛮。你对那个问题的现实情况和历史情况既然没有调查，不知底里，对于那个问题的发言便一定是瞎说一顿。"① 习近平指出："调查研究是谋事之基、成事之道。没有调查，就没有发言权，更没有决策权。"② 可见，没有调查就没有发言权。因此，笔者坚持科学研究必须"入场"和"在场"，通过发放调查问卷以了解高校青年教师思想动态，采取深度访谈与研究对象面对面接触。这样做虽然费时费力，而且调查和采访人数规模有限，但事实证明：感性认识是科学研究问题的起点，没有大量现场感知性知识和认知的有益积累，就难以实现理性飞跃。

1. 调研思路

（1）围绕"三个紧扣"，做好问需工作。紧扣"中国特色社会主义进入新时代"这个新的历史方位，了解"时代之需"，深刻认识和科学把握好新时代社会主要矛盾变化背景下高校青年教师思想政治工作的新目标、新使命、新任务；紧扣国际国内两个大局新的形势发展，了解"国家之需"，正确认识党和国家对高校教师群体的新期望、新定位、新要求；紧扣高校青年教师群体特点，了解"对象之需"，精准对接高校青年教师对教师思想政治工作的新期待、新变化、新举措。

（2）根据"三个标准"，做好问弱工作。以"工作目标契合度"为评判标准，将高校青年教师个人目标与高校青年教师思想政治工作目标有机整合在一起；以"工作对象认同度"为评判标准，全面提升高校青年教师的职业感、获得感和幸福感；以"工作队伍成就度"为评判标准，着力打造一支高校青年教师思想政治工作队伍。依循"三个标准"，要加强检视和思考，系统梳理当前高校青年教师思想政治工作中存在的短板问题和瓶颈问题，从而找准回应和破解这些问题的突破口与着力点。

（3）聚焦"三个提高"，做好问计工作。要"问计于心"，遵循思想

---

① 《毛泽东选集》第1卷，人民出版社1991年版，第109页。

② 《习近平关于全面深化改革论述摘编》，中央文献出版社2014年版，第37—38页。

政治工作规律、教书育人规律、教师专业成长规律，坚守教师教育工作理念与目标，提高对高校青年教师思想政治工作的规律性认识。要“问计于师”，围绕教师、关照教师、服务教师，把广大高校青年教师的感性意见上升为理性认识，并最终转化为工作方案，着力解决高校青年教师的实际问题和合理诉求。要“问计于他”，有一个开放包容的良好心态，学习借鉴境内外高校青年教师思想政治工作好的理念、做法和经验，注重转化、为我所用，提高对高校青年教师思想政治工作的全面统筹。

2. 调研样本

笔者以吉林省 12 所高校的高校青年教师为研究对象，调研样本选取吉林大学、东北师范大学、吉林农业大学、长春中医药大学、长春理工大学、长春工业大学、北华大学、吉林财经大学、吉林建筑大学、吉林艺术学院、吉林华侨外国语学院、长春金融高等专科学校的部分高校青年教师，调研样本涵盖了“双一流”建设大学、教育部直属高校、省属本科高校以及高职高专学校等，高校类别包括综合院校、理工院校、财经院校、艺术院校、师范院校、医学院校、农林院校、职业技术院校等，选取专业涵盖人文社科类、理科类、工科类、医学类、艺术类等多个学科门类，调研样本具有较强的代表性。其中，个案访谈选取了不同院校不同学科门类的 20 名高校青年教师代表，主要以高校下属学院的形式展现，也具有较强的代表性。具体而言，研究对象的基本情况体现在以下几个方面。

（1）就性别而言，接受调查的高校青年教师比例基本平衡，男性略多于女性，总体比例接近 1∶1。高校女性青年教师占 49.2%，男性青年教师占 50.8%。其中，30 岁以下的高校青年教师占比约为 28.1%，30—35 岁的高校青年教师占比约为 40.8%，36—40 岁的高校青年教师占比约为 31%，各个年龄段的占比相对较为均衡，代表性较强。

（2）就学位与职务而言，在受调查的高校青年教师中，拥有博士学位的教师占 65%，拥有硕士学位的教师占 28.7%，拥有学士学位的教师占 6.3%。这说明，当前高校青年教师学历层次和水平都较高，几乎没有专科教育背景。另外，具有中级和副高级职称的教师占 55.7%，具有正高级和初级职称以下的教师数量较少。这说明，高校青年教师在专业技术职务和职称方面大部分居于中等位置。

（3）就政治面貌与学术团体而言，在受调查的高校青年教师政治面貌考察中，以中共党员为主，占比约为63%，民主党派人士占10.8%，无党派人士占比约为5.2%，群众占比约为21%。这一特点表明，高校青年教师有着较强的政治参与意识。另外，此次调查发现，大部分高校青年教师参加了不同层级、不同类别的学术团体。在受调查的高校青年教师中，参加全国性和省级学术团体的比例最高，为72.5%；参加国际或海外的学术团体的占13.7%，这与参加国内学术团体的比例明显存在一定差距。这说明，高校青年的学术交流大部分局限在国内，缺乏参与国际学术交流与合作的机会，呈现“低级别数量多、高级别数量少，国内多、国外少”的特点。

（4）就学科归属与境外学习或工作经历而言，根据教育部学科评估分类基本情况划分，我们将调研对象的学科归属划分为人文社科类、工学类、理学类、医学类、管理学类、艺术类以及其他类。在受调研对象中，人文社科类高校青年教师占比最大，为25%，工学类占14.4%，理学类占18.8%，医学类占12%，管理学类占12.8%，艺术类占15.4%，其他类占1.6%。这说明被调研高校青年教师学科归属类别比例相对较为均衡，具有较强代表性。另外，在受调研的高校青年教师中，具有3年以上境外学习和工作的占6.7%，1—3年的占19.8%，一年以下的占11.6%，无出国情况的占61.9%。其中，30岁以下教师占2.2%，30—35岁教师占18.5%，36—40岁教师占17.4%。具体到各个学科类型中，高校青年教师出国学习或有境外工作经历的占比约为39.1%，其中，人文社科类高校青年教师出国人数占4.2%，工学类高校青年教师出国人数占6.5%，理学类高校青年教师出国人数占4.8%，医学类高校青年教师出国人数占6.7%，管理学高校青年教师出国人数占11.7%，艺术类高校青年教师出国人数占8.8%。这说明，高校青年教师出国学习或者工作的机会越来越多。

3. 调查工具

本次调查和访谈采用自编的调查问卷与访谈提纲，调查内容为高校青年教师的思想政治状况及其对思想政治工作的认识。高校青年教师思想政治工作是引领高校青年教师坚持主流意识形态、坚守崇高理想信念、践行核心价值观念、履行立德树人职责的实践活动。高校青年教师的思想政治状况是高校青年教师思想政治工作实际成效的直接反映，这也是本研究调研高校青年教师思想状况的两个重要维度。基于此，积极开展高校青年教师的思想动态调研，关注高校青年教师的职业观、政治观、道德观、价值观等；侧重考究高校青年教师对思想政治工作的价值预设和主观评价，以及思想政治工作对青年教师思想政治素质的影响。

4. 调查方法

本次调研主要采用问卷法和个案访谈法相结合的调查方法。其中，调查样本采用分层抽样，共计发放网络问卷 1000 余份，实际回收 945 份，回收率为 94.5%，个案访谈 20 人。

5. 统计手段

本次高校青年教师思想动态调查采用 SPSS 19.0 对调查数据进行处理，主要运用频率统计、卡方检验、交叉表分析、多重响应分析等统计方法。通过对高校青年教师“性别”“年龄”“学科归属”“政治面貌”等题项的组间分析，探究不同性别、不同年龄、不同学科、不同政治面貌等人口统计学变量对高校青年教师群体在职业观、政治观、价值观等方面的影响差异。其中，在卡方检验中皮尔森卡方的“Sig.（双侧）”值 $p<0.05$，则从统计学意义上说明被检测的两个项目之间存有显著差异；用相关性分析两个项目之间的关联度时，如果皮尔森卡方的“Sig.（双侧）”值 $p<0.05$，则从统计学意义上说明被检测的两个项目之间存有显著正相关。

二、高校青年教师思想动态的现实考究

1. 高校青年教师职业观状况分析

（1）广大高校青年教师有着正确的择业观取向，部分高校青年教师服务社会意识有待提升。教师职业观是教师对教师职业的选择、评价等方面问题的根本看法。职业观对教师的职业选择与职业定向起着决定性作用，对其职业生涯会产生持久的重要影响。在受调研对象对“选择教师职业原因”的多选回答中，选择“热爱教育事业”的占 71.1%，“工作稳定”的占 58%，“对学术研究感兴趣”的占 42.9%，“为国家社会发展做贡献”的占 39.2%，“声誉好”的占 35.4%，“为人类文明进步做贡献”的占 15.9%，“工作轻松”的占 13.5%，“收入高”的占 10.2%，“其他”占 5.3%。其中，我们做了“学科归属”与“教师职业选择原因”的多重响应分析，结合教师整体选择情况可以发现，广大高校青年教师都有正确

的职业观价值取向，对教育事业充满热爱和支持，对学术研究和服务社会有着正确的认识。当然，我们也要看到，部分高校青年教师在对“为国家社会发展做贡献”和“为人类文明进步做贡献”这一方面的认识还有待提高。

（2）广大高校青年教师对新时代高校教师的角色定位和职责使命比较了解，部分高校青年教师存在角色定位和职责使命的认知模糊。党的十八大以来，以习近平同志为核心的党中央对教师队伍建设提出了“四有好老师”“四个引路人”“筑梦人”等角色的定位和要求。本调研围绕这几个方面对高校青年教师做了问卷调查测试。结果显示：87.3%的高校青年教师对做“四有好老师”的期许和要求比较了解，81.5%的高校青年教师对做“中华民族伟大复兴中国梦梦之队的‘筑梦人’”的期许和要求比较了解，74.8%的高校青年教师对做“先进思想文化的传播者、党长期执政的坚定支持者、学生健康成长成才的指导者和引路人”比较了解，74.5%的高校青年教师对做“四为服务”的积极践行者比较了解。当然，我们也要看到，仍有约20%的高校青年教师对新时代高校教师的角色定位和职责使命认识模糊，甚至个别教师对其没有基本的了解。这一现象值得警惕，同时说明了新时代教师角色定位和职责使命教育的重要性和迫切性。

（3）绝大多数高校青年教师有良好的教育教学态度，高校青年教师课堂教学面临多种压力。由于高校青年教师与学生年龄最为接近，他们的治学态度、知识传递、价值引领等对学生起着直接的重要影响和示范作用。调查显示，广大高校青年教师在课堂授课中的内容主要集中于专业知识的传递，具体包括专业一般知识和国内外理论动态，大部分高校青年教师在课堂与学生的交流中也以专业相关的知识为主；在课堂传递价值观方面，有65.1%的高校青年教师主张将自己对学科的基本看法传递给学生，约有76%的高校青年教师选择与学生密切关注的问题和社会热点进行交流，约有46%的高校青年教师愿意与学生交流工作和生活方面的事情。这说明，一方面，师生的课堂交流是学校教育教学的重要延续，知识的学习在师生的交往中占据很大的比重；另一方面，师生的交流内容以社会问题为主，表明高校青年教师是关注社会现实的。在对教师在课堂教学中向学生传递价值观的态度认识上，有96.3%的高校青年教师认同“向学生传递正面价值观，积极去影响学生”，有55.7%的高校青年教师认同

“告诉学生社会的阴暗面，让学生全面认识和了解社会”，有 85.8% 的高校青年教师认同“讲述自己的生活或成长经历，让学生汲取有益经验”。不难看出，高校青年教师在“告诉学生社会的阴暗面，让学生全面认识和了解社会”这一认识上持有不同态度，这说明高校青年教师在这一问题的认识上存有偏差，应予以直面回应。而且，高校青年教师在课堂中讲述自己工作和生活的倾向中，绝大多数教师选择了自己积极的方面来进行讲述。另外，高校青年教师教育教学面临压力的来源相对复杂，排在前三位的分别是“学生的认可度”（63.3%）、“学校的考核”（61.2%）、“知识内容的准备”（48.6%）。这说明，高校青年教师的教学压力来源各有不一，一方面要高效完成学校规定的任务，另一方面高校青年教师个人追求、岗位职责与教育热情也要求其对学生负责，因此会产生教学压力。

（4）多数高校青年教师科研目的的实用性取向显著增强，部分高校青年教师科研功利性取向凸显。科学研究的基本任务就是探索和认识未知。科研作为高校教师职业的重要职责，在探索学术研究、课堂教学支撑、服务社会发展等方面发挥着重要作用。通过对调查对象关于“撰写论文申请课题的目的”的回答不难发现，有 68.7% 的教师选择了“晋升职称”，有 64.3% 的教师选择了“学术兴趣”，有 37.4% 的教师选择了“为国家提供理论支撑和解决社会问题的方案”，有 35.6% 的教师选择了“获得科研奖励”。可见，科研成果直接与职称晋升评定和考核体系相挂钩是学校的一个硬性考核指标，高校青年教师科研目的的实用性价值取向显著增强，功利性价值取向也明显提升。通过对调查对象答卷的统计发现，近三年高校青年教师在专业核心期刊发表论文的情况统计显示：“尚未发表”占 27.9%，“1—5 篇”占 61.5%，“6—10 篇”占 8.5%，“10 篇以上”占 2.1%，呈现“整体少、核心少、国外少”的现状。近三年高校青年教师在国家、教育部和省级课题申请情况统计显示：“没有”占 49.6%，“1 项”占 26.1%，“2 项”占 17.9%，“3 项”占 3.2%，“4 项”占 3.2%，呈现“整体少、高级别少”的现状。可见，目前高校青年教师普遍面临着较大的科研压力。另外，在对“影响论文课题发表和中标的因素”分析中，绝大多数高校青年教师选择了“研究方向”“自身质量”“学校名气”这几个选项。这说明，广大高校青年教师的科学研究态度较为端正。当然，我们也要看到，仍有部分高校青年教师认为“职务职称”

和“人际关系”是影响自己论文发表和课题中标的重要因素，这反映了当前部分高校青年教师存在因自己人际关系少、职务职称低等劣势而出现论文发表和课题中标困难的风险。

2. 高校青年教师思想政治素质状况分析

（1）广大高校青年教师整体上政治信念坚定，个别高校青年教师思想政治水平有待提升。在对调查对象的答卷统计中，有94%的高校青年教师对“没有理想信念，精神上就会‘缺钙’，要坚持共产主义远大理想和中国特色社会主义共同理想”表示认同，有93.6%的高校青年教师对“十八大以来党和政府工作成绩斐然”表示认同，有91.7%的高校青年教师对“中国特色社会主义进入了新时代，我国社会主要矛盾已经转化为人民日益增长的美好生活需要和不平衡不充分的发展之间的矛盾”表示认同。这说明，广大高校青年教师在理想信念认识、党和政府工作评价、社会主要矛盾变化、核心价值凝聚等方面具有正确认知和判断。当然，我们也要看到，仍有个别高校青年教师在对这些问题的认识上存在一定偏差。

（2）绝大多数高校青年教师在高校办学方向上立场坚定，部分高校青年教师政治觉悟有待提高。高校青年教师思想政治工作最为重要的就是要在办学方向上站稳立场。通过对调查对象所涉问题的统计发现：有89.3%的高校青年教师对“自觉巩固马克思主义在高校意识形态领域的指导地位”表示赞同，有9%的高校青年教师表示不确定，有1.7%的高校青年教师表示不认同；有95%的高校青年教师对“坚持正确政治方向，扎根中国大地办大学”表示认同；有86.7%的高校青年教师对“党对高校工作实行全面领导”表示认同，有10.9%表示不确定，有2.4%表示不认同。其中，通过对“您是否有过连续的出国学习或工作经历”选项与之进行交叉分析发现，有过出国学习或工作经历的高校青年教师中，有50%对“自觉巩固马克思主义在高校意识形态领域的指导地位”表示不确定或不认同；有过出国学习或工作经历的高校青年教师中，有76%对“党对高校工作实行全面领导”表示不确定。这充分说明受境外学习或者工作经历的影响，部分高校青年教师的立场和认识有待进一步提高，应高度重视海外归国高校青年教师思想动态的追踪和调研，做好高校青年教师出国（境）管理工作。

（3）多数高校青年教师党员学习马克思主义理论的自觉性较高，部分高校党员教师马克思主义理论水平有待提升。高校教师的职业特点决定了他们必须源源不断地获取知识来充盈自己。其中，读书不但可以增加一个人的理论知识储备，还能提升一个人的理论水平和思想觉悟。读书显然是高校青年教师生活中最为重要的组成部分。通过对调查对象读书情况的统计发现，高校青年教师每个月的读书情况大致是："1—2 本" 占 56.8%，"3—4 本" 占 30.5%，"5—6 本" 占 10.6%，"6 本以上" 占 2.1%。这足以说明，读书已然是高校青年教师日常生活的一部分。在高校青年教师工作以后所读的书籍当中，有关阅读马克思主义相关书籍的统计结果显示：有 19.4% 的教师选择了"经常阅读"，有 37.6% 的教师选择了"偶尔阅读"，有 33.5% 的教师选择了"很少阅读"，有 9.5% 的教师选择了"从不阅读"。其中，在高校党员教师队伍中，有 22.4% 的党员教师能够做到"经常阅读"，有 40.2% 的党员教师选择了"偶尔阅读"，有 27.4% 的党员教师选择了"很少阅读"，有 10% 的党员教师选择了"从不阅读"。这一状况着实让人担忧，反映了部分高校党员教师学习马克思主义理论的自觉性和积极性有待提升，也反映了习近平总书记所说的"马克思主义被边缘化、空泛化、标签化"[①] 的状况。

（4）多数高校青年教师党员在宗教信仰问题上态度鲜明，部分高校党员教师存在一定的错误认识。关于"党员是否可以信仰宗教"的问题，既是一个老话题，又是一个新话题。说它是老话题，是因为从新中国成立初期"党员不得信教"这条红线就从未放松。说它是新话题，是因为目前在党内仍有部分人认为党员可以信仰宗教，在这一问题的认识上仍待进一步得到纠正。通过对调查对象关于"党员可以信仰宗教"问题的回答统计，有 78.9% 的高校青年教师态度鲜明，认为党员教师不可以信仰宗教；有 12.4% 的高校青年教师表示不确定，有 8.7% 的高校青年教师认为党员教师可以信仰宗教。其中，在高校党员教师队伍中，有 10.7% 的党员教师认为党员可以信仰宗教，有 10.2% 的党员教师表示不确定。这说明，当前部分高校青年教师尤其是党员教师在党员信教问题上存在模糊认识，甚至是错误认知，应予以高度重视。

3. 高校青年教师价值观状况分析

（1）广大高校青年教师对个人成长与国家发展的关系有着正确的价值认识，对自觉践行社会主义核心价值观表示高度认同。教师是教育现代

① 《习近平谈治国理政》第 2 卷，外文出版社 2017 年版，第 329 页。

化建设的重要基石，教师个人的成长发展始终与祖国的发展进步同步，尤其是新时代赋予高校教师新的历史使命，提出更高希望和要求。通过对调查对象在职业理想方面的价值认知发现，有 96.3% 的高校青年教师对“把个人理想自觉融入国家发展事业当中”的价值认识表示高度认同，这说明广大高校青年教师在对待个人职业发展与国家社会建设的价值关系上有较为正确的价值取向。另外，有 95.4% 的高校青年教师对“做社会主义核心价值观的积极践行者”表示高度认同，这也说明广大高校青年教师对国家、社会和个人核心价值追求有机统一高度认同。

（2）广大高校青年教师在为国育人育才的价值态度上立场坚定，部分高校青年教师在对课程育人的价值认识上存有偏差。教书育人是教师的基本职责，也是教师最大的师德。关于教育“培养什么样的人”的问题，习近平总书记已明确给出答案：“必须培养一代又一代拥护中国共产党领导和我国社会主义制度、立志为中国特色社会主义事业奋斗终身的有用人才。在这个根本问题上，必须旗帜鲜明、毫不含糊。”[①] 调查显示，有 96.8% 的高校青年教师在“培养社会主义建设者和接班人，而不是反对者和旁观者”的价值态度上立场明确，这说明广大高校青年教师在育人育才的方向问题上有着正确的价值认知。在课程育人方面，绝大多数高校青年教师都有正确的价值认识，有 88% 的高校青年教师认为“所有课程都有育人功能，所有老师都要发挥育人职责”，有 9% 的高校青年教师对这一问题表示不确定，有 3% 的高校青年教师表示不认同，这说明部分高校青年教师在课程育人和教师育人意识方面还有待提高。另外，在对教师课堂言行对学生价值观影响的认识上，有 67.5% 的高校青年教师对“教师的一言一行，不会对学生思想和行为产生多大影响”表示不认同，有 9.3% 高校青年教师对这一问题表示不确定，有 25.2% 的高校青年教师表示认同，这表明部分高校青年教师在自己课堂言行对学生思想和行为的影响认识上存有模糊认识，应予以厘清和引导。

（3）多数高校青年教师有着正确的教学科研价值取向，部分高校青年教师存在育人意识淡薄、重科研轻教学的现象，且实用主义价值观倾向明显抬升。调查显示，针对“教学质量好不好不会影响我的职务晋升”问题，有 56.7% 的高校青年教师表示不赞同，有 18.4% 的高校青年教师

① 《习近平谈治国理政》第 3 卷，外文出版社 2020 年版，第 328—329 页。

表示不确定，有24.9%的高校青年教师表示认同。这表明，在部分高校青年教师看来，教学质量与职称晋升没有必然的联系，教学质量的好坏也不会直接影响教师职称晋升的速度。针对“教学收入低科研收入高，我倾向于选择搞科研”的选项，有40.6%的高校青年教师表示认同，有26.7%的高校青年教师表示不确定，只有32.7%的高校青年教师表示不赞同。不难看出，在收入高低的比较下，大部分高校青年教师选择了搞科研，这一方面说明高校青年教师对自己目前的教学收入情况有不满情绪，另一方面反映了多数高校青年教师存在重科研轻教学的现象。在对教师发表论文的态度回答中，有42.5%的高校青年教师对“为成功发表论文找点人脉资源和关系实属正常”表示赞同，有28.8%的高校青年教师对这个问题表示不确定，只有28.7%的高校青年教师对这一问题表示不认同，其中，在表示赞同的教师队伍中，男教师占58.2%，女教师占41.8%。这说明，多数高校青年教师认为人际关系对论文发表会产生重要影响，也反映了一些高校青年教师确实存在因自己人际关系不好而导致论文发表困难的风险。另外，在对高校教师校外兼职情况的调查研究中，有52.9%的高校青年教师赞同教师可以在校外兼职兼薪，只有22%的高校青年教师表示不赞同。这说明，多数高校青年教师认同教师可以在校外兼职兼薪的做法，也说明了高校青年教师面临来自生活方面的巨大压力。“许多人去从事其他事业，还有一些人消逝在大学里。”[①] 习近平总书记指出：“做老师就要热爱教育工作，不能把教育岗位仅仅作为一个养家糊口的职业……如果身在学校却心在商场或心在官场，在金钱、物欲、名利同人格的较量中把握不住自己，那是当不好老师的。”[②] 因此，有必要加强高校青年教师思想政治工作，积极扭转高校教师重科研轻教学的价值取向，做到回归教育教学本身。

（4）高校青年教师在课堂发表自由言论的价值认识上存在显著差异，迫切需要统一思想、提高认识。通过对调查研究对象关于“教师有言论自由，可以在课堂上自由发表观点”的回答统计，有37.9%的高校青年教师表示赞同，有18.5%的高校青年教师表示不确定，有43.6%的高校

① ［美］拉塞尔·雅各比：《最后的知识分子》，洪洁译，江苏人民出版社2002年版，第22页。

② 习近平：《做党和人民满意的好老师：同北京师范大学师生代表座谈时的讲话》，人民出版社2014年版，第7—8页。

青年教师表示不赞同。通过对高校青年教师的个案访谈发现，在对这一问题的认识上，主要呈现一个主流认同和两个分歧观点。其中，一个主流认同指的是广大高校青年教师在教师有言论自由这个观点上认同度较高，都认为言论自由是教师的基本权利。两个分歧观点主要是教师可不可以在课堂上自由发表观点，部分高校青年教师认为可以自由发表观点，部分高校青年教师认为不能，其分歧的关键点在于教师是否可以自由地发表“任何”观点。应当看到，高校教师作为一名普通公民，享有言论自由的权利，但高校教师要成为一名“党和人民满意的好老师”，应该遵守教育教学纪律约束规则，在课堂上的教学活动和言论发表，都不得出现违背党和国家大政方针、违背宪法法律、危害国家安全和破坏民族团结的言论。只有正确认识和科学把握这一问题的实质，才能更好地行使教师言论自由的权利。

4. 高校青年教师师德师风状况分析

（1）大部分高校青年教师在教师队伍素质评价标准上持有正确价值认知，部分高校青年教师思想认识有待提高。2018 年 5 月 2 日，习近平总书记在同北京大学师生座谈会上的讲话中明确指出：“评价教师队伍素质的第一标准应该是师德师风。”[①] 这无疑为新时代高校教师队伍建设提供了重要依循。通过对调研对象关于“评价教师队伍素质的第一标准应该是师德师风”的回答统计，有 82.2% 的高校青年教师较为赞同，有 13.8% 的高校青年教师对此问题表示不确定，有 4% 的高校青年教师不认同这一看法。这表明，仍有部分高校青年教师对把提高教师思想政治素质和职业道德水平摆在教师队伍建设的首要位置存有模糊认识，迫切需要进一步提高他们的政治站位，统一思想认识。

（2）多数高校青年教师在对部分教师学术道德失范原因分析和应对措施上有着理性的价值判断。通过对学科归属和师德失范原因的多重响应分析发现，受调查研究对象认为造成部分教师师德师风失范行为发生的原因依次为“教师自律不够”（70.5%）、“监督机制不健全”（59.5%）、“社会风气”（51.6%）、“现行评价制度驱使”（46.6%）、“学术规范规章不明确”（44.9%）、“学术道德教育不够”（40.9%）、“处罚不够严厉”（38.2%）。可以看出，多数高校青年教师认为目前造成高校教师师

① 习近平：《在北京大学师生座谈会上的讲话》，人民出版社 2018 年版，第 9 页。

德失范行为发生的原因，主要在于教师自律能力不够，但社会风气不良、制度不合理以及道德教育缺位也起到了一定作用。在对“防止学术不端行为最有效的方式”的回答中，有39%的高校青年教师认为是“改革科研评价体制”，有25%的高校青年教师认为是“加大惩罚力度”，有16.8%的高校青年教师认为是“加强师德教育”，有16.2%的高校青年教师认为是“完善学术审查机制”，有3%的高校青年教师认为“无有效方式”。可见，当前多数高校青年教师对科研评价体制满意度不高，在对“加强师德教育”以防止学术不端行为持悲观基调，这一现象值得重视和反思。

（3）绝大多数高校青年教师在实行师德“一票否决制”上态度鲜明，部分高校青年教师态度不明确。2013年5月4日，教育部等部门联合印发《关于加强和改进高校青年教师思想政治工作的若干意见》，明确指出要“完善青年教师师德考核机制”，把实行师德“一票否决制”作为教师师德考核一个重要维度。通过对调查研究对象关于对教师师德失范形式实行“一票否决制”的答卷统计发现，有76.9%的高校青年教师表示赞同，有15.9%的高校青年教师表示不确定，有7.2%的高校青年教师不赞同。这说明，部分高校青年教师对用师德作为第一标准来评判教师素质的认识还不够到位，对实施师德“一票否决制”重要意义的认识有待提高。

（4）多数高校青年教师对崇高师德的价值追求和坚定笃行意识淡化，世俗性师德价值取向明显提升。通过对调查研究对象关于“要有崇高师德的导引，但我只能做个普通教师”的回答统计，有53.5%的高校青年教师对此问题表示赞同，有18.3%的高校青年教师对此表示不确定，只有28.2%的高校青年教师表示不认同。其中，在赞同此问题的教师队伍中，男教师占61.6%，女教师占38.4%。不难看出，广大高校青年教师在对“要有崇高师德导引”的态度上都有着较为正确的价值倾向，但有一多半高校青年教师在具体笃行和践履上出现了世俗性师德价值的倾向选择，即倾向于选择做一名普通教师。正如学者所言：“知识分子开始从社会精英走向世俗大众……不得不按照世俗的标准来进行自我塑造，融入现实生活中。”[①] 这表明，一方面高校青年教师认同弘扬崇高师德、铭记不

① 廉思：《工蜂：大学青年教师生存实录》，中信出版社2012年版，第296页。

朽师魂的价值诉求；另一方面也反映了高校青年教师在认知和践行上表现出不一致的现象。应当看到，许多高校青年教师存在对崇高师德价值追求的模糊认识，这是因为他们没有看到崇高师德是教师普通日常教育教学生活极致化的产物，每个教师身上都有崇高师德的品质，竭尽所能做好自己的本职工作在一定意义上也是一种崇高师德。因此，从教师个人层面来讲，在谈及教师崇高师德价值追求和实现的问题时，要正确认识崇高师德的来源、内涵和要求，不能只有“崇高离我实在太遥远，我只能做个普通教师”的想法。

5. 高校青年教师热点事件关注状况分析

（1）高校青年教师通过电视节目来关注国内外重要政事的热情不容乐观。《新闻联播》是中国收视率最高、影响力最大、涵盖面最广的电视新闻栏目，秉持“宣传党和政府的声音，传播天下大事”的宗旨，以客观、生动和丰富的纪实手段记录了中华大地每一天发生的重要变化。作为青年中知识层次最高群体，高校青年教师对《新闻联播》的关注度，直接反映了他们对国内外重要事件的关心程度和思想动态。笔者尝试通过对调查对象收看《新闻联播》的情况了解当前高校青年通过电视节目关注国内外重要事件的情况。调查显示，只有37.4%的高校青年教师表示经常观看，有49.1%的高校青年教师表示偶尔观看，有9.8%的高校青年教师表示很少观看，有3.7%的高校青年教师表示基本不看。这说明，一方面高校青年教师对《新闻联播》的关注度不容乐观，另一方面高校青年教师观看新闻的媒介手段正在发生重要变化。

（2）多数高校青年教师对社会重点事件的关注度普遍较高。对社会事件的关注程度能反映特定群体的一定特征。在此次调查问卷设计中，笔者设计了一系列社会或者政治事件让受访者进行评价。就受访者“非常关注”的多重响应频率统计分析，总体上呈现如下特点：其一，高校青年教师群体对重大政治事件的关注远远高于对社会事件的关注。如对“党的十九大”“中美贸易摩擦”“第五次《中华人民共和国宪法修正案》”“改革开放40年”“中国共产党与世界政党高层对话会”的个案关注比率大都超过了50%。其二，高校青年教师对与自身关系紧密事件的关注度高于距离自己相对较远的事件。例如，高校青年教师普遍关注长生生物问题疫苗事件。其三，不同性别、年龄和学科的高校青年教师关注社会热点事件的倾向存有差异。例如，男教师关注世界杯的数量要多于女教师，35 岁以下的高校青年教师关注房价走势的数量要远远高于 35 岁及以上的教师，理工科类教师关注霍金逝世、卫星发射的频率要远远高于人文社科类教师。

（3）高校青年教师在为公众思考的公共性层面相对较为薄弱。公共性是知识分子担当社会良心和介入公共领域建设的重要衡量标准。有学者指出，这种公共性“第一是面向（to）公众发言的；第二是为了（for）公众而思考的，即从公共立场和公众利益出发，而非从私人立场、个人利益出发；第三是所涉及的（about）通常是公共社会中的公共事务或重大问题”。[①] 区别于从学术立场出发的专业性特点，“为公众思考”集中展现了知识分子的公共关怀与社会参与意识。在此次问卷调查中，笔者通过考察高校青年教师在聚焦和分析社会热点问题时的立场来测度他们是否“为公众而思考”。结果显示，有 32.7% 的高校青年教师选择了政党立场，有 11.2% 的高校青年教师选择了政府立场，有 28.3% 的高校青年教师选择了学术立场，有 27.8% 的高校青年教师选择了群众立场。由此可知，高校青年教师在选择分析社会问题的基本视角时，更多地选择了政党立场和学术立场。这反映了高校青年教师的公共性在为公众而思考的层面是相对较为薄弱的。也正如学者所言：“年轻的知识分子再也不像以往的知识分子那样需要一个广大的公众了：他们几乎无一例外的都是教授，校园就是他们的家，同事就是他们的听众，专题讨论和专业性期刊就是他们的媒体。”[②]

（4）多数高校青年教师有正确的网络舆情导向态度，少数高校青年教师明辨网络舆情的意识和能力有待提高。网络舆情是在互联网上传播和流行的人们对社会热点问题所持的有较强影响力、倾向性的言论、观点和舆论。网络舆情可以直接反映出当事人对社会热点问题所持态度背后的思想动态和价值导向。通过对被调查者关于“如果您的同事在网络上发布类似‘中国反腐都是形式主义的花架子’的言论，您的态度是?”的回答，有 6.3% 的高校青年教师“认为他说得有道理，理解并支持”，有 67.6% 的高校青年教师“认为他的想法偏激，与他沟通并帮助他形成客观理性的认识”，有 12% 的高校青年教师认为“无所谓，听之任之”，有

① 许继霖：《中国知识分子十论（修订版）》，复旦大学出版社 2015 年版，第 34 页。

② ［美］拉塞尔·雅各比：《最后的知识分子》，洪洁译，江苏人民出版社 2002 年版，第 4 页。

5.3%的高校青年教师选择“找学院或学校领导反映情况”，还有8.8%的高校青年教师选择了其他答案。这说明，一方面多数高校青年教师都有正确的网络舆情判断力，对网络上发布的不良信息有着自己坚定的立场；另一方面部分高校青年教师明辨网络舆情的意识和能力较差，没有正确的舆情判断力，需要加以正确引导和教育。

总的来看，较之于一般的社会青年，由于社会地位、生活经历、知识结构以及外界环境的影响，高校青年教师呈现自身的思想特质，他们的自我意识强、学术敏感性强、个体参与意识强、网络阵地意识强、思想可塑性强，是堪当民族复兴大任的大国良师。当然，仍有部分高校青年教师在思想上存在亟待纠正和解决的问题，这也反映了思想政治教育的基本矛盾，即“一定社会发展所提出的思想品德要求与人们思想品德水平之间的矛盾”。[①] 而这一矛盾同样构成高校青年教师思想政治工作存在的内在根据。换言之，在实际生活中，高校青年教师的思想政治品德表现同一定社会的思想政治品德要求之间是存有一定差距的，很难完全一致。这迫切需要高校青年教师思想政治工作从思想上帮助他们逐步缩小这一差距，从而实现二者的协调和统一。

第二节　高校青年教师思想政治工作取得的主要成绩

我国高校青年教师思想政治工作取得了一些值得肯定的成绩。尤其是党的十八大以来，以习近平同志为核心的党中央高度重视高校教师队伍建设，并将高校教师思想政治工作摆在突出位置，针对高校师德师风建设做出一系列重大决策和部署，思想政治工作显著增强。本部分内容主要是基于前文历史梳理所述和对六位行政工作人员的访谈，从整体视域和工作格局上对高校青年教师思想政治工作所取得的工作成绩进行简单概括和有益总结。当然，对这一工作成绩的概述难免会与前文存在一些交叉和重复，但这是必要和必然的。

① 郑永廷主编《思想政治教育学原理》，高等教育出版社2018年版，第136页。

一、思想政治工作相关规章制度不断建立健全

毛泽东提出："光从思想上解决问题不行，还要研究解决制度问题。"这是因为"思想问题常常是在一定情况和制度下产生的，制度搞对头了，思想问题也容易解决"。[①] 孙正聿教授指出："用理论支撑自己的理想信念，在实践中体现自己的理想信念，有两点是最为重要的：一是'非不能也，是不为也'；二是'非不为也，是不能也'。前一句是'人管自己'，后一句是'制度管人'。"[②] 高校青年教师思想政治工作规章制度，是对高校青年教师开展思想政治工作地位、性质等内在规定以及高校青年教师在参与思想政治工作中所应遵循的程序性规范。具体而言，高校青年教师思想政治工作在相关规章制度方面取得了以下几个方面的成绩。

1. 出台一系列高校青年教师队伍建设指导性文件

新中国成立以来，特别是改革开放以来，党和国家、地方各级人民政府以及各高校都十分重视高校青年教师在教育发展和人才培养中的地位和作用，并出台了一系列加强高校青年教师队伍建设改革的意见。

（1）国家层面出台的指导性文件。2012 年 9 月 20 日，教育部等部门联合印发《关于加强高等学校青年教师队伍建设的意见》，指出要"提高青年教师思想政治素质和师德水平"，并对这一目标的实现提出了具体指导意见。2013 年 5 月 4 日，教育部等部门联合印发《关于加强和改进高校青年教师思想政治工作的若干意见》，明确对"高度重视青年教师思想政治工作""切实加强青年教师思想教育引导""推进青年教师师德师风建设""加大青年教师党员队伍建设力度""拓宽青年教师思想政治工作途径""着力解决青年教师实际问题""强化青年教师思想政治工作的组织领导"等方面进行了较为细致的探究和规定，成为高校青年教师思想政治工作的重要的指导性文献。2018 年 1 月 20 日，中共中央、国务院印发《关于全面深化新时代教师队伍建设改革的意见》，指出要"着眼青年

① 《毛泽东年谱（一九四九——一九七六）》第 2 卷，中央文献出版社 2013 年版，第 529 页。

② 孙正聿：《马克思与我们》，中国人民大学出版社 2018 年版，第 302 页。

教师群体特点，有针对性地加强思想政治教育”。[①] 这些重要政策和重大部署无不蕴含着对高校青年教师思想政治工作的深入论述和高度阐发，具有很强的思想性和丰富的理论性，是指导做好新时代高校青年教师思想政治工作的纲领性文件和价值性依循。

（2）各级地方人民政府出台的指导性文件。为贯彻落实党和国家关于高校教师队伍建设的相关意见，各级地方人民政府相继出台了一系列高校教师队伍建设指导文件。例如，2018 年 9 月，山西省出台《关于全面深化新时代教师队伍建设改革的实施意见》，明确从“讲好山西师德故事”“推进家校社协同育人常态化制度化”“制定师德违规行为处理实施办法，规范教师从教行为”“建立教师师德师风信用体系”“开展法治教育，提升教师法治素养”等方面着手落实高校教师师德建设。2018 年 11 月，《中共山东省委山东省人民政府关于全面深化新时代全省教师队伍建设改革的实施意见》颁布，主要从“全面加强教师思想政治工作”“全面提升教师队伍专业素质能力”“全面深化教师管理体制机制改革”“全面提高教师地位待遇”“全力确保政策举措落地见效”等方面对加强高校教师队伍提出具体指导意见。这些文件的出台无疑对具体指导各省属高校青年教师思想政治工作具有重要的指导作用。

（3）高校层面出台的指导性文件。根据党和国家以及地方人民政府关于高校教师队伍建设的相关指导意见，以具体制定符合本校青年教师思想政治工作的意见，是各高校加强高校青年教师队伍建设的具体表现。例如，2012 年 6 月，《北京林业大学党委关于进一步加强和改进青年教师思想政治工作的意见》颁布实施，以“进一步加强对青年教师思想政治工作的领导”“进一步推进青年教师思想政治教育”“进一步在青年教师中开展师德师风建设”“进一步加强高校青年教师社会实践工作”“切实解决青年教师工作的实际问题”为内容，对高校青年教师思想政治工作提出具体指导性意见。2013 年 6 月 6 日，中共中南民族大学委员会颁布《关于加强和改进青年教师思想政治工作的实施意见》，从“加强对青年教师思想政治工作的组织领导”“不断提高青年教师的思想政治理论素养”“在青年教师中大力开展师德师风建设”“认真做好青年教师党员队

① 《中共中央国务院关于全面深化新时代教师队伍建设改革的意见》，《人民日报》2018 年 2 月 1 日。

伍建设工作”“充分发挥教师党支部在青年教师思想政治工作中的作用”等方面规定了教师工作的具体指导意见。这无疑对高校青年教师思想政治工作的开展具有重要的指导意义。

2. 思想政治状况分析研判工作机制有效运行

全面、真实地了解和掌握高校青年教师的思想政治状况，是增强新时代高校青年教师思想政治工作针对性和实效性的首要前提。党的十八大以来，党和国家、地方各级人民政府以及高校建立健全高校教师思想政治状况调查分析制度，通过实时调研高校青年教师的思想动态，分析存在的主要问题，以便把握高校青年教师的思想政治状况，并进一步部署一些重要的工作政策和措施举措。例如，教育部思想政治工作司每年都会部署开展一次关于高校教师思想政治状况的滚动调查，并及时发布高校教师思想政治状况调查报告以供各高校具体参考。近年来，地方党委也逐步建立健全高校师生思想政治状况调查分析制度。例如，广东省教育厅印发《2016年广东高校师生思想政治状况滚动调查工作安排》，并召开相关会议进行全面部署，作为制定本省高校教师队伍建设的重要依据。各高校在建立健全本校教师思想动态调查分析制度方面也取得了较大进展，基本都建立起相应的调研分析工作机制，定期发布本校教师思想动态调研报告，并根据调查结果来部署本校教师思想政治工作相关事宜。以东北师范大学为例，在工作队伍上形成了一支由党政领导主管、学院党政具体负责、党政工作者具体实施的思政工作队伍，有效保证了高校青年教师思想动态调查分析制度的有效执行；在调查内容上主要涵括了高校青年教师的职业观、政治观、道德观、价值观等方面的内容；在工作机制上形成了高校开学初期、期中或者期末等相对固定时间进行调研的制度。另外，党和国家有重大改革举措或者重大社会事件发生时，学校也会进行高校青年教师思想动态的跟踪调研，以分析高校青年教师有关态度、观点和看法。这种定期与不定期相结合、专题与常态分析相结合的高校教师思想政治状况调查制度，有效提升了高校青年教师思想政治工作的实效性。

3. 不断健全高校青年教师政治理论学习制度

政治理论学习制度是高校青年教师掌握政治知识、增强党性和坚定政治信仰的重要途径。早在 1953 年 7 月，中共中央为使高校教师的政治理论学习活动规范化和制度化，专门印发了《关于全国高等学校教师政治理论学习的指示》，将政治理论学习作为高校教师思想改造的基本途径之一，成效十分显著。胡锦涛也指出："理论上的成熟是政治上坚定的基础，理论上的与时俱进是行动上锐意进取的前提，思想上的统一是全党步调一致的重要保证。"[①] 应当看到，高校作为党的意识形态工作的前沿阵地和重要基础，它的发展动向直接影响着高等教育事业发展的未来和人才培养的未来，这就迫切要求高校青年教师加强理论学习，筑牢政治信仰，坚定政治立场，紧跟党的路线、方针、政策。2012 年 8 月 20 日，国务院印发《关于加强教师队伍建设的意见》，提出要"全面提高教师思想政治素质"，"坚持和完善理论学习制度，创新理论学习的方式和载体，加强中国特色社会主义理论体系教育，不断提高教师的理论修养和思想政治素质"。2012 年 9 月 20 日，教育部等部门联合印发《关于加强高等学校青年教师队伍建设的意见》，明确指出要"大力加强中国特色社会主义理论体系教育，确保青年教师自觉坚持正确的政治方向，践行社会主义核心价值体系，在重大政治问题上立场坚定、旗帜鲜明"。2013 年 5 月 4 日，教育部等部门联合印发《关于加强和改进高校青年教师思想政治工作的若干意见》，明确提出"强化政治理论学习"的要求，通过"组织青年教师学习党的基本理论、基本路线、基本纲领、基本经验、基本要求，努力提高青年教师政治理论素养，进一步增强对中国特色社会主义的理论认同、政治认同、情感认同"，从而坚定"四个自信"。2018 年 1 月 20 日，中共中央、国务院印发《关于全面深化新时代教师队伍建设改革的意见》，明确指出要"推进'两学一做'学习教育常态化、制度化"。目前来看，各高校基本上建立起了形式多样、生动活泼的集中学习与个人学习相结合的政治理论学习制度，高校党委中心组学习制度和高校党员教师组织生活制度等政治理论学习制度的建立，为广大高校青年教师学习马克思主义基本理论和中国特色社会主义理论体系，提供了重要的学习机会和有益路径。

4. 建立健全高校师德建设长效机制

高校师德建设长效机制的建立健全，有助于从根本上遏制和杜绝高校师德失范现象的发生。2013 年 5 月 4 日，教育部等部门联合印发《关于加强和改进高校青年教师思想政治工作的若干意见》，明确指出要"深入贯彻落实《高等学校教师职业道德规范》，建立健全师德建设长效机制"。2014 年 9 月 29 日，教育部印发《关于建立健全高校师德建设长效机制的

① 《胡锦涛文选》第 3 卷，人民出版社 2016 年版，第 529 页。

意见》，突出建立健全高校师德建设的重要意义、基本原则、现实要求和有效举措，无疑为高校师德建设提供了重要的价值依循。此后，各地各高校开始根据本校实际制定具体的实施办法。例如，2015 年 7 月 10 日，中共北京师范大学委员会印发《北京师范大学关于建立健全师德建设长效机制的实施办法》，明确提出“立德铸魂，坚定信念”“以德立身，率先垂范”“刻苦钻研，严谨笃学”“热爱学生，教书育人”的要求，并从“创新师德教育，把握正确导向”“加强师德宣传，营造良好氛围”“健全师德考核，提升教师修养”“强化师德监督，防止师德失范”“完善管理机制，维护教师权益”等方面保障高校师德建设长效机制实现。2015 年 9 月 11 日，中共东北师范大学委员会印发《东北师范大学关于建立健全师德建设长效机制的实施办法》的通知，从师德建设的引导机制、宣传机制等 7 个方面，进一步提出贯彻落实党中央关于建立健全高校师德建设长效机制的意见，取得显著成效。毫无疑问，各高校积极落实健全师德建设长效机制，从一定意义上推动了高校师德师风建设的制度化和常态化，对教育引导广大高校青年教师以德立身、以德立学和以德施教具有重要的指导意义。

二、高校青年教师成长发展的环境渐趋完善

营造和创设优良的环境，能为高校青年教师的成长发展提供重要的精神支持。这一环境不仅可以滋养人的心灵和涵育人的德行，还能激发人的奋斗意识和奉献精神。各高校越来越重视发挥学校工作环境对高校青年教师的精神感染和熏陶作用。

1. 成才自尊师始

尊师重教是朝着教育的美好未来发展的第一步。邓小平曾指出：“人民教师是培养革命后代的园丁。他们的创造性劳动，应该受到党和人民的尊重。”[①] 习近平总书记也强调：“全社会都要关心知识分子、尊重知识分子，营造尊重知识、尊重知识分子的良好社会氛围。”[②] 他在考察大学、谈到高等教育工作时，多次强调要重视高校教师队伍建设，倡导全社会要

① 《邓小平文选》第 2 卷，人民出版社 1994 年版，第 95 页。

② 《习近平关于社会主义政治建设论述摘编》，中央文献出版社 2017 年版，第 143 页。

尊师重教，了解教师工作的重要性和特殊性，使教师成为最受社会尊重的职业，让教师成为令人羡慕的职业。毫无疑问，党的十八大以来，党和国家高度重视高校教师地位和作用的发挥，各级党委满腔热情地关心教师，积极改善教师待遇，维护教师权益，形成了尊师重教的浓厚氛围。

2. 搭建成长平台

高校青年教师最为关注的就是自身的专业成长发展。在“科教兴国”和“人才强国”战略理念的指导下，党和国家始终把教育摆在优先发展位置，高度重视高校教师的专业成长发展，尤其是特别关注高校青年教师的成长成才，在财政支出方面予以优先保障，各省、各高校也相继出台一系列决策意见用于支持高校青年教师专业成长成才。例如，党和国家充分发挥国家社科、教育部人文社科等各类青年基金项目和青年“长江学者奖励计划”等人才支持的作用来为高校青年教师创造条件搭建平台。各省专门设立高校青年资金支持项目予以助力高校青年教师专业成长发展。例如，山西省青年拔尖人才正式实施，每年遴选包括高校教师在内的20名青年人才予以支持。其中，经费支持标准为：自然科学领域创新类和创业类人才60万元，哲学社会科学、文化艺术体育领域创新类人才30万元。各高校也积极制定相应政策和措施，支持高校青年教师成长成才。例如，山东大学“青年学者未来计划”、东北师范大学“仿吾青年学者”计划等，都在一定程度上为高校青年教师的专业发展搭建了重要平台。

3. 改善工作环境

邓小平指出：“对知识分子除了精神上的鼓励，还要采取其他一些鼓励措施，包括改善他们的物质待遇。”[①] 习近平总书记也指出：“环境好，则人才聚、事业兴；环境不好，则人才散、事业衰。”[②] 党的十八大以来，我国高等教育事业得到快速发展，“双一流”高校和学科建设稳中求进，投身于高等教育的青年教师数量也越来越多，各级政府和高校不断为他们“坐得住、钻得进、研得深、教得好”提供机会、创造条件，积极改善工作环境，提高生活待遇，加大支持力度。例如，在引进高校青年教师的政策支持上，多数高校提供了数目可观的安家费用和科研启动资金支持，一些高校甚至还为优秀高校青年教师提供住房；各高校还积极出台政策来解

① 《邓小平文选》第2卷，人民出版社1994年版，第51页。

② 《习近平谈治国理政》，外文出版社2014年版，第61页。

决高校青年教师子女入学教育问题；各高校积极创造条件引导高校青年教师参加社会实践活动，利用寒暑假带领学生充分接触社会、体察国情，感受改革开放以来的社会发展变化，以增强高校青年教师教书育人的责任感和使命感；各高校还通过选树典型高校青年教师，以发挥模范典型的积极带动作用。这些做法为高校青年教师的成长发展提供了重要基础。

三、高校党委统一领导的工作格局基本形成

党的十八大以来，各高校积极贯彻落实党和国家关于加强和改进高校青年教师思想政治工作的相关意见，切实加强党对高校工作的全面领导，推动形成了高校党委统一领导、党委教师工作部牵头抓总、多部门协调配合、院（系）党组织负责实施、教师党支部具体落实的工作格局。

1. 明确高校党委主体责任，切实发挥了党的领导的根本保证作用

高校青年教师思想政治工作是党领导高校工作的具体体现，也是科学开展高校党建工作和知识分子统战工作的重要抓手。近年来，高校党委把高校青年教师思想政治工作提上重要议事日程，加强了领导和指导，明确了高校党委对高校青年教师思想政治工作负主体责任，明晰了高校党委书记是第一负责人，确证了一名党委副书记（直接责任人）主管高校青年教师思想政治工作，抓好高校青年教师教育工作和党的建设工作，把高校青年教师思想政治工作优势转化为高校发展优势。具体而言，各高校已经将党委书记为高校教师作报告制度化和常态化，采取了形势与政策、教师座谈会、专题讲座等形式，以宣讲党情、国情、社情、民情，回答教师关注的理论和现实问题；各高校已经开始建立健全党政领导班子联系优秀青年教师制度，建立了教师工作联系会议制度。

2. 加强党委教师工作部建设，为做好高校青年教师教育管理和服务工作提供了组织保障

高校党委教师工作部的成立，是加强和改进新时代高校教师思想政治工作的制度和实践创新，对高校教师坚持社会主义办学方向、落实立德树人根本任务具有重要的指导意义。2016 年 12 月，中共中央、国务院印发《关于加强和改进新形势下高校思想政治工作的意见》，指出：“有条件的高校成立党委教师工作部，统筹做好教师思想政治教育和管理服务工作。”自此之后，一些高校在学生工作部和研究生工作部的基础上，积极

探索成立党委教师工作部，牵头、统筹和负责教师思想政治教育、师德师风建设、教师党员管理和服务等方面的工作，补齐了党委在教师思想政治工作部门的“空白”，进一步完善了“大思政”格局。就目前党委教师工作部的组织架构来看，大致可以划分为四类：一是独立建制，如贵州大学；二是与党委宣传部合署办公，如东北师范大学；三是与人事处合署办公，如北京大学；四是与教师教育发展中心合署办公，如北京师范大学。就党委教师工作部的主要职能来讲，它的核心功能在于统筹规划教师思想政治工作，基础功能在于加强师德师风建设，辅助功能在于教师服务管理工作。

3. 强化院（级）党组织工作责任，提升了做好高校青年教师思想政治工作的能力

院（系）党委（总党支）既是高校基层党建工作的责任主体，又发挥着政治核心作用，是做好学院青年教师思想政治工作的基础。习近平总书记指出:“要加强高校党的基层组织建设，创新体制机制，改进工作方式，提高党的基层组织做思想政治工作能力。”① 近年来，各高校切实发挥了政治引领的核心作用，根据学校党建工作合理制定本级单位基层党建工作责任清单，通过具有较强的可操作性的任务规范和完善的配套的相关政策支持，以保证党的教育路线、方针和政策的贯彻执行。例如，从调查对象关于“学校院系领导对自己关心程度如何?”的回答统计来看，有63.1%的高校青年教师能够切身感受到院系领导对自己的关心和关怀。另外，有条件的学院还成立了青年教师理论学习研究会，专门设立了专项党建研究基金以支持青年教师深入研究重大理论与实践问题；有高校通过学术研讨的方式或者组织收看《新时代学习大会》② 等理论节目，甚至组织高校青年教师观看爱国类影视作品，以提升和凝聚政治共识，取得了积极成效。

4. 充分发挥教师党支部的主体作用，重点抓好高校青年教师理想信念教育

教师党支部建设在高校青年教师思想政治工作中发挥着根本性、基础性和引领性作用，是党团结和联系广大高校教师的桥梁和纽带，也是扎根中国大地办大学的重要支撑。例如，2017 年 8 月 1 日《关于加强新形势

---

① 《习近平谈治国理政》第 2 卷，外文出版社 2017 年版，第 379 页。

② 电视理论节目《新时代学习大会》是全国首档推动习近平新时代中国特色社会主义思想“天天见、天天新、天天深”的大型理论节目，它用雅俗共赏的方式呈现重大政治主题，引起高校青年教师和学生的热烈反响。

下高校教师党支部建设的意见》的颁布，对积极推进高校教师党支部建设的制度化、规范化和科学化起到了重要指导作用。各高校开始着手严格按照中共教育部党组的意见和要求来“对标”和“对表”，以“两学一做”为抓手，加强党员教师党性修养，完善党支部政治理论学习制度，主动引导青年学术骨干、拔尖人才、海外留学归国教师积极向党组织靠拢，并在条件成熟时将其确定为党组织发展的对象，选优配强了一批党支部书记以充分发挥他们的模范带头作用。

第三节　高校青年教师思想政治工作面临的深层次矛盾

必须承认，党的十八大以来，以习近平同志为核心的党中央高度重视高校教师队伍建设，并将高校教师思想政治工作摆在突出位置，做出一系列重大决策和部署，思想政治工作效果得到显著增强。但是，通过梳理文献、教师访谈和工作调查可以发现，高校青年教师思想政治工作依然是目前高校思想政治工作的短板和难题，仍存有诸多深层次和结构性矛盾亟待破解，表现在以下四个方面。

一、党和国家高度重视与高校支持工作相对薄弱之间的矛盾

高校青年教师思想政治工作是一项复杂、长期的系统工程，既需要国家从宏观层面进行顶层设计，还需要高校从微观层面做到具体落实。然而，由于主观认识和客观资源的一些限制，目前一些高校对教师思想政治工作未能足够重视，致使国家相关教师工作政策文件精神落实不到位。

1. 一些高校忽视抓高校青年教师思想政治工作

从当前我国高等教育发展面临的新形势、新挑战、新任务来看，高校与高校之间的竞争日趋激烈。为进入“双一流”大学和学科建设队伍，为提高本校的国际和国内知名度，为吸引更多优秀青年学生进入本校就

读，许多高校把整体工作的重心都放在教学科研工作上，表现为重教书、重智育、重科研，轻育人、轻德育、轻教学，教学科研工作的好坏成为高校发展评判的主要标准。具体反映到高校教师工作上，就表现为过分强调高校青年教师的教学科研工作，忽视甚至是停滞了高校青年教师思想政治工作。另外，在对高校青年教师的考核细则中，多数高校都有严格的业务考核标准，教师晋职晋薪也都跟业务水平相挂钩，但对育人标准的设定十分模糊，对教师师德失范行为“一票否决制”的具体标准也模糊不清，尚未形成考评监督机制，这使“高校教师的思想政治教育工作多数是处在说得多做得少、说着重要做着次要的状态”。[①]

2. 一些高校不愿抓高校青年教师思想政治工作

其一，在高校行政领导体系中，一些行政领导认为，高校在教学和科研方面对高校青年教师进行指导并不断施压是学校的一项日常行政工作，而开展高校青年教师思想政治工作应该是党组织的事情，与行政事务的关联度不大，精力投入也应有所减少，直接后果就是将高校青年教师思想政治工作当作“软任务”被动对待，列举了“坚持……”“认真学习……”等比较形式化和粗线条的规定，弱化虚化了此项工作。其二，许多高校将高校青年教师思想政治工作的行政统筹纳入院校党委宣传部，这一部门的职责或工作内容主要包括思想教育、新闻宣传和文化建设。“但这项工作的主责部门高校党委宣传部在实际工作把握上，往往偏重后两者。”[②] 这是由于新闻宣传和文化建设比较有显示度，事关高校的社会声誉和外在影响力，而抓思想教育工作，少有硬性任务、指标不易衡量、目标不够明确，出现了高校领导对高校青年教师思想政治工作不愿抓、抓得少的问题。当然，我们也要看到，尽管一些高校党委成立了党委教师工作部来专门负责高校教师思想政治工作，但出于种种原因，党委教师工作部的职能还有待进一步挖掘和展现。其三，基层党组织未发挥应有作用。一些高校院（系）对开展高校青年教师思想政治工作腰杆不硬、能力不强、底气不足，存有不想管、不会管、管不好的现象，政治理论学习勉强安排的情况比较普遍，轻视党建和思想教育。一些院（系）教师党支部组织生活

① 徐振剑：《新形势下加强高校教师思想政治教育工作的思考》，《思想理论教育导刊》2017 年第 8 期。

② 蓝晓霞：《思政工作不能重生轻师》，《光明日报》2016 年 12 月 22 日。

存在临时随意、形式主义的情况，教师党支部在高校青年教师中的影响力较弱。

3. 一些高校忘了抓高校青年教师思想政治工作

一谈及高校思想政治工作，在许多人的思想认识中往往会不自觉地把教育工作对象定义为学生，习惯性地忽视高校青年教师这一群体的思想政治工作，把多数资源都投放在学生思想政治工作之中，在高校青年教师思想政治工作研究和实施方面的资源投入较少。毫无疑问，高校青年教师的思想政治素质、价值理想信念、道德情操取向、教学治学态度等对学生的影响最直接、最深刻和最持久。因此，教育者要先受教育，育人者必先自育。也正如北京林业大学铁铮教授所言："加强和改进高校的思想政治工作，要把教师思想政治工作当成重中之重。"这是因为"从根本上说，教师思想政治工作做不好、抓不紧，会直接影响大学生思想政治工作的质量"。[①] 可见，做好新时代高校思想政治工作，高校必须统筹学生和教师两大群体，要高度重视高校青年教师思想政治教育工作。

4. 一些高校没有配优建强高校青年教师思想政治工作队伍

谁来做高校青年的思想政治工作？这是做好新时代高校青年教师思想政治工作必须回应的重大问题，直接关涉高校青年教师思想政治工作队伍建设。应当看到，当前高校青年教师思想政治工作队伍建设不容乐观。有学者也已明确指出："与大学生思想政治工作相对完备的工作体系相比，教师思想政治工作还缺乏专门的工作力量，一些高校面临无专门机构、无专门者、无工作抓手的'三无'困境。"[②] 可见，配优建设一支有思想、讲政治、懂教育的精明强干的高校青年教师思想政治工作队伍，已然成为做好新时代高校青年教师思想政治工作的一个决定因素。

二、思想政治工作"供给"与青年教师"需求"之间的矛盾

工作的前提是构成工作的根据，也是工作构成自己的立足点和出发

---

① 铁铮：《高校教师思想政治工作是重中之重》，《人民政协报》2016 年 12 月 14 日。

② 李瑞德：《当前高校教师思想政治工作中的深层次矛盾及应对策略》，《思想教育研究》2018 年第 7 期。

点。工作构成自己的前提有其“隐匿性”和“强制性”的特点。其中，隐匿性指的是工作的前提“隐藏”在工作之中，是工作的“幕后操纵者”；强制性指的是工作总是以工作的前提为立足点和出发点构成自己，工作的前提决定工作开展的逻辑。就高校教师工作而言，这种“隐匿性”和“强制性”主要体现在思想政治工作的“供给”上，而笔者通过对20名高校青年教师深度访谈发现，目前部分高校青年教师存在思想政治工作“供给”与自身“需求”之间的深层次矛盾，应予以高度重视。

1.“不需要”的价值立场

通过访谈发现，个别高校青年教师在对高校青年教师思想政治工作的态度上持“不需要”的价值倾向，主要表现为三种拒斥性的价值观点。其一，否定性的价值拒斥。有高校青年教师从对思想政治工作的片面性认识出发，认为高校青年教师思想政治工作就是一种流于形式的灌输活动，毫无任何价值和意义，高校青年教师根本不需要这样的教育工作或活动。这恰如学者所言：“一说做意识形态工作，就好像是自己本不需要，却要被强加什么、灌输什么。”① 其二，肯定性的价值拒斥。有高校青年教师从对思想政治工作的对象认识出发，认为高校思想政治工作的主体对象应该是学生而非教师，因为学生是祖国的未来、民族的希望，高校对学生群体进行思想政治工作是十分必要的，有助于教育和引导他们成为社会主义建设者和接班人。其三，自洁性的价值拒斥。有高校青年教师从对高校青年教师的群体特点和价值定位出发，认为高校青年教师群体是一个具有高学历、高道德、高能力的精英职业团体，高校青年教师自身就是“学为人师、行为世范”的价值引领者和践行者，不需要再接受思想政治工作。不难看出，从人们感到某种缺乏而力求获得满足的心理倾向来说，“不需要”的价值拒斥立场更多地表现了部分高校青年教师对思想政治工作主观认识的“不缺乏”倾向。

2.“没必要”的价值倾向

调查显示，有18.3%的高校青年教师认为没有必要对教师进行思想政治工作。通过访谈发现，部分高校青年教师在对高校青年教师思想政治工作的价值态度上持“没必要”的价值倾向，主要表现为三种排斥性的价值观点。其一，基于“系统性”认识的“没必要”的价值排斥。有高

① 钟新文：《青年懂中国，才能接好棒》，《人民日报》2014年9月6日。

校青年教师认为，高校青年教师群体大都处在30—40岁，较之于青年学生，他们的思维定式、价值认知及政治立场都已经基本形成和趋渐稳定，高校没有必要再对他们进行“系统性”的思想政治工作，因为这对高校青年教师“三观”的塑造和改变影响甚微。其二，基于“专门性”认识的“没必要”的价值排斥。有高校青年教师指出，文史哲学科的高校青年教师在科研和教学工作中时常会阅读和引用一些马克思主义的相关书籍或材料，对马克思主义的观点、立场和方法都有所了解和掌握，没有必要再对他们进行“专门性”的思想政治工作，因为高校青年教师在学习和工作中已经认识到马克思主义的科学性和真理性。其三，基于“整体性”认识的“没必要”的价值排斥。有高校青年教师提出，目前有关媒体曝光的高校青年教师师德失范问题只是极少数，广大高校青年教师师德师风在整体上仍然是积极健康占据主流，不能因为个别高校青年教师师德失范，就对整个高校青年教师群体进行思想政治工作。不难看出，从高校青年教师学习、工作和生活的自我体验中，“没必要”的价值排斥态度更多地展现了部分高校青年教师对思想政治工作现实认知的“不情愿”倾向。

3. “无所谓”的价值冷漠

通过访谈发现，一些高校青年教师在对高校青年教师思想政治工作的价值态度上持“无所谓”的价值倾向，主要表现为三种沉默性的价值观点。其一，“说不上”的价值认知。有高校青年教师认为，目前高校青年教师群体出现一些大众较为关注的问题产生的原因，主要是由社会大环境的变迁所引起的，要想肃清和改变这一高校风气和社会环境，通过思想政治工作还说不上是否能使之得到有益改善，对高校青年教师思想政治工作价值持一种谈不上有没有的态度。其二，“不足道”的价值倾向。有高校青年教师认为，思想政治工作是中国共产党的优良传统和政治优势，它是一个政治性问题，不是一个学术性问题。从学术研究视角来看，高校青年教师思想政治工作不值得一谈，尤其是跟非党员教师更没有关系。其三，“不关心”的价值冷淡。有高校青年教师指出，日常的教育教学、科研研究和烦琐生活就足够使高校青年教师厌倦了，如果再让他们去关心高校青年教师思想政治工作的事情，显得有些力不从心。不难看出，从高校青年教师思想政治工作的实际运行来看，“无所谓”的价值冷淡更多地彰显了部分高校青年教师对思想政治工作的“不在乎”倾向。

以上“不需要”“没必要”“无所谓”的价值态度恰好反映了王逢贤

教授曾提出的德育实效之问："社会主义教育的全部目标、内容和方法都是以真善美的统一作为前提性承诺的，本应具有巨大的说服力和魅力，可是为什么有些人不仅拒绝全部主动接受，反而有意逃避甚至冷嘲热讽呢？我们德育的功能和价值既有益于社会，也有益于受教育者个人，可是为什么在许多情况下，德育不能像体育、技术教育、智育、美育等那样受到欢迎？"① 这无疑成为做好新时代高校青年教师思想政治工作必须回应和解答的一个深层次问题。

三、客观环境深刻变化与思想政治工作创新发展之间的矛盾

改革开放40多年来，随着经济全球化的深化发展、西方文化的渗透影响、网络虚拟世界的不断崛起、家庭教育的深刻变化，高校青年教师成长发展的客观环境发生了深刻变化，这一变化迫切需要推动高校青年教师思想政治工作创新发展，以适应和破解因客观环境变化所带来的新挑战与新任务。

1. 市场经济的纵深发展推动高校青年教师思想政治工作由封闭走向开放

在经济全球化的视野下，改革开放的时代洪流、市场经济的社会大潮，带给作为思想战线的前沿阵地和敏感地带的高校以多样化、复杂化和开放型的环境，这构成了高校青年教师成长成才的时代背景。改革开放既是一场革命，也是一次考验。受市场经济纵深发展的现实影响，人们的精神生活正面临："现代性挑战与精神生活的异化、工具理性膨胀与价值理性消解的冲突、自然科学与人文科学二元对立、物质富裕与精神贫困二律背反。"② 应当看到，市场经济发展所带来的消极影响——日益增长的经济主义、消费主义、物质主义、拜金主义和享乐主义——把人们带入了一个理想信念缺失的"病态社会"。这对包括高校青年教师在内的青年一代的健康成长造成了不利影响，迫切需要推动高校青年教师思想政治工作的创新发展。其一，多种经济成分的共同发展和多种利益集团的出现，使个

① 张澍军：《德育哲学引论》，人民出版社2002年版，第4—5页。

② 侯勇、孙其昂：《论精神生活的现代性遭遇与超越之路》，《南京师范大学学报》（社会科学版）2010年第4期。

别高校青年教师的思想出现了困惑，理想信念在市场经济的大潮中被冲淡。尤其是一些党员教师理想信念发生了动摇，开始耻谈理想、躲避崇高。“现实的情况是，青年教师都有理想追求，有进取精神，但主要体现在职业和学术上，而在政治理想方面存在着‘环境不宜’，缺乏应有氛围。这正是高校青年教师思想政治工作面临的重大挑战。”① 这无疑冲击着高校青年教师在传统的理想信念教育中形成的思想防线。其二，部分高校青年教师处于浮躁的社会生活中，受利己主义和个人思想的驱动和影响，逐渐淡化了对精神层面的向善追求，世界观和人生观发生偏差，个人价值与社会价值的统一发生冲突，索取多于奉献，科研重于教学，甚至有的高校学院开会得给青年教师发放报酬才能把他们凝聚在一起，爱金钱和名利更胜于爱学生、爱教书育人的现象屡见不鲜。其三，在市场经济的冲击下，西方腐朽思想也不可避免地侵入我国，高校师生成为西方敌对势力实施“西化”和“分化”的重点对象，个别高校青年教师在经济利益驱使下成为一些非法不良组织的工具，通过学术研究的形式来搜集相关情报资料，走上了不归路。

2. 西方文化的深刻影响推动高校青年教师思想政治工作由国内走向国外

教育战线越来越成为敌对势力实施意识形态渗透进攻的前沿阵地，这是真真切切发生在我们身边的事情。受西方生活方式和文化理念的影响，部分高校青年教师，尤其是具有海外留学和访学经历高校青年教师的价值观发生了一些偏离，亟待加强高校青年教师思想政治工作。一方面，部分高校青年教师的知识价值观念受到西方知识价值体系的影响。随着对外开放程度的不断加深，人才流动全球化愈演愈烈，我国高校引进了许多具有海外留学经历和访学的青年教师进入高校教师队伍之中，其中有少数人虽然有国外先进科学文化知识的积累，但是受西方知识体系价值的熏陶和影响，就会不自觉地将西方价值观念带入教育教学。另一方面，部分高校青年教师的价值追求受到西方资本主义文化的影响。其一，崇拜西方的民主与自由，追求和倡导所谓的西方普世价值。这在学界已经受到广泛的讨论和热议，此处不再赘述。其二，深受西方宗教文化影响，理想信念发生动摇。宗教文化作为西方国家的精神家园的重要支撑，在它们的价值信仰建构方面起着重要的价值引领作用。有学者指出：“国外各类宗教团体客观

① 孙其昂：《现代性视域中的高校青年教师思想政治工作》，《思想理论教育》2013 年第 9 期。

上承担着公民教育的部分职能，同时还卓有成效地发挥着对外国访问学者和访问学生的宗教宣传和教化功能。”① 高校青年教师在国外求学的过程中多多少少会遇到这样的宗教宣传，也不可避免地受到了西方宗教文化的影响，甚至有的高校青年教师加入了宗教团体，回国后仍按照宗教的相关仪式和习惯安排自己的日常生活和交际。因此，做好新时代高校青年教师思想政治工作，尤其要抓住海外留学经历的高校青年教师的思想动态，及时教育和引导他们铸育坚定的无神论思想和中国特色社会主义理想信念。

3. 网络环境的发展变化推动高校青年教师思想政治工作由现实走向虚拟

改革开放以来，随着科学信息技术的迅猛发展，尤其是以互联网为代表的新媒体新技术的兴起和应用，使互联网成为高校青年教师思想政治工作的“最大变数”，它深刻改变了包括高校青年教师在内的青年群体的思维方式、生活方式和交往方式，为他们提供了言论自由的广阔空间，成就了数量众多的高校网络意见领袖，也日益成为思想舆论斗争的主战场。当然，我们也要看到，一些高校青年教师在这场思想舆论战争中由于立场动摇而迷失了方向，对高校青年教师思想政治工作创新发展提出了新的严峻挑战。一方面，个别高校青年教师政治敏锐性和政治鉴别力不强，在网络上公开发表违反党纪国法的不当言论。在互联网的虚拟世界里，高校青年教师思想解放、敢于言语、大胆探索的热情被充分调动起来。由于他们在学术和学历上的专长与特点因而拥有更多的一般性的社会问题话语权，他们在本省份有的当选为人民代表，有的当选为政协委员，有的兼任重要学术机构职务，更有一些高校青年教师拥有万千“粉丝”，成为“网络达人”，其网络能量不可小觑。然而，近几年个别高校青年教师在网络上公开发表违反国家法律法规的不当言论时有发生，对学生、高校乃至社会产生了负面影响，值得警惕和反思。另一方面，部分高校青年教师网络安全意识淡薄、信息辨析能力较弱，充当了社会错误思潮的传声筒、扩音器。从各种非马克思主义思潮的影响来看，日益激烈的意识形态斗争正在高校这一前沿阵地愈演愈烈。随着对外开放程度的不断加深，伴随社会生活的多样化发展，西方国家利用网络优势对我国高校师生进行着潜移默化的思想文化渗透。而且，我国“少数

① 康秀云：《比较思想政治教育学前沿问题研究》，学习出版社 2018 年版，第 174 页。

媒体已成为西方思想、学术话语在中国的‘传声筒’和‘留声机’，严重干扰了我国主流意识形态建设，破坏了马克思主义理论教育的群众基础”。[①] 各种非马克思主义，甚至是反马克思主义的社会思潮，不可避免地进入大学校园，侵蚀着高校师生的思想观念，同我们争夺阵地、争夺师生、争夺人心，个别高校青年教师没能有效地辨析甄别、过滤净化，放松了警惕性，致使他们的思想观念受到西方社会错误思潮的不良影响。因此，如何在思想舆论战线的多元中立主导、在多样中谋共识、在多变中定方向，成为新时代高校青年教师思想政治工作创新发展的重要任务。

4. 家庭教育的影响推动高校青年教师思想政治工作由学校走向家庭

青年道德底色的涂抹最早来自家庭的道德养成教育，家庭道德教育对打好青年一代的道德底色具有重要的奠基作用。目前来看，作为“80后”“90后”的高校青年教师在其家庭道德养成方面还存在一些问题和不足。一方面，宠溺疼爱的家庭教育客观上造成部分高校青年教师心理脆弱和自我意识过强的困境。由于20世纪五六十年代的中国物质生活比较贫乏，父母一代的生活境遇较为艰难，这一境遇使他们在物质生活极大丰裕的今天为下一代提供了物质和精神上无微不至的关怀与呵护，使高校青年一代远离苦难与风雨。当然，我们也要看到，这种溺爱在一定程度上也导致部分高校青年心理脆弱的现象产生，一旦他们离开家庭走上社会工作岗位，便可能出现一些不能及时应对处理社会现实环境所带来的受挫感与情绪波动。另一方面，部分高校青年教师社会责任感和担当意识有待提升。有学者明确指出：“由于青年教师多数为独生子女或在家中最小，所以从小一直备受家人呵护，始终受到他人的关心，往往缺乏关心他人的意识和责任。体现到工作中则表现为：对学生学习中遇到的实际问题考虑不够全面，对教学科研工作积极性不够，对自己要求的标准不够严格。”[②] 由此可见，家庭教育在打磨孩子生活自理能力、社会责任意识、服务国家意识等道德底色方面仍需加强和改进。

---

① 杨晓慧、张泽强：《“四个服务”：高校思想政治工作新理念》，《中国青年社会科学》2017年第3期。

② 刘强：《高校青年教师师德建设的思考》，《思想政治教育研究》2012年第4期。

四、个体成长发展的多样需要与教育内容方法相对单一之间的矛盾

高校青年教师作为现实的人，在其成长发展过程中面临着多层次、个性化的发展需求。然而，当前部分高校青年教师思想政治工作提供的教育内容和方法却相对单一或趋同。

1. 教育工作内容与个体成长发展的多样需求不契合

（1）高校青年教师思想政治工作教育内容与学生思想政治工作教育内容明显重复交叉，教师教育工作特色不足。学生和教师是高校思想政治工作的重点对象，对他们的思想政治工作应该区分出共性和个性。从现实来看，这一区分情况不容乐观，存在教师和学生思想政治工作内容重复交叉的现象。有学者明确指出："高校青年教师思想政治教育主要包括马克思主义信仰教育、理想信念教育、职业道德教育、心理健康教育、诚信教育、人文精神教育和社会主义荣辱观教育，等等。"① 这与学生思想政治工作内容显然在宏观层面上存在很大程度的交叉，一些高校往往还机械沿用学生思想政治工作内容。必须承认，上述教育内容是师生思想政治工作教育内容中都存在的基本要素。但是，我们也要看到，对两个不同对象的教育工作内容应该有一个明确的区分度。就高校青年教师思想政治工作而言，要凸显教师群体的工作特色。例如，对高校青年教师的马克思主义理论教育，缺乏对不同专业学科教师"为什么要学习马克思主义理论?""为什么要以马克思主义为指导"等教育内容；对高校青年教师的理想信念教育，缺乏对不同专业教师，尤其是党员教师"为什么要树立共产主义理想信念?""为什么不能信仰宗教?"等教育内容。对这些教育内容的回应和解答，是高校青年教师思想政治工作基本内容的特色彰显，有助于区分教师和学生思想政治工作内容的差异性，从而凸显高校青年教师思想政治工作内容特色。

（2）高校青年教师思想政治工作内容偏重于理论教育内容，社会实践教育内容不足。一谈及思想政治工作，大家的第一印象就会联想到理论

① 刘斌：《高校青年教师思想政治教育工作实效性探微》，《武汉理工大学学报》（社会科学版）2015 年第 5 期。

说服教育。其实不然，思想政治工作还具有鲜明的实践性特色，尤其是强调在实践教育中铸育坚定的理想信念、正确的价值立场和高尚的道德情操。目前来看，由于各种原因，社会实践教育内容在高校青年教师思想政治工作中的比重仍然较低，也在一定程度上减弱了理论说服教育的实效性。应当看到，不少高校青年教师是从“学校门”到“学校门”，受过的理论教育多，参加的实践活动少；有些留学归国的高校青年教师短期或长期在国外求学生活，尽管有着较为系统的学术锻炼，但也缺少社会实践锻炼的机会。这些现实情况不同程度地存在于高校青年教师群体之中，这也使他们对世情、国情、社情的了解局限于象牙塔里，缺乏必要的亲身体验和感悟。另外，就政治理论学习而言，调查显示：关于“您认为学校或学院应多久组织一次集体政治理论学习?”的回答统计，有 18.2% 的高校青年教师选择了以半个月为周期开展政治理论学习，有 38.8% 的高校青年教师选择了以一个月为周期开展政治理论学习，有 24.2% 的高校青年教师选择了以半年为周期开展政治理论学习，有 18.8% 的高校青年教师选择了自学即可的方式。其中，理工科、医学类、管理学类、艺术类高校青年教师对政治理论学习的热情相对于人文社科类青年教师的学习热情更低。另外，我们通过对高校青年教师的个案访谈发现，一些高校青年教师对政治理论学习热情度较低的原因主要有两个：一是单位组织的政治理论学习的方式比较单一，学习内容比较枯燥；二是部分高校青年教师认为自己教育教学和科学研究工作时间比较紧张，没有闲暇时间进行政治理论学习。这表明，其一，高校青年教师对政治理论学习的热情明显降低，政治理论学习的主动性和积极性不高；其二，高校青年对政治理论学习的重大意义认识不够深刻、到位，高校青年教师对政治理论学习的正确认识有待提升；其三，当前高校政治理论学习存在一定形式主义的灌输意味，内容枯燥乏味，学习方式比较单一，亟待加以改进和完善。因此，培养和提高高校青年教师家国情怀的思想意识，仅靠理论说服教育显然已不能适应高校青年教师成长发展的实际需求，迫切需要拓展社会实践教育内容，让高校青年教师在社会实践中汲取养分、丰富思想。

（3）高校青年教师思想政治工作内容与时代问题相脱节，时代特色不足。高校青年教师思想政治工作内容要与时俱进，才能不断适应社会发展新形势，才有可能将时代思想和先进理论灌输给高校青年教师。然而，由于部分高校不重视教师思想政治工作，致使在高校青年教师思想政治工作的内容设置上不新颖、不丰富、不合时宜，对时代发展新思想、新观点、新情况的教育内容呈现不足，对社会思潮影响的有益应对策略内容彰显不足。另外，一些高校青年教师思想政治工作对教师的兴趣点、兴奋点、关注点、敏感点研究不足，对高校青年教师群体中出现的新现象、新问题和新观念应对不及时，对高校青年教师思想问题和实际问题的处理也不恰当。这些问题反映在高校青年教师思想政治工作内容上，具体表现为与高校青年教师自身的思想和实际情况相脱节，生活化特色不足。针对这些时代性内容滞后、生活性内容缺乏的教育内容，应及时调整，根据时代发展和教师自身情况来制定和调整一些有效且有吸引力的思想政治工作内容。

2. 教育工作方法与高校青年教师个性特征不适应

开展高校青年教师思想政治工作，不仅需要一定的教育内容，还需要选择恰当的方式方法作为支撑，才易为受教育者所接受，从而达到预期的工作目标。当前部分高校青年教师思想政治工作观念仍然比较落后，教育手段比较陈旧，教育方法比较单一，亟待不断创新工作方式方法，以推进教育内容触及教师思想灵魂。

（1）传统的高校青年教师思想政治工作方式方法吸引力不足。部分高校对思想政治工作的观念认识仍囿于传统的思维方式，多表现为以集中学习的形式来灌输理论知识、方针路线、形势政策等。开会议、看报纸、读文件、学理论等传统教育形式，与当前高校青年教师思想政治工作的需求相脱节。对调查研究者关于倾向于选择哪种思想政治工作方式的回答统计，排在前四位的是：社会实践活动（68.9%）、演讲辩论看电影（54.8%）、主题研讨（50%）、优秀教师榜样示范法（47.4%）。在多元文化发展背景下，互联网的高效、便捷，大众媒体的普及、革新，都使高校青年教师思想活跃、视野开阔，看待和分析问题的角度更加多元化，接受新鲜事物的能力显著增强，传统的思想政治工作方式方法对高校青年教师一代而言，已经失去了吸引力和感召力。邓小平指出："我们政治工作的根本的任务、根本的内容没有变，我们的优良传统也还是那一些。但是，时间不同了，条件不同了，对象不同了，因此解决问题的方法也不同。"① 江泽民也指出："加强和改进思想政治工作，过去行之有效的好传

① 《邓小平文选》第2卷，人民出版社1994年版，第119页。

统、好办法要坚持，更重要的是要适应新情况不断探索新的方式、方法、手段、机制。不创新、不改进，简单地沿用过去老一套的东西是不行的。”① 可见，提升和发挥传统思想政治工作方式方法的优势与魅力，积极采用高校青年教师喜闻乐见的方式方法，打破以往“我说你听”“我打你通”的说教式、灌输式教育工作，成为新时代高校青年教师思想政治工作的重要议题。

（2）一些高校青年教师思想政治工作方式方法缺乏个性化和情感性设计。一方面，一些高校青年教师思想政治工作主要还是呈现思想政治工作群体化的特色，存在千书一面、千人一面的“大一统”和“一般齐”的工作现象。“漫灌”是这一工作形式的重要方法，缺乏针对不同年龄、性别、学科等教师特征的个性化设计，缺乏对高校青年教师思想实际、心理健康教育等问题的个性化设计。另一方面，一些高校青年教师思想政治工作情感沟通色彩不浓。应该看到，以说理的教育方式对高校青年教师进行理论教育工作，是高校青年教师思想政治工作一项经常性的教育任务，但对学历层次高、个体意识强的高校青年教师群体而言，通过简单的理论灌输的方式来教育高校青年教师，还不能显现出他们自觉接受、理解与认同教育内容的成效，一些形式主义的工作作风和简单“填鸭式”的教育方式也增加了他们的抵触情绪，高校青年教师思想政治工作缺乏情感沟通的艺术和色彩。如果说理教育没有情感、理论工作没有感情，那么高校青年教师思想政治工作的理论教育就会成为脱离实际的“空话”和“大话”。因此，做好新时代高校青年教师思想政治工作，应当另辟蹊径，让根本方法变成管用方法，让讲理论要接地气，让“漫灌”和“滴灌”有机结合起来。

（3）一些高校青年教师思想政治工作新媒体、新技术运用比较滞后。互联网的技术变革已然突破了传统高校相对封闭的现实状态，对高校师生学习、工作和生活的影响越来越大，这一现象在课堂、地铁和商场的每一个角落里随处可见。当然，我们也要看到，意识形态领域出现的许多新情况、新问题、新思潮也往往都是以网络为温床而生成发酵。谁赢得了互联网，谁就赢得了青年一代。高校青年教师思想政治工作更要联网上线，增强教育工作的时代感和吸引力。然而，当前一些高校仍然沿用传统的教育

① 《江泽民文选》第3卷，人民出版社2006年版，第93页。

工作方式方法，新媒体、新技术的应用比较落后：一方面是高校对新媒体、新技术的资金支持少，另一方面是教育工作者的新媒体素养和互联网意识有待提升。应当看到，新媒体、新技术的迅猛发展，为我们开展高校青年教师思想政治工作提供了现代化手段，拓展了工作的空间和渠道，应积极应用新媒体、新技术使思想政治工作活起来。

第四节　对高校青年教师思想政治工作现状的理性审视

黑格尔指出："本质的观点，一般地讲来，即是反思的观点。"[①] 反思是在问题中思虑、在否定中省察、在批判中创新、在实践中觉醒的一项理性审视活动。对高校青年教师思想政治工作现状的理性反思，就是要根据这一工作现状以追问和回应——高校青年教师思想政治工作是否可有可无？如何正确认识高校青年教师思想政治工作？我们需要怎样的高校青年教师思想政治工作？对这些问题的学理剖析和科学回答，有助于我们从理论上认识和审视当前高校青年教师思想政治工作存在的主要问题和现实困境，从而为做好新时代高校青年教师思想政治工作提供智慧之思和价值依循。

一、高校青年教师思想政治工作是否可有可无

高校青年教师需不需要思想政治工作？或者说，高校青年教师思想政治工作是否可有可无？答案无疑是肯定的。毛泽东曾明确指出："如果认为教人者不需要再受教育了，不需要再学习了，如果认为社会主义改造只是要改造别人，改造地主、资本家，改造个体生产者，不要改造知识分子，那就错误了。"[②] 习近平总书记也明确指出："思想政治工作是学校各项工作的生命线，各级党委、各级教育主管部门、学校党组织都必须紧紧

① ［德］黑格尔：《小逻辑》，贺麟译，商务印书馆2011年版，第243页。
② 《毛泽东文集》第7卷，人民出版社1999年版，第271页。

抓在手上。”[①] 这无疑重申和肯定了思想政治工作在党管高校、办学治校、育人育才中的特殊地位和作用。就高校青年教师思想政治工作而言，它是高校思想政治工作的重要组成部分，是教育和引导广大高校青年教师坚持社会主义办学方向、扎根中国大地办大学、实现高等教育根本任务的一项重大政治任务和战略工程。高校青年教师思想政治工作不是一项可有可无的工作，而是一项大有可为且大有作为的工作，要有一个体系化、系统化的工作统筹和科学规划。应当看到，不管是从学校层面来看，还是从高校教师层面来讲，都存在高校青年教师思想政治工作可有可无的声音，应予以正面回应并破除这些声音。

从学校层面来说，高校要将青年教师思想政治工作置于意识形态工作极端重要的视野下来认识和重视。说到底，一些高校不重视高校青年教师思想政治工作，就是因为他们对“意识形态工作是党的一项极端重要的工作”[②] 的认识不深、落实不够。具体到高校，就是没有对意识形态工作在巩固马克思主义在高校的指导地位、巩固高校师生团结奋斗的共同思想基础上的重大作用引起足够重视。这正充分说明了部分高校领导的政治意识、责任意识、阵地意识和底线意识有待加强。当然，考虑到高校青年教师群体的思想特质和行为方式，加之近年来一些高校对教师思想政治工作的忽视，较之于学生思想政治工作系统性、专门性和体系性的顶层设计而言，高校青年教师思想政治工作体系建构还不够成熟和完善，做好这一教育工作确实颇有难度。然而，我们不能因为高校青年教师思想政治工作难做就忽视甚至放弃了这项极端重要的工作。应当看到，思想政治工作在实际应用中，特别是在各种工作格局中是偏于弱势的，因为“它是为中心工作服务的工作，而且就本身性质而言属于一种‘软实力’，在中心工作和各种‘硬实力’的工作面前，总是会不知不觉中减弱自己的力量，甚至被边缘化”。我们“必须时时追加动力，通过不断强化和推进，来对抗它自发出现的衰弱倾向，并更好地发挥其应有的作用”。[③]

从教师层面来说，高校青年教师思想政治素质的提高离不开教师思想

---

① 《习近平在全国教育大会上强调：坚持中国特色社会主义教育发展道路　培养德智体美劳全面发展的社会主义建设者和接班人》，《人民日报》2018 年 9 月 11 日。

② 《习近平谈治国理政》，外文出版社 2014 年版，第 153 页。

③ 刘建军：《新时代思想政治工作的十大原则——习近平对思想政治工作原则的创新发展》，《学术界》2018 年第 9 期。

政治工作功能的发挥。马克思指出："人的本质不是单个人所固有的抽象物，在其现实性上，它是一切社会关系的总和。"[①] 应当看到，社会关系在人的本质属性中的重要作用不言而喻，但除了这一点，作为社会的人还具有主观能动性，能够自主地选择社会实践活动。可见，我们对人的本质应从社会关系制约与主体能动选择的视角加以考量，而对个体的人来讲，这种社会关系的总和与人的主观能动性的积极发挥，并不会自觉地内化到人们的思想意识之中，只有通过教育的形式，才能使个体自觉发挥其主观能动性，继承现存的社会关系，并使之成为具有社会关系总和特质的社会意义上的人。在这里，我们要着重强调的是，如果在人的本质属性中抛开了思想政治关系，那么这个社会关系就是不完整的，因为思想政治关系在人的社会关系中占据主导地位。对人的教育而言，如果我们抛开了思想政治教育工作，那么学校的教育工作也是不完整的，这是因为思想政治工作是学校各项工作的生命线。人需要教育、培养和引导才能成为"人"，而这种专业和持续的人的思想政治素质的培养是通过思想政治教育工作来实现的。就高校青年教师思想政治工作而言，正如学者所言："有的教师认为自己的学术水平高，自然思想素质也高；有些认为政治理论学学就完了，跟自己的教学科研工作没有多大关系；有的认为学问做好了就可以了，思想政治教育无关紧要。客观上，高校教师大部分时间都用在了教学科研上，思想政治学习很少。一部分高校教师还处在一种无心顾及自身思想政治素质培养的状态。"[②] 毫无疑问，高校青年教师思想政治工作在思想政治社会化、确立教师主体意识、重塑教师责任感和使命感方面的作用应该得到彰显和发挥，以积极教育和引导广大高校青年教师筑牢理想信念之基，从而提升其思想政治素质和水平。

总的来看，高校青年教师出现前文所述"不需要""没必要""无所谓"价值虚无主义认知问题的原因有许多，笔者认为最为根本的还是对"我们到底要什么"和"我到底要什么"的扑朔迷离与模糊不清所致，最为重要的还是受历史上反面事例的负面效应影响，部分高校青年教师对高校思想政治工作的直接误读以及高校青年教师思想政治工作自身问题的影

---

① 《马克思恩格斯选集》第1卷，人民出版社2012年版，第139页。

② 徐振剑：《新形势下加强高校教师思想政治教育工作的思考》，《思想理论教育导刊》2017年第8期。

响。其一，高校青年教师价值取向的总体趋向一般取决于社会的基本价值导向，而高校青年教师价值取向的现实困惑总是根源于社会价值坐标的震荡，解决高校青年教师价值取向问题最根本的还是解决社会价值导向问题。其二，少数专业高校青年教师对思想政治工作抱有浅见和偏见，对其内容定位不太全面，片面地认为它是对教师进行思想洗脑和政治教育的一种实践活动。其三，高校思想政治工作在过去几十年里更多侧重于学生思想政治工作，忽视了对教师群体的思想政治工作，致使一些高校青年教师现实思维的“显在逻辑”就是思想政治工作的对象是学生而非教师。另外，有些高校教师思想政治工作存在教育内容创新不足、方式方法比较单一等问题，也在一定程度上弱化了高校青年教师思想政治工作的实效性。科学认识和有效解答好这些问题，是新时代高校青年教师思想政治工作的重要任务。毋庸讳言，将高校教师队伍建设作为高校工作的基础性工作力抓狠抓常抓，是对我国高等教育事业发展规律深刻认识的一个结果和共识，而高校青年教师思想政治工作作为全面深化新时代教师队伍建设改革的首要任务，是一项必不可少且大有作为的工作，高校应该高度重视和真抓落实这一基础性工作。

二、如何正确认识高校青年教师思想政治工作

思想政治工作是得人心、暖人心和稳人心的工作，是在关心人和帮助人的过程中教育人与引导人。从这个意义上讲，高校青年教师思想政治工作是一项教育和引导高校青年教师的工作。目前来看，不管是学校层面，还是专业教师层面，对“高校青年教师思想政治工作是什么”的问题仍然存有一些模糊认知和错误认识，应予以正确厘清和科学阐释。

一方面，高校如何正确认识青年教师思想政治工作，直接关系到高校青年教师思想政治工作的目标制定、内容教育、方法实施等。中国特色社会主义进入新时代，新时代迫切需要建设教育强国，这对高校教师队伍提出了新的更高的要求，教师的职责使命和时代任务更加艰巨，迫切需要重新认识高校教师思想政治工作的重要价值和作用。有这样几个问题值得思考：其一，我们要从中华民族伟大复兴中国梦的认识高度来审视高校青年教师思想政治工作。教育兴则国家兴，教师强则教育强。我国要从人口大国迈向人才强国，实现中华民族伟大复兴，教育的地位和作用不可忽视，

而教师是教育的重要基石。其二，我们要从意识形态极端重要性的认识高度来审视高校青年教师思想政治工作。高校作为意识形态前沿阵地正处在日趋激烈的斗争环境之中，高校要正确认识和深刻领会新时代意识形态工作的新挑战、新要求、新任务，坚定不移地做到维护高校和谐稳定。其三，我们要从全面从严治党的认识高度来审视高校青年教师思想政治工作。高校青年教师思想政治工作是党领导高校工作的具体体现，也是开展高校党的建设的重要抓手。高校重视青年教师思想政治工作，就是党管高校的一个具体表现，也是在高校党员教师队伍中从严治党的具体表现。解决高校不重视青年教师思想政治工作的问题，首先要提高高校对青年教师思想政治工作的正确认识和思考，只有这样才能确证高校青年教师思想政治工作的价值、目标、内容和方法。当然，一些高校在青年教师思想政治工作中存在诸多问题，迫切需要调整工作思路，加强和改进新形势下青年教师思想政治工作。

另一方面，高校青年教师如何正确认识对他们进行的思想政治工作，直接关系到高校青年教师思想政治工作的接受力、感染力和实效性等。高校青年教师如何认识高校对他们进行的思想政治工作，是我们科学开展高校教师教育工作的重要前提。有学者归纳指出，目前专业教师存在对思想政治工作认同度低的问题，主要表现在对教师思想政治工作对象定位、主体定位和内容定位三个方面：在对象定位上存在教师思想政治工作主要是对专职行政者的政治教育与思想引导的认识，在主体定位上存在教师思想政治工作主要是专职行政者的责任的认识，在内容定位上存在教师思想政治工作就是进行政治学习、思想洗脑的认识。① 这充分说明：思想政治工作在部分高校青年教师心目中仍旧存在一定的误读和偏见。如果我们不消除高校青年教师这种心理上的思想困惑，那么高校青年教师思想政治工作做再多、再大的努力和改进，都不可能会达到它应有的期待和效果。我们认为，做好新形势下高校青年教师思想政治工作，应该从高校青年教师自身需要和成长的视角出发，指向教师、基于教师、为了教师，从而审视思想政治工作之于高校青年教师自身发展的重要意义和价值作用，以提升高校青年教师思想政治工作的实效性。

总的来说，要正确认识和科学把握高校青年教师思想政治工作，我们

① 陈华栋：《人才培养功能与高校青年教师思想政治工作》，《思想理论教育导刊》2014 年第 6 期。

需要打破“非此即彼”的思维方式，既要把时代精神号召、国家建设诉求、社会发展期待和人民满意程度等因素纳入高校教师教育工作的整体规划，又要考虑从解决高校青年教师思想问题和实际问题出发来完成高校青年教师自我启蒙和自我觉醒的目标要求。应当看到，高校青年教师思想政治工作实际上是一个解疑释惑的过程，主要目的在于通过解决高校青年教师在思想、政治、价值、道德、心理等方面遇到的现实困惑，以教育和引导广大高校青年教师完成理想信念上的革命性锻造、价值追求上的颠覆性重塑、立场原则上的根本性转变等，从而实现高校青年教师思想政治工作的教育培养和教师自我教育的有机统一。

三、我们需要怎样的高校青年教师思想政治工作

对“我们需要怎样的高校青年教师思想政治工作”的追问和回答，直接关系到高校青年教师思想政治工作的科学性问题。笔者认为，对这一问题的直面回应和科学阐释，既有国家、社会、人民的期待和要求，也有高校青年教师自身的价值诉求和工作态度，要辩证地看待这一问题。

1. 我们需要有深度的高校青年教师思想政治工作

这里的有深度主要体现在两个方面：一是高校青年教师思想政治工作的思想理论教育内容要凸显思想性和理论性，二是对高校青年教师进行思想政治教育工作的教育者要有水平、能服人。就前者而言，什么是思想性和理论性、怎样才会有思想性和理论性、如何提高教育中的思想性和理论性，这些都是新时代高校青年教师思想政治工作值得思考的问题。如果思想理论教育中的思想和理论自身没有思想性和理论性，就不能说服人和感染人，更谈不上教育人和引导人。例如，马克思主义理论教育既是高校青年教师思想政治工作的重要内容，也是教育和引导广大高校青年教师树立马克思主义观点、立场和方法的主要渠道。那么，一个值得思考的问题是：马克思主义理论教育是教条式地把原理内容讲述给教师，还是要把它的思想性和理论性展现给教师？因为在笔者采访的青年教师群体中存有这样一种质疑声音，即马克思主义理论教育内容枯燥乏味，教条式的说教现象比较严重，马克思主义理论所蕴含的世界观、人生观、价值观的思想性和理论性色彩不浓，失去了思想理论自身的吸引力和感召力。因此，做好新时代高校青年教师思想政治工作，要把思想理论教育的思想性和理论性

讲出来、展示出来，而这一思想性和理论性的时代特色就是鲜明的实践性，即具有强大的现实指导力和说服力。就后者而言，这里涉及高校教师教育工作的实施主体问题，即“谁来做高校青年教师的思想政治教育工作”。高校青年教师的思想特点、学历层次、职务职称等因素对高校青年教师思想政治工作的施教主体提出了更高的要求。如果教育者没有扎实深厚的理论底蕴、德高望重的人格魅力、令人折服的学术造诣，那么思想理论教育就可能难以说服和感染高校青年教师。因此，做好新时代高校青年教师思想政治工作，要配优建强高校青年教师思想政治工作队伍，以助力高校青年教师思想政治工作实效性的提升。

2. 我们需要有高度的高校青年教师思想政治工作

这里的有高度主要是指对高校青年教师思想政治工作的认识要站位高、立意高。一方面，我们要从更高站位上来认识高校青年教师思想政治工作。一般而言，人们可能更多的是从教师和教育、教师和学生以及教师和自身发展的关系视角来谈及高校青年教师思想政治工作的重要性。然而，站在中国特色社会主义新的历史方位中，我们要以更加开阔和宏大的视野去重新审视高校青年教师思想政治工作，要站位于“四个伟大”的高度，来认识教师之于促进高校和谐稳定、教师之于培养社会主义建设者和接班人、教师之于拥护中国共产党的执政领导、教师之于打造中华民族伟大复兴中国梦“梦之队”的重大意义；要站位于培养社会主义建设者和接班人的高度，来认识教师之于实现党和国家赋予教育战线重大任务、教师之于落实党的教育方针政策、教师之于扭转重教书轻育人的重要意义。另一方面，我们要从更高立意上来认识高校青年教师思想政治工作。其实，所谓立意高，就是要准确把握高校青年教师思想政治工作的主题以开展具有针对性的工作。目前来看，许多高校在青年教师思想政治工作主题上仍然不够明晰，甚至存在一些模糊认识，有的高校将科研数量多少作为主题，有的高校将师德师风建设作为主题，有的高校将教师党建工作作为主题，有的高校将理论学习作为主题，有的高校将立德树人作为主题。从主题的立意来看，上述高校青年教师思想政治工作的主题还不够精准，仍需确立更高立意。通过学习习近平总书记在高校思想政治工作会议的讲话精神不难发现，办学育人已然成为新时代高校思想政治工作的主题，高校教师教育工作也要围绕办学治校和育人育才来开展，始终坚持社会主义大学的办学方向，落实立德树人根本任务，培养担当民族复兴大任的时代新人。这无疑对高校青年教师队伍的政治素质、道德水准、育人水平、教学能力等提出了新的更高的要求，迫切需要加强高校青年教师思想政治工作，着力打造一支信念坚定、师德高尚、业务精湛、育人高超的高素质专业化教师队伍。

3. 我们需要有温度的高校青年教师思想政治工作

这里的有温度主要指的是从方法论的意义上来审视高校教师工作。高校青年教师思想政治工作从根本上说是做教师的工作的，必须围绕教师、尊重教师、关心教师、服务教师，才能够暖人心、聚人心、入人心，这也是有温度的高校教师工作的价值旨归。我们认为，做好有温度的高校青年教师思想政治工作，需要在理解尊重、情感态度、利益诉求、方式方法等方面做到用心用情用力，做有“易感”的教育工作，即容易感受、容易感动。理解和尊重高校青年教师是有温度的教育工作的基本前提，理解教师的现实境遇，尊重教师的正当抉择，聆听教师的声音，有助于走进教师的内心世界。情感和态度是有温度的教育工作的催化剂，列宁指出：“没有‘人的感情’，就从来没有也不可能有人对于真理的追求。”[①] “我们一切领导机关，无论是共产党、苏维埃政权还是工会，如果不能做到像爱护眼珠那样爱护一切勤恳工作、精通和热爱本行业务的专家（尽管他们在思想上同共产主义完全格格不入），那么社会主义建设事业就不可能取得任何重大的成就。”[②] 同样，如果做高校教师工作没有真情实意，没有端正态度，那么教师自然也会无动于衷。合理利益诉求的实现是有温度的教育工作的切入点，高校青年教师思想问题的产生往往来源于教师对实际生活的向往。解决教师的思想问题和提升教师的思想觉悟，要将解决和满足教师的利益诉求有机结合起来。采用高校青年教师喜闻乐见的教育方式方法是有温度的教育工作的重要保障，要注意工作方式方法，讲求艺术性、生动性、灵活性，进而能够影响人、暖化人。总之，有温度的高校青年教师思想政治工作是一个话语有温度、情感有温度、服务有温度、方式有温度的教育工作。

---

① 《列宁全集》第 25 卷，人民出版社 2017 年版，第 117 页。

② 《列宁专题文集　论社会主义》，人民出版社 2009 年版，第 306 页。

第五章 新时代高校青年教师思想政治工作的重点内容

新时代高校青年教师思想政治工作的重点内容，主要涉及当前高校青年教师思想政治工作重点要干什么、用什么样的科学理论和思想体系教育高校青年教师的问题。这一教育内容既要积极落实党和国家关于高校教师队伍建设的相关要求，也要着重体现高校青年教师思想政治工作的目标任务，更要回应当前高校青年教师群体思想动态存在的现实问题。

第一节 以“四个讲明白”筑牢理想信念根基

理想信念是人们为崇高伟大的事业献身的一种精神力量。“理想指引人生方向，信念决定事业成败。没有理想信念，就会导致精神上‘缺钙’。”[①] “思想政治工作的核心内容是理想信念教育。没有坚定正确的理想信念就没有凝聚力。”[②] 对高校青年教师而言，“正确理想信念是教书育人、播种未来的指路明灯。不能想象一个没有正确理想信念的人能够成为好老师”。[③] 因此，要把理想信念教育放在教师思想政治工作的首位，针对高校青年教师的思想政治状况，积极廓清高校青年教师在理想信念方面的思想困惑。

---

① 《习近平谈治国理政》，外文出版社 2014 年版，第 50 页。

② 《胡锦涛文选》第 1 卷，人民出版社 2016 年版，第 392 页。

③ 习近平：《做党和人民满意的好老师：同北京师范大学师生代表座谈时的讲话》，人民出版社 2014 年版，第 5 页。

一、讲明白共产主义远大理想和中国特色社会主义共同理想的关系

不可否认，当前少数高校青年教师在共产主义理想信念问题上确实存在思想认识不清、意志不够坚定的情况。一个重要原因就是高校青年教师对共产主义远大理想和中国特色社会主义共同理想存在模糊认识甚至是错误认识。因此，要做好高校青年教师理想信念教育，有必要对他们讲清楚这一重要问题。

一方面，科学阐释共产主义的理想性和现实性，引导广大高校青年教师理直气壮地拒斥“共产主义渺茫论”。其实，人们对共产主义远大理想的怀疑和质问，自共产主义学说诞生以来就一直挥之不去。总的来看，包括部分高校青年教师在内的对共产主义远大理想的怀疑，主要有三个问题的思维逻辑：一是共产主义这一遥远的事情跟我有直接关系吗？二是共产主义社会真的是按需分配吗？三是社会主义国家现在还剩余几个？实际上，这些质疑似是而非，必须予以回应。应当看到，在马克思主义视域下，共产主义主要有三重内涵，即共产主义是一种思想体系、实践运动和社会制度。从现实来看，作为一种思想体系，共产主义的理论基础已经在中国特色社会主义伟大实践中得到验证；作为一种实践运动，共产主义正在不断改变着世界的面貌；作为一种社会制度，共产主义第一阶段的社会主义制度已经成为现实。就实践运动而言，马克思指出：“共产主义对我们来说不是应当确立的状况，不是现实应当与之相适应的理想。我们所称为共产主义的是那种消灭现存状况的现实的运动。”[①]“而且对实践的唯物主义者即共产主义者来说，全部问题都在于使现存世界革命化，实际地反对并改变现存的事物。”[②] 这正反映和构成了共产主义理想性和现实性相统一的人类解放事业。习近平总书记也指出：“共产主义决不是‘土豆烧牛肉’那么简单，不可能唾手可得、一蹴而就，但我们不能因为实现共产主义理想是一个漫长的过程，就认为那是虚无缥缈的海市蜃楼，就不去做一个忠诚的共产党员……我们现在坚持和发展中国特色社会主义，就是

---

① 《马克思恩格斯选集》第1卷，人民出版社2012年版，第166页。

② 同上书，第155页。

向着最高理想所进行的实实在在努力。”① 可见，高校青年教师，尤其是党员教师更应该认清共产主义远大理想的理想性和现实性，牢固树立共产主义理想信念。

另一方面，科学阐释中国特色社会主义共同理想，凝聚起广大高校青年教师为中国特色社会主义伟大事业奋斗终生的磅礴力量。中国特色社会主义共同理想，集中代表了人民群众的共同利益和愿望，是保证全体人民在政治、道义和精神上团结一致、克服困难、争取胜利的强大精神武器。这个共同理想，就是共产主义理想在中国当下的具体反映，就是广大人民群众坚定对中国共产党的信任，走中国特色社会主义道路，实现中华民族伟大复兴的中国梦。“如果一个社会没有共同理想，没有共同目标，没有共同价值观，整天乱哄哄的，那就什么事也办不成。”② 而高校青年教师的价值理想在某种程度上是具有社会性内容的价值理想，而不可能是超越社会性的自我幻想。因此，加强理想信念教育，要把牢固树立中国特色社会主义共同理想作为一个重要着力点，不断加强中国特色社会主义理论体系教育，把稳理想信念这个“压舱石”，拧紧世界观、人生观和价值观这个“总开关”。

远大理想和共同理想是最终理想与阶段性理想的有机联系和统一。远大理想是现阶段共同理想的奋斗目标，现阶段的共同理想是远大理想的坚实基础，实现共同理想是为了实现远大理想而服务。做好高校青年教师理想信念教育，要在讲明白理想信念的理想性和现实性关系的基础上，积极教育引导广大高校青年教师将理想信念建立在对科学理论、历史规律、基本国情和党的领导的高度认同、正确认识、准确把握与坚定拥护上。习近平总书记指出：“无论过去、现在还是将来，对马克思主义的信仰，对中国特色社会主义的信念，对实现中华民族伟大复兴中国梦的信心，都是指引和支撑中国人民站起来、富起来、强起来的强大精神力量。”③ 我们要筑牢高校青年教师理想信念根基，切实抓好理想信念教育，尤其是要加强习近平新时代中国特色社会主义思想学习教育。习近平新时代中国特色社会主义思想是马克思主义中国化的最新理论成果，是紧紧围绕国际国内形

① 《习近平谈治国理政》第2卷，外文出版社2017年版，第142—143页。

② 《习近平关于社会主义政治建设论述摘编》，中央文献出版社2017年版，第140页。

③ 习近平：《在庆祝改革开放40周年大会上的讲话》，人民出版社2018年版，第42—43页。

势变化和我国各项事业发展所面临的重大时代课题，形成的一个科学完整的理论体系。党的十九大用“八个明确”和“十四个坚持”来概括这一思想的主要内涵，体现了共产党人追求共产主义远大理想和实现社会主义共同理想的坚定信念，反映了以人民为中心的政治价值立场。这是高校青年教师在学习贯彻中予以把握的关键，也是高校青年教师自觉开展教育教学工作新的价值遵循和行动指南。

二、讲明白马克思主义信仰与宗教信仰的本质区别

信仰是人们对某种观念抱有虔诚的信任感、认同感和依赖感的精神状态。如笔者在第三章所述，当前部分高校青年教师包含部分党员教师在党员是否可以信仰宗教问题上存在认识模糊，甚至是错误认知。也有学者调查发现，“广大教师对共产党是否可以信仰宗教认识不清，只有 50.5% 的人明确表示不可以，以‘政治面貌’为变量进行交互性分析，发现竟然有 16.1% 的党员教师认为可以，13.7% 的党员教师说不清”。[①] 由此可见，做好新时代高校青年教师理想信念教育，必须重视教育引导广大高校青年教师尤其是党员教师，正确厘清马克思主义信仰和宗教信仰之间的关系，做一个坚定忠诚的马克思主义信仰者和践行者。

1. 讲明白马克思主义是科学与信仰的有机统一，教育引导广大高校青年教师正确认识马克思主义信仰

宾克莱指出：“一个人在对他能够委身的价值进行探索时，要遇到许多竞相争取他信从的理想，他若要使这种探索得到满足，就必须对各种理想有所了解。”“一个人除非对供他选择的种种生活方式有所了解，否则，他不能理智地委身于一种生活方式。”[②] 对一个坚定忠诚的马克思主义信仰者而言，首先要正确认识“马克思主义是科学还是信仰”的问题，这也是我们向高校青年教师予以直面回应和科学解答的问题。科学是人类在认识世界和改造世界过程中集知识体系、思维方式和价值规范于一体的概念总称。信仰是人们对某种思想或宗教及对人、物的信奉和敬仰，并把其

---

① 刘迪：《高校教师思想动态的实证分析——以黑龙江省为例》，《思想政治教育研究》2017 年第 6 期。

② ［美］宾克莱：《理想的冲突——西方社会中变化着的价值观念》，马元德等译，商务印书馆 1996 年版，第 6 页。

奉为自己的行为准则。科学是普遍的，信仰则是个人的。马克思主义既是一门科学学说，也是一种科学信仰。说它是科学学说，是因为马克思主义是以客观事实为依据、以客观规律为对象、以实践检验为标准的一门学说。说它是科学信仰，是因为对忠诚的马克思主义者来说，马克思主义科学学说可以成为一种理想追求、价值目标和行为准则。这一从科学理论跃升到科学信仰的过程，必然是一个从学说到行动、从理论到实践的发展过程，我们越是对马克思主义科学学说做深入学习和深刻理解，越会坚定科学信仰，反之形成的信仰会不够坚定，容易动摇。

2. 讲明白马克思主义信仰和宗教信仰的本质区别，教育引导广大高校青年教师树立正确的马克思主义信仰

马克思主义信仰和宗教信仰都是信仰的一种表现形式，但二者在性质、依据和目标上有着本质差异与区别。实际上，具有神秘性的宗教信仰并不神秘，这是因为“人创造了宗教，而不是宗教创造人”。[①] 宗教的本质是人的自我异化。恩格斯指出：“一切宗教都不过是支配着人们日常生活的外部力量在人们头脑中的幻想的反映，在这种反映中，人间的力量采取了超人间的力量的形式。”[②] 宗教产生的根源来自人无法忍受“无意义”的人生，无法忍受精神世界“彻底的空白”，无法忍受“苦难的现实”，试图到神灵世界去寻找慰藉、意义或填补空白。宗教信仰的目标是追求所谓的精神抚慰和理想彼岸，是一种自赎自救的私人事情。马克思主义信仰则不然。马克思主义信仰是建立在实践基础上的以客观事实为依据的现实信仰，它回答“为什么可信”的问题，是“救世的，是改造世界的”，是“治河换水，治水救鱼”，是“批判世界，而且提倡自我批评”。[③] 只有讲明白了二者的本质区别，才能教育引导广大高校青年教师坚持无神论，树立科学世界观。

3. 讲明白党员为什么不可以信仰宗教，教育引导广大高校青年党员教师做一名忠诚的马克思主义信仰者

一方面，共产党员不能信仰宗教是我党的一贯主张和政治原则。马克思提出：“共产主义是径直从无神论开始的。”[④]“人奉献给上帝的越多，

---

① 《马克思恩格斯选集》第 1 卷，人民出版社 2012 年版，第 1 页。

② 《马克思恩格斯选集》第 3 卷，人民出版社 2012 年版，第 703 页。

③ 陈先达：《马克思主义信仰和宗教信仰的不同在哪里》，《吉林日报》2017 年 2 月 20 日。

④ 《马克思恩格斯文集》第 1 卷，人民出版社 2009 年版，第 186 页。

他留给自身的就越少。”[①] 列宁指出：“我们要求宗教是私人的事情，但是就我们自己的党而言，我们无论如何也不能认为宗教是私人的事情。”[②] 毛泽东指出：“共产党员可以和某些唯心论者甚至宗教徒建立在政治行动上的反帝反封建的统一战线，但是决不能赞同他们的唯心论或宗教教义。”[③] 1982 年，在邓小平同志领导下制定的《关于我国社会主义时期宗教问题的基本观点和基本政策》中强调：“我们党宣布和实行宗教信仰自由的政策，这当然不是说共产党员可以自由信奉宗教。党的宗教信仰自由的政策，是对我国公民来说的，并不适用于共产党员。一个共产党员，不同于一般公民，而是马克思主义政党的成员，毫无疑问地应当是无神论者，而不应当是有神论者。”[④] 江泽民讲道：“共产党员在工作中要执行宗教信仰自由政策，但党员信仰宗教是党的纪律所不允许的。共产党员应该牢固树立马克思主义宗教观，不但自己不信教，还有义务宣传无神论，帮助群众提高觉悟。”[⑤] 胡锦涛提出：“每个党员、干部都要做坚定的无神论者，在世界观上同宗教信仰划清界限，不得信仰宗教和参加宗教活动。”[⑥] 习近平总书记也强调：“共产党员要做坚定的马克思主义无神论者，严守党章规定，坚定理想信念，牢记党的宗旨，绝不能在宗教中寻找自己的价值和信念。”[⑦] 另一方面，共产党员信仰宗教将侵蚀党的健康肌体。允许高校党员教师信仰宗教就意味着在高校党内承认两种世界观（唯物主义与唯心主义）和两种信仰（无神论与有神论）的并存，这势必造成马克思主义在高校指导地位的动摇和丧失；允许高校党员教师信仰宗教就意味着党员的领导归属会出现两个主体，这势必造成党的组织的涣散和分裂；允许高校党员教师信仰宗教就意味着在高校可能出现宗教信徒管理高校、治理高校的情况，这势必造成高校意识形态领域的混乱和动荡。因此，对高校青年党员教师而言，要旗帜鲜明地坚定马克思主义信仰，丝毫不能动摇。

---

① 《马克思恩格斯文集》第 1 卷，人民出版社 2009 年版，第 157 页。

② 《列宁全集》第 12 卷，人民出版社 2017 年版，第 132 页。

③ 《毛泽东选集》第 2 卷，人民出版社 1991 年版，第 707 页。

④ 《三中全会以来重要文献选编》下，中央文献出版社 2011 年版，第 516 页。

⑤ 《江泽民论有中国特色社会主义（专题摘编）》，中央文献出版社 2002 年版，第 369 页。

⑥ 《胡锦涛文选》第 1 卷，人民出版社 2016 年版，第 67 页。

⑦ 《习近平关于社会主义政治建设论述摘编》，中央文献出版社 2017 年版，第 171—172 页。

三、讲明白马克思主义是我国高校的鲜亮底色

马克思主义是我们立党立国的根本指导思想，也是我国高校的鲜亮底色。高校是孕育思想、传播理论、培育新人的地方。马克思主义在中国的传播最早就是在高校知识分子和青年学生中进行的，高校要坚持这一优良传统，要把加强马克思主义学习、研究和宣传作为重要职责，让马克思主义旋律唱得更响亮。就高校教师工作而言，不同学科、不同专业是否要坚持马克思主义的指导？高校教师是否要学习马克思主义基本理论？这些都是高校青年教师心中存在的疑惑。有学者在谈及坚持用马克思主义指导哲学社会科学发展问题时，指出目前人们对这一问题的模糊认识和错误观念，并直面回应了“强调以马克思主义为指导会妨碍学术自由、百家争鸣，阻碍哲学社会科学的发展吗？”“反对马克思主义充当‘学术裁判’，反对‘语录标准’，就是拒绝马克思主义的指导作用吗？”“坚持以马克思主义为指导，就意味着是坚持马克思主义理论工作者的指导吗？”“为中国特色社会主义服务，就是‘攀附权贵’吗？”① 等问题。因此，加强新时代高校青年教师理想信念教育，应该坚定马克思主义的指导地位，着重向广大高校青年教师讲明白以下几个重要理论。

1. 讲明白“什么是马克思主义”，以增强高校青年教师对马克思主义的认同感

“你能简单直接地回答我‘什么是马克思主义’吗？”这是高校青年教师经常会反问我们的一个问题。有学者明确指出：“摧毁理想信念的是信仰动摇，摧毁信仰的是理论动摇，而理论动摇的原因是对马克思主义的创造性本质和运用缺乏理解。”② 这一缺乏理解的直接源头就是对“什么是马克思主义”的模糊认识和错误解读。应予以正确厘清和科学回答。以马克思命名的马克思主义主要由哲学、政治经济学和科学社会主义构成，它是关于无产阶级和人类解放的科学学说，具有鲜明的科学

① 陈先达：《谈坚持用马克思主义指导哲学社会科学发展——对一些模糊认识和错误观念的辨析、澄清》，《北京日报》2016 年 6 月 20 日。

② 陈先达：《马克思主义理论工作者的素养和品格》，《光明日报》2018 年 10 月 15 日。

性、真理性、人民性、实践性、开放性和时代性。对高校青年教师进行马克思主义理论教育，是不是要让他们简单机械地记住马克思主义的相关概念和论点论断呢？当然不是。科学认识和有效把握马克思主义，必须要向广大青年教师讲清楚马克思主义的思想性和魅力性，着重理解马克思主义基本思想的主要内容，而不是教条式地告诉他们要记住某个观点和论断。我们要向广大高校青年教师讲清楚，马克思主义是科学的理论和人民的理论，它创造性地揭示了人类社会发展的一般规律，创立了人民实现自身解放的思想体系，彰显了马克思主义的理论魅力和人格魅力，实现了对时代问题有立场的超越性的批判。这是认识“什么是马克思主义”的基本要求。

2. 讲明白“什么是以马克思主义为指导”，以坚定高校青年教师对马克思主义指导的自觉信念

有一些高校青年教师，尤其是理工科的高校青年教师对坚持马克思主义的指导地位存在模糊认识，甚至有的学科领域出现了马克思主义被边缘化、空泛化、标签化的现象，马克思主义的话语、踪迹、声音在学科、教材和论坛中出现了缺失状态，应予以高度重视。“坚持以马克思主义为指导，是当代中国哲学社会科学区别于其他哲学社会科学的根本标志，必须旗帜鲜明加以坚持。”① 马克思主义是“指导”而不是“替代”。马克思主义能不能替代一门具体的哲学社会科学？马克思主义能不能为一门具体的哲学社会科学提供现成的学术研究结论？马克思主义指导是不是坚持马克思主义理论工作者的指导？这些问题的答案显然是否定的。但我们也要看到，哲学社会科学坚持以马克思主义为指导，实质上是坚持以作为科学学说的马克思主义为指导，其核心要义是坚持马克思主义基本原理和贯穿其中的观点、立场和方法，以确保政治方向、价值取向和学术导向正确。如果哲学社会科学不坚持以马克思主义为指导，就可能在学术研究中失去灵魂、迷失方向。因此，无论是哲学社会科学的高校青年教师，还是理工科类的高校青年教师，都应该自觉坚持以马克思主义为指导，解决好真学真懂真信真用的问题，解决好“为什么人”的问题，解决好“怎么用”的问题，自觉将马克思主义基本理论和中国特色社会主义理论体系贯穿于自己的教育教学全过程。

① 习近平：《在哲学社会科学工作座谈会上的讲话》，人民出版社2016年版，第8页。

3. 讲明白“为什么要学习马克思主义基本理论”，以引导高校青年教师学习马克思主义的观点、立场和方法

“在个人的记忆中，读过哪些书，经过哪些事，交过哪些人，想过哪些问题，决定个人在何种程度上传承和变革国家、民族乃至整个人类的精神家园。”① 如果高校青年教师，尤其是高校青年党员教师不经常阅读马克思主义相关书籍，那么，他们的马克思主义理论水平和能力将如何提高？他们的精神家园由谁来建构？因此，做好新时代高校青年教师理想信念教育，要对广大高校青年教师讲明白学习马克思主义基本理论的重要性，要讲清楚学习和践行马克思主义中关于人类社会发展的规律思想、坚守人民立场的思想、生产力和生产关系的思想、人民民主的思想、文化建设的思想、社会建设的思想、人与自然关系的思想、世界历史的思想、政党建设的思想，并列出马克思主义相关书籍，以积极引导广大高校青年教师掌握马克思主义的科学世界观和方法论。

四、讲明白中华民族伟大复兴中国梦是当代青年运动的时代主题

中华民族伟大复兴中国梦是当今中国青年运动的时代主题，也是百年来中国人民孜孜以求、心心向往的梦想。习近平总书记明确指出：“中国梦是全国各族人民的共同理想，也是青年一代应该牢固树立的远大理想。中国特色社会主义是我们党带领人民历经千辛万苦找到的实现中国梦的正确道路，也是广大青年应该牢固确立的人生信念。”“青年的素质和本领直接影响着实现中国梦的进程。”② 民族复兴梦的实现离不开青年，没有担负民族复兴大任的时代新人，民族复兴梦就难以实现。“今天的学生就是未来实现中华民族伟大复兴中国梦的主力军，广大教师就是打造这支中华民族‘梦之队’的筑梦人。”③ 换言之，如果说培养担当民族复兴大任的时代新人是新时代实现中华民族复兴梦的着眼点，那么培养担当民族复兴大任的时代新人的关键在于拥有出一大批筑梦人。当好这个筑梦人，教

① 孙正聿：《马克思与我们》，中国人民大学出版社 2018 年版，第 36 页。

② 《习近平谈治国理政》，外文出版社 2014 年版，第 50—51 页。

③ 习近平：《做党和人民满意的好老师：同北京师范大学师生代表座谈时的讲话》，人民出版社 2014 年版，第 14 页。

师必须要对民族复兴中国梦持有坚定的信念。然而，目前来看，部分高校青年教师对中国梦的思想认识还有待提升。有学者对 10 名高校青年教师进行了个案访谈，在问及“你认为中国梦的内涵是什么”这一问题时，竟有 6 位高校青年教师对中国梦的认识不明确，甚至认知错误。

做好新时代高校青年教师理想信念教育工作，要着重讲好中国梦的基本内涵，教育引导广大高校青年教师从多维度认识和把握中国梦的现实意蕴。新时代实现中华民族伟大复兴的中国梦，既是党和国家开展工作大局的价值追求，也是高校青年教师激扬青春岁月的时代主题，广大高校青年教师要肩负起培养担当民族复兴大任的时代新人的使命任务。应当看到，中国梦是国家富强梦、民族振兴梦和人民幸福梦，在价值维度上是新时代高校青年教师共同奋斗的伟大目标，在历史维度上是新时代高校青年教师传承革命先辈担当精神的理性自觉，在时空维度上是新时代高校青年教师民族精神和时代精神的现实写照，在实践维度上是新时代高校青年教师成长成才和勇于担当的行为自觉。讲好中国梦，既要从哲理、文化、生活等方面深入阐释、深刻解析，让高校青年教师听得到、听得懂、听得进，避免空喊口号，更不能庸俗化，也要从历史、国家、社会、个人等层面说清楚、讲明白，让高校青年教师入耳、入心、入脑，避免讲不准、讲不透，更不能讲不对，从而引导高校青年教师自觉将责任认知转化为对国家、民族和人民高度负责的自觉担当行动，积极投身于推动实现民族复兴奋斗目标的新时代洪流之中。

第二节　以“四个坚持不懈”保证社会主义办学方向

我国高校是中国共产党领导下的高校，是中国特色社会主义高校；高校教师是社会主义大学的教师，是堪当民族复兴大任的大国良师。办好中国特色社会主义大学，必须坚持以马克思主义为指导，牢牢坚持社会主义办学方向，全面贯彻党的教育方针。对于如何坚持社会主义办学方向？习近平总书记明确提出，要“坚持不懈传播马克思主义科学理论”“坚持不懈培育和弘扬社会主义核心价值观”“坚持不懈促进高校和谐稳定”“坚持不懈培育优良校风和学风”。[①]“四个坚持不懈”成为新时代高校青年教师思想政治工作的重点内容之一，广大高校青年教师应认真落实这一内容要求。

一、坚持不懈传播马克思主义科学理论

高校是孕育思想、传播知识、探究学术和锤炼品格的地方。马克思主义在中国的传播最早就是在高校青年教师和青年学生中进行的。陈独秀和李大钊等马克思主义者也都把高校作为马克思主义研究与传播的重要阵地。在历史和人民的正确选择中，马克思主义已经成为我们立党立国的指导思想，成为我国社会主义大学的鲜亮底色。新中国成立以来，高校在学习、研究和宣传马克思主义以及培养马克思主义理论和实践人才方面发挥了不可替代的重要作用，为推进马克思主义中国化、时代化和大众化做出了突出贡献。中国特色社会主义进入了新时代，作为培养社会主义建设者和接班人的高校，更要唱响马克思主义主旋律，让马克思主义旗帜牢牢地占据高校意识形态前沿主阵地。

一方面，抓好高校青年教师的马克思主义理论教育。中国共产党是一个有 9000 多万名党员的大党，中国是一个有 14 亿多人口的大国，需要有先进的思想武器作指导，才能把全党和全国人民的思想统一起来，凝聚在一起。其中，马克思主义就是这样的思想武器。中国共产党以马克思主义科学理论为指导，无论对高校的党员教师还是非党员教师，都要进行马克思主义理论教育。在这个问题上持动摇和反对的态度都是错误的。广大高校青年教师掌握了马克思主义这个思想武器，就有了正确的立场、观点和方法，将会终身受益。抓好高校青年教师马克思主义理论教育，要扎实推进马克思列宁主义、毛泽东思想和中国特色社会主义理论体系的学习教育，教育和引导广大高校青年教师学而信、用、行。如前所述，高校青年教师对传统政治理论学习的方式方法问题存有一定的质疑和反感，加强新时代高校青年教师马克思主义理论教育，要积极采用高校青年教师喜闻乐见的方式方法，通过知识竞赛、网络节目、读书会、研讨小组等形式加强理论学习积极性和主动性。当然，针对当前高校青年教师学习理论方面的

① 《习近平谈治国理政》第 2 卷，外文出版社 2017 年版，第 377 页。

一些思想障碍，必须教育和引导高校青年教师正确对待坚持和发展马克思主义的关系，正确处理学习理论与学习专业知识的关系，正确处理学习理论与实际工作的关系，增强学习马克思主义理论的自觉性，进而培养一批立场坚定、功底扎实和经验丰富的马克思主义学者，特别是要培养一大批青年马克思主义者。我们要促使广大高校青年教师真正认识到，学习马克思主义理论最重要的不是要背诵和记住经典作家所讲过的话，而是要坚持贯穿其中的基本立场、观点和方法，要善于通过理论学习来辨别自己的研究方向、掌握科学思维，得出合乎规律性、合乎目的性的认识；学习马克思主义理论不是要照抄照搬现成结论，更不是要代替具体科学的研究。

另一方面，守好马克思主义意识形态前沿阵地。高校肩负着培养社会主义建设者和接班人的重要使命，是巩固和发展马克思主义的重要阵地。这一重要使命的担当与完成、这一重要阵地的坚守与建设，都离不开高校教师的积极参与和自觉支持，这迫切需要一批“政治素质过硬、业务能力精湛、育人水平高超的高素质教师队伍”。[①] 应该看到，高校作为意识形态工作的前沿阵地，马克思主义在高校的指导思想地位正面临多样化社会思潮的严峻挑战。例如，有些高校青年教师“认为西方‘普世价值’经过了几百年，为什么不能认同？西方一些政治话语为什么不能借用？接受了我们也不会有什么大的损失，为什么非要拧着来？有的人奉西方理论、西方话语为金科玉律，不知不觉成了西方资本主义意识形态的吹鼓手”。[②]“马克思主义就是我们共产党人的‘真经’，‘真经’没念好，总想着‘西天取经’，就要贻误大事！不了解、不熟悉马克思主义基本原理，就不可能真正了解和掌握中国特色社会主义理论体系。”[③] 另外，我们也要看到，“实际工作中，在有的领域中马克思主义被边缘化、空泛化、标签化，在一些学科中‘失语’、教材中‘失踪’、论坛上‘失声’。这种状况必须引起我们高度重视”。[④] 可想而知，如果马克思主义不去占领高校这一意识形态领域的高地，那么非马克思主义甚至是反马克思主义，就会趁机占领。做好新时代高校青年教师思想政治工作，高校要认真落实意识形态工作责任制，做到守土有责、守土负责、

---

① 习近平：《在北京大学师生座谈会上的讲话》，人民出版社 2018 年版，第 8 页。

② 《习近平谈治国理政》第 2 卷，外文出版社 2017 年版，第 327 页。

③ 习近平：《在全国党校工作会议上的讲话》，人民出版社 2016 年版，第 15 页。

④ 《习近平关于社会主义文化建设论述摘编》，中央文献出版社 2017 年版，第 76 页。

守土尽责，要积极引导广大高校青年教师自觉坚持不懈学习和传播马克思主义，坚持以马克思主义为指导，自觉把马克思主义立场、观点和方法贯穿研究和教学全过程，进而转化为自己的理论自觉、坚定的政治信念和科学的思维方法。对一些人以所谓“学术自由”为名诋毁马克思主义，甚至是否定马克思主义指导地位的言论，应该旗帜鲜明地予以批判和抵制。

二、坚持不懈培育和弘扬社会主义核心价值观

邓小平强调：“德是第一，就是政治思想第一、党性第一。”[①] 习近平总书记指出：“德是首要、是方向，一个人只有明大德、守公德、严私德，其才方能用得其所。”[②]“核心价值观，其实就是一种德，既是个人的德，也是一种大德，就是国家的德、社会的德。”[③] 包括高校青年教师在内的广大青年都“要立志报效祖国、服务人民，这是大德，养大德者方可成大业”。[④] 不难看出，习近平总书记将“德”细化为大德、公德和私德三个维度，扩充了“德”的时代内涵，更加凸显了大德在人的思想政治素质中的地位和作用，解决了人们关于德性与思想政治素质的关系问题。笔者以为，高校青年教师大德养成就是高校青年教师对作为国家富强、民族振兴和人民幸福之目标要求的自觉体认和践履，而“‘大德’弘扬，呈现的将是中国道路、中国精神和中国力量”。[⑤] 作为中华民族“梦之队”的“筑梦人”，高校青年教师的大德养成应当“同这个民族、这个国家的人民正在进行的奋斗相结合，同这个民族、这个国家需要解决的时代问题相适应”。[⑥] 基于此，用社会主义核心价值观教育引导广大高校青年教师以德立身、以德立学、以德施教、以德育人，是新时代高校青年教师思想政治工作的使命所在。

---

① 《邓小平文集（一九四九——一九七四年）》下，人民出版社2014年版，第261页。

② 《习近平谈治国理政》，外文出版社2014年版，第173页。

③ 同上书，第168页。

④ 同上书，第173页。

⑤ 顾海良等：《学习贯彻习近平总书记重要讲话精神　大力培育和践行社会主义核心价值观》，《思想理论教育导刊》2014年第7期。

⑥ 《习近平谈治国理政》，外文出版社2014年版，第171页。

1. 加深对核心价值观养成的重要意义的思想认识

就高校青年教师核心价值观养成的重要性而言，习近平总书记为我们做出了明确答复："是因为青年的价值取向决定了未来整个社会的价值取向，而青年又处在价值观形成和确立的时期，抓好这一时期的价值观养成十分重要。这就像穿衣服扣扣子一样，如果第一粒扣子扣错了，剩余的扣子都会扣错。人生的扣子从一开始就要扣好。"① "老师对学生的影响，离不开老师的学识和能力，更离不开老师为人处世、于国于民、于公于私所持的价值观。一个老师如果在是非、曲直、善恶、义利、得失等方面老出问题，怎么能担起立德树人的责任？"② "这就要求我们的高校教师以高度的社会责任感坚持教书育人、为人师表，以良好的思想道德品质给大学生以潜移默化的影响。"③ 这也要求高校教师"自觉做践行社会主义核心价值观的模范，坚持国家至上、民族至上、人民至上，始终胸怀大局、心有大我，始终坚守正道、追求真理，从自我做起、从现在做起、从日常生活做起，身体力行带动全社会遵循社会主义核心价值观"。④ 也有学者指出："在青年教师成为高校师资队伍主体的情况下，青年教师的政治观、价值观、道德观势必影响到中国未来的政治走向和文化发展方向。"⑤ 可见，重视和加强高校青年教师道德养成教育，并使之养成对良好思想品德追求的价值理念，对把高校建成全社会的道德高地、实现立德树人的根本任务、引领社会道德发展的风尚具有重大意义。高校要将社会主义核心价值观作为高校青年教师崇德修身的基本遵循，砥砺品德，陶冶情操，坚持贯穿结合融入、落细落小落实，把核心价值观贯穿于高校办学育人和教师教书育人全过程，结合到民族精神和时代精神教育活动中，融入教师日常生活和学习工作里。

---

① 《习近平谈治国理政》，外文出版社 2014 年版，第 172 页。

② 习近平：《做党和人民满意的好老师：同北京师范大学师生代表座谈时的讲话》，人民出版社 2014 年版，第 6 页。

③ 《习近平在会见第二十次全国高校党建工作会议代表时强调：为建设能够培养高质量大学生的社会主义大学提供坚强的思想政治和组织保证》，《党建》2012 年第 2 期。

④ 《习近平在看望参加政协会议的民进农工党九三学社委员时强调：我国广大知识分子要主动担当积极作为 为国家富强民族振兴人民幸福多作贡献》，《人民日报》2017 年 3 月 5 日。

⑤ 王妍、汪奎：《提升高校党组织对青年教师凝聚力探析》，《思想理论教育》2013 年第 15 期。

2. 培养高校青年教师强烈的家国情怀

“在社会主义核心价值观中，最深层、最根本、最永恒的是爱国主义。”[①] 爱国主义教育是高校思想政治工作的永恒主题，也是高校青年教师思想政治工作的重点内容。高校青年教师要培养爱国之情、砥砺爱国之志、实践报国之行，要忠于祖国、忠于人民，因为爱国在气节和人格中排第一位。党的十八大以来，以习近平同志为核心的党中央，十分重视培育包括高校教师在内的广大知识分子的爱国主义情怀，并就爱国主义主题发表了系列重要讲话。“爱国，是人世间最深层、最持久的情感，是一个人立德之源、立功之本。”“爱国，不能停留在口号上，而是要把自己的理想同祖国的前途、把自己的人生同民族的命运紧密联系在一起，扎根人民，奉献国家。”[②]“要有强烈的爱国情怀。这是对我国科技人员第一位的要求。科学无国界，科学家有祖国……把人生理想融入为实现中华民族伟大复兴的中国梦的奋斗中。”[③] 有海外留学经历的高校青年教师要“继承和发扬留学报国的光荣传统，做爱国主义的坚守者和传播者，秉持‘先天下之忧而忧，后天下之乐而乐’的人生理想，始终把国家富强、民族振兴、人民幸福作为努力志向，自觉使个人成功的果实结在爱国主义这棵常青树上”。[④] 另外，习近平总书记还号召广大高校教师积极学习西安交通大学“西迁精神”和吉林大学“黄大年精神”，做一名忠诚的爱国奋斗者。爱国主义在高校青年教师大德养成中也是处于第一位的，进入新时代需要广大高校青年教师为祖国繁荣发展做出更多努力和贡献，更加要求广大高校青年教师心有大我、至诚报国，把自己满腔的爱国之情和报国之志融入中国特色社会主义伟大事业之中。因此，做好高校青年教师思想政治工作，要以爱国主义教育为重点，向广大青年教师讲清楚爱国主义的历史渊源、时代特征和精神实质，讲清楚爱祖国主义是具体的、鲜活的、真实的，而不是抽象的、死板的、幻想的，要充分利用改革开放以来所取得的伟大成就、国家公祭仪式、爱国主义教育基地等来培养和教育高校青年教师，增强其爱国主义情怀和社会主义责任感，教育引导广大高校青年教师重道义、勇担当，让爱国主义成为高校青年教师的坚定信念和精神依靠。

---

① 习近平：《在文艺工作座谈会上的讲话》，人民出版社 2015 年版，第 24 页。

② 习近平：《在北京大学师生座谈会上的讲话》，人民出版社 2018 年版，第 11—12 页。

③ 《习近平关于科技创新论述摘编》，中央文献出版社 2016 年版，第 109 页。

④ 《习近平谈治国理政》，外文出版社 2014 年版，第 59 页。

3. 坚定高校青年教师价值观自信

一般而言，文化主要被区分为器物文化、制度文化和价值观三个层面。其中，价值观是文化的深层内核，文化建设的核心任务就是推动价值观建设。加强高校青年教师价值观建设以引领道德修养，必须积极引导广大高校青年教师坚定文化自信，因为“文化自信，是更基础、更广泛、更深厚的自信”。[①] 而文化自信说到底其实就是一种价值观自信。马克思明确指出：“良心是由人的知识和全部生活方式来决定的……有产者的良心不同于无产者的良心，有思想的人的良心不同于没有思想的人的良心。”[②] 可见，文化知识和文化生活对人的道德品行具有重要的影响，它能够改变人的精神面貌、陶冶人的道德情操、提高人的生活趣味，一个人如果没有文化知识，或者说文化很低，那么他就不能够容易辨别是非、真假、美丑、善恶，甚至会陷入道德困境的囚笼之中。这启示我们，文化对一个人价值观的形成和践行具有重要影响和制约作用。我们要加强文化自信教育，以引导高校青年教师树立价值观自信。一方面，积极引导高校青年教师尊重和传承中华优秀传统文化。我们要在向广大高校青年教师讲清楚中华传统文化的历史渊源、发展脉络、基本走向、独特创造、价值理念、鲜明特色、历史作用、当代价值和世界意义上下功夫、见成效，以增强高校青年教师的文化自信和价值观自信。另一方面，我们要积极深化高校青年教师对中国共产党史、中华人民共和国史、改革开放史和社会主义发展史的学习教育，引导广大高校青年教师为发展中国特色社会主义文化、建设社会主义精神文明做出积极贡献，进而提升自身的文化修养和道德情操。

三、坚持不懈促进高校和谐稳定

和谐稳定是高校改革发展的重要基础和基本保证。高校并非封闭的孤岛，社会上发生的许多事情都会影响高校，高校发生的诸多事情也会影响社会，这就是高校作为意识形态工作前沿阵地的重要表现。换言之，就是社会上一有什么思想观念、价值观念、道德评价和风气习俗出现，或者思

① 《习近平谈治国理政》第 2 卷，外文出版社 2017 年版，第 36 页。

② 《马克思恩格斯全集》第 6 卷，人民出版社 1961 年版，第 152 页。

维方式和生活方式发生微小变化，都要首先传导到高校、传递到师生。因此，我们要从国家政治安全和意识形态安全的战略高度，来帮助广大高校青年教师认清维护高校和谐稳定的重大意义，把高校建设成为安定团结的模范之地。

一方面，深刻认识维护高校持续和谐稳定的重要性。高校不是世外桃源，思想活跃是高校的一个重要特征，各种思想观念、政治观点和价值理念在这里交汇、碰撞和辩争，面对社会思想和价值取向日趋活跃的新形势，高校教师听到、看到和遇到的社会现实问题很多、很杂，高校已然成为大量信息的“集散地”和社会思潮的“发源地”。这就给高校提出了加强思想理论研究的重要任务。而且，当前国际国内形势急剧变化发展，意识形态领域情况更加多元多样多变，这都给高校思想文化领域带来复杂影响和严峻挑战。例如，马克思主义在高校的指导思想地位面临多样化社会思潮的严峻挑战，高校教师的核心价值观培育和践行面临市场经济逐利性的严峻挑战，传统高校思想政治工作教育引导方式面临网络新媒体的严峻挑战，社会主义事业建设者和接班人的培养面临敌对势力渗透争夺的严峻挑战。面对新形势、新挑战，如何巩固马克思主义在高校意识形态领域的指导地位？如何将社会主义核心价值观教育贯穿教师教育教学全过程？如何把高校教师凝聚在党的周围？如何更好地履行高校教师培养社会主义建设者和接班人的职责？这些都是我们值得思考和解决的重大问题。毫无疑问，维护高校持续和谐稳定对推动高等教育事业健康发展、培养社会主义接班人和建设者都具有重要保障作用，广大高校青年教师要从意识形态安全的高度认真审视这一重要问题。高校在保持和谐稳定方面把工作做好了，就能产生很强的辐射力，为社会和谐稳定注入正能量。

另一方面，广大高校青年教师要积极维护高校和谐稳定。其一，秉持“尊重差异、包容多样”的态度。在高校这样思想多元多样多变的现实环境中，如何做到在多元中立主导、在多样中谋共识、在多变中定方向，显然成为高校青年教师思想政治工作的重大难题。我们要正视高校意识形态这种多元多样多变，要有一个尊重差异和包容多样的态度，让一切有益思想文化的涓涓细流都能够汇入高校主流意识形态的浩瀚大海，成为滋养高校师生的有益养料。其二，增强政治敏锐性和政治辨别力。应当看到，高校仍然存在“马克思主义过时论”“马克思主义无用论”“指导思想多元论”等，依旧充斥着鱼龙混杂的思想观点和价值观念，对这些不利于维护主流意识形态的观点和观念，我们要加强辨析甄别、过滤净化，不能俯首帖耳、照单全收，充当资本主义意识形态的传声筒和扩音器，对各种错误思潮，要时刻保持警惕、有效防范，防止其以各种形式（如西方MOOC）[①] 在高校抢滩登陆，同我们争夺阵地、争夺师生、争夺人心。其三，加强高校教育教学的管理工作。要加强对高校教师课堂授课、专家讲座、学术论坛、报告会、研讨会等的管理，坚持在事关党和国家重大政治原则和立场问题上净化“噪音”与“杂音”，依法管理境外非政府组织在高校的活动，防范校园传播宗教行为，防范敌对势力意识形态渗透，确保高校政治稳定，保持师生思想稳定，保证高校秩序稳定。

四、坚持不懈培育优良校风和学风

校风是一所学校各种风气的总称，是一所学校在办学育人的过程中长期积淀而形成的具有道德意义和行为规范的风气。学风是对一所学校的学习风气的概括和总结，是一所学校师生在治学精神、治学态度和治学方法等方面的风格，也是师生知情意信行在学习上的综合表现。一所高校的校风和学风，犹如阳光和空气决定万物生长一般，直接影响着高校师生的健康成长和专业发展。好的校风和学风，能够为师生工作和生活营造良好的学习成长环境、创造良好的文化育人生态，思想政治工作就能润物细无声地给师生以人生启迪和精神力量。因此，做好新时代高校青年教师思想政治工作，要坚持不懈培育优良校风和学风，培育高校青年教师理性平和的心态，引导广大高校青年教师不忘初心，始终做到潜心教书育人、立德树人。

一方面，优良校风和学风形成的基础是学校正确办学方向和高水平的

---

① “MOOC”即大规模网络开放课程。近年来，西方 MOOC 广受中国高校青年学习者的热捧，但仔细观看一些西方 MOOC，尤其是人文社科类 MOOC，里面充斥着大量西方意识形态的内容。参见郗厚军、康秀云：《西方 MOOC 中的价值渗透：形态、挑战及回应》，《河北工业大学学报》（社会科学版）2018 年第 1 期；郗厚军、康秀云：《西方 MOOC 与意识形态：向度聚焦、文化挑战及实践反思》，《高校教育管理》2016 年第 6 期；郗厚军、康秀云：《西方 MOOC 与意识形态：教育安全及实践省思》，《当代继续教育》2016 年第 4 期；郗厚军、康秀云：《西方 MOOC 与意识形态安全：研究向度转换及实践反思》，《山西高等学校社会科学学报》2015 年第 8 期；郗厚军、康秀云：《西方 MOOC 中隐含的历史虚无主义探析——以〈ChinaX〉为例》，《当代继续教育》2015 年第 1 期。

学校治理。校风和学风的形成需要高校师生的共同努力，取决于高校的办学方向和治理水平。办学方向决定着一所高校的办学理念、育人方针、学术追求和办学特色；治理水平影响着一所高校的组织管理、服务保障、体制机制等。近年来社会上对高校的校风和学风问题议论比较多，究其原因就在于一些高校对教育教学和学习研究管理不到位、不严格，应该管的没有管起来，应该严的没有严起来。没有正确的办学导向，没有高质量的育人体系，没有高水平的管理体系，没有优良的教书风气，就不可能有高质量的高校青年教师思想政治工作。做好新时代高校青年教师思想政治工作，要始终坚持社会主义办学方向，不断提高办学治校水平，严格遵守高等教育法，依法依规运行，执行校纪校规，使高校发展能够做到治理有方、管理到位、风清气正，培育优良校风和学风。

另一方面，高校青年教师思想政治工作要同鼓励高校青年教师端正学风、严谨治学统一起来。高校青年教师思想政治工作是基于高校青年教师而存在的，高校办学治校水平如何，校风和学风如何，影响和决定着高校青年教师思想政治工作的水平和成效。高校青年教师要以身作则，培育优良校风和学风。一是坚持回归教书育人本分。2018 年 6 月，新时代全国高等学校本科教育工作会议胜利召开。这次大会提出了“以本为本”和“四个回归”。其中，回归本分是指教师要潜心教书育人，铸育教书育人的校风和学风。这就要求高校青年教师热爱教学、倾心教学和研究教学，牢记老师第一身份，做好教书第一工作，担好上课第一责任，始终“做到‘德高’，以德立身、以德立学、以德施教；做到‘学高’，下苦功夫、求真学问，以扎实学识支撑高水平教学；做到‘艺高’，提升教学艺术，善于运用现代信息技术，提升改造学习、改造课堂的能力”。[①] 二是培育理性平和的健康心态。高校应该成为使人心静下来和消解内心躁气的文化空间。应当看到，在资本驱动的负面影响下，部分高校青年教师功利主义抬头，为晋职加薪，为完成科研任务，出现了一些不良社会风气，学术不端行为频发。“有的急功近利、东拼西凑、粗制滥造，有的逃避现实、闭门造车、坐而论道，有的剽窃他人成果甚至篡改文献、捏造数据。”“要大力弘扬优良学风，把软约束和硬措施结合起来，推动形成崇尚精品、严

① 陈宝生：《在新时代全国高等学校本科教育工作会议上的讲话》，《中国高等教育》2018 年第 Z3 期。

谨治学、注重诚信、讲求责任的优良学风，营造风清气正、互学互鉴、积极向上的学术生态。”[①] 要加强高校青年教师人文关怀和心理疏导，教育和引导广大高校青年教师正确认识和处理义和利、群和己、成和败、得和失的关系，不断提升心理健康素质，做到心神安宁、静心从教，通过研究学问提升精神境界，以学养人、治心养性。

第三节　以“四个正确看待”提升思想认识水平

高校青年教师思想政治工作从根本上来说是做教师工作的，它有着丰富的教育工作内容。做好这一工作，要有针对性地回答一些综合性和深层次的理论问题与认识问题，从而不断提升高校青年教师的思想认识水平。

一、正确看待时代责任和教师使命

“中国特色社会主义进入了新时代，这是我国发展新的历史方位。”[②] 新时代定有新使命，新使命呼唤新担当，新担当引领新未来。“青年是标志时代的最灵敏的晴雨表，时代的责任赋予青年，时代的光荣属于青年。”[③] “时代越是向前，知识和人才的重要性就愈发突出，教育的地位和作用就愈发凸显。”[④] “我们更加需要知识和知识分子，更加需要知识分子为国家富强、民族振兴、人民幸福多作贡献。我国广大知识分子要以时不我待的紧迫感、舍我其谁的责任感，主动担当，积极作为，刻苦钻研，勤奋工作，为全面建成小康社会、建设世界科技强国作出更大贡献。”[⑤] “距

① 习近平：《在哲学社会科学工作座谈会上的讲话》，人民出版社 2016 年版，第 28—29 页。

② 习近平：《决胜全面建设小康社会　夺取新时代中国特色社会主义伟大胜利——在中国共产党第十九次代表大会上的报告》，人民出版社 2017 年版，第 10 页。

③ 习近平：《青年要自觉践行社会主义核心价值观——在北京大学师生座谈会上的讲话》，人民出版社 2014 年版，第 3 页。

④ 《习近平关于社会主义社会建设论述摘编》，中央文献出版社 2017 年版，第 58 页。

⑤ 《习近平在看望参加政协会议的民进农工党九三学社委员时强调：我国广大知识分子要主动担当积极作为　为国家富强民族振兴人民幸福多作贡献》，《人民日报》2017 年 3 月 5 日。

离实现中华民族伟大复兴的目标越近，我们越不能懈怠、越要加倍努力，越要动员广大青年为之奋斗。”① 今天，包括高校青年教师在内的青年的黄金期同“两个一百年”奋斗目标的实现完全吻合，能够亲身参与和推动这个伟大历史进程，实现几代中国人的夙愿，实乃人生之大幸。这一时代责任无疑对包括高校青年教师在内的广大青年提出了新的更高的期待、任务和要求。

新时代赋予高校青年教师新的历史使命和责任担当。“教师承载着传播知识、传播思想、传播真理，塑造灵魂、塑造生命、塑造新人的时代重任。”② “三传播”和“三塑造”的使命定位形象描述了新时代高校教师队伍的职责任务。新时代建设高等教育强国，必须坚持“以本为本”，把本科教育摆在人才培养的核心地位，放在高校教育教学的基础地位，着力培养堪当民族复兴大任的时代新人，办好党和人民满意的现代化教育。培养一代代适应民族复兴、强国崛起的青年才俊，迫切需要教育“强基固本”，迫切需要教师“凝魂聚力”。习近平总书记指出：“建设教育强国是中华民族伟大复兴的基础工程，必须把教育事业放在优先位置，加快教育现代化，办好人民满意的教育。”③ 邓小平也指出：“一个学校能不能为社会主义建设培养合格的人才，培养德智体全面发展、有社会主义觉悟的有文化的劳动者，关键在教师。”④ 可见，教育在实现中华民族伟大复兴中国梦中的基础性、先导性和全局性的地位和作用更加凸显，因为接续人才的教育培养是保障实现民族振兴梦想、国家强盛目标以及赢得国际竞争主动的战略工程；教师在建设教育强国、培养优秀人才中的地位和作用愈加明显，因为教师的教育工作是传播理论知识、铸育生命灵魂、锤炼道德情操、塑造完美人格的工作，承载着立德树人、教书育人、铸魂育人的职责使命，是一项关系“培养什么样的人、如何培养人以及为谁培养人”的政治大事，是培养优秀合格人才的品德、对社会成员自由全面发展高度负责的工作，对新时代发展中国特色社会主义、全面建成小康社会、实现中华民族伟大复兴梦想、建设社会主义现代化强国、为世界提供中国智慧及

① 《习近平谈治国理政》，外文出版社 2014 年版，第 167 页。

② 习近平：《思政课是落实立德树人根本任务的关键课程》，人民出版社 2020 年版，第 12 页。

③ 习近平：《决胜全面建设小康社会　夺取新时代中国特色社会主义伟大胜利——在中国共产党第十九次代表大会上的报告》，人民出版社 2017 年版，第 45 页。

④ 《邓小平文选》第 2 卷，人民出版社 1994 年版，第 108 页。

确保事业后继有人，都具有重大意义。因此，广大高校青年教师要“回归本分”，时刻不忘从教初始心、牢记教育新使命，紧紧围绕学生、关照学生、服务学生，牢牢抓住培养担当民族复兴大任的时代新人这一职责新使命，潜心问道、专心教学，率先垂范、为人师表，把民族复兴梦贯穿教育教学全过程，积极教育、引导和帮助青年学生树立担当责任意识，把握好人生的正确方向，系好人生的第一颗扣子，办党和人民满意的现代化教育，做党和人民满意的“四有”好老师。

二、正确看待中国特色和国际比较

在全方位对外开放的新时代，中国和世界的互动交流越来越频繁。很多高校青年教师听到、看到和遇到国内的一些问题，就会不自觉地或者习惯性地旁征博引国外是怎么样的，喜欢拿西方来比较，甚至“一些人打着‘学术自由’的旗号在高校课堂上公开宣扬所谓‘普世价值’、‘宪政民主’，公然传播反党反社会主义的观点，公开诋毁党和国家的领袖人物和英雄人物，造成学生思想认识的极大混乱”。[①]“西方发达国家没有问题吗？当然有。没有不存在问题的社会，重要的是问题的性质、问题能否解决，执政者按照谁的利益解决问题，这才是关键。”[②] 由此可见，如果没有正确立场和方法的支撑，人们对一件事情的看法和分析往往会得出模糊甚至是错误的结论，尤其是有着出国学习、交流和工作经历的高校青年教师的很多思想问题根源就在于此。因此，我们必须直面回应和解答好这个问题。“广大留学人员既有国内成长经历又有海外生活体验，既有广泛的国内外人际关系又有丰富的不同文化交流经验，许多外国人通过你们了解中国、认识中国，许多中国人通过你们了解世界、认识世界。”[③]

一方面，教育和引导广大高校青年教师全面客观认识当代中国。必须承认，目前存在一些高校青年教师“呲必中国”的现象，究其原因在于他们对中国缺乏理论认同、政治认同和情感认同，应予以教育和纠正。对当代中国的认识，我们较为认同应该有一个清晰的来路，应该有一个整体

① 王刚：《抓好高校思想政治工作应处理好的六个关系》，《思想理论教育》2017 年第 3 期。

② 陈先达：《马克思主义理论工作者的素养和品格》，《光明日报》2018 年 10 月 15 日。

③ 《习近平谈治国理政》，外文出版社 2014 年版，第 60 页。

的模样，应该有一个光明的未来。[①] 其一，引导高校青年教师从历史的视角去认识当代中国。历史是最好的老师，历史地看中国才能看懂中国。当今的中国延续着五千年中华民族的文明史，其经济制度、政治形态、文化习俗、社会结构，必然会烙下鲜明的中国特色。评价中国的发展道路，应该从历史与现实相结合的角度来看待。其二，引导高校青年教师用辩证的思维去认识中国问题。中国社会有没有问题？当然有。这是无法回避也不能回避的客观事实。有问题怕不怕？不怕。这是解决问题的始点。中国有没有成功的经验和做法？当然有。这是中国自信的源泉。“问诊”中国问题，需要高校青年教师负责任地讲述中国的整体故事，要看到完整的、色彩斑斓的、坚韧昂扬的中国，而不是缺失的、消极的、灰暗的中国。其三，引导高校青年教师用光明的心态去评价中国现状。客观评价中国，要有一个理性平和、光明正大的心态，而不应该是时常带着牢骚、消极、抱怨的态度，要相信中国必定会有一个光明的未来，要多传播一些光明的东西。

另一方面，教育和引导广大高校青年教师全面客观对待外部世界。笔者认为，比较研究好似人们开眼看世界：一只眼睛看世界，就像射击瞄准，看得比较“清”；两只眼睛看世界，就像引线穿针，看得比较“全”。“清”与“全”构成了“真”的两个维度，既分开又关联。看不清会小心，看不全倒会大意，有时看不全比看不清更加危险，我们要“清”且“全”方可得“真”，尽可得其“用”。基于此，高校青年教师对外部世界的认识和评价也要做到客观与辩证，在倡导学习和借鉴西方有益理论和实践经验的基础上，也要看到其存在的不足和缺点。例如，对西方理论知识体系的看法，有学者就指出：“在美国和西方中国史学界，所谓‘有理论’之辈，其中少数佼佼者尚能将社会人文学科中各种‘理论’恰当地‘活学活用’于历史研究之中，而多数则或者是将时髦理论当作论述的框架或者干脆是用一些貌似‘理论’的漂亮言辞在装点门面。”[②] 对这些事实要向高校青年教师理直气壮地讲、深入透彻地讲，帮助高校青年教师在国际比较中持有正确立场、坚定比较信心。

---

① 《老师，请不要这样讲中国——致高校哲学社会科学老师的一封公开信》，《辽宁日报》2014 年 11 月 14 日。

② ［美］孔飞力：《中国现代国家的起源》，陈兼、陈之宏译，三联书店 2013 年版，第 31 页。

三、正确看待崇高师德和底线师德

对“我们要不要追求崇高师德”和“我们要不要划出底线师德”的追问与回答，始终是高校师德建设中必须直面回应的一个重要问题。其实，高校师德建设的历史经验以及《新时代高校教师职业行为十项准则》的颁布实施就已经证明，崇高师德导向和底线师德规范应该是合理共存、平衡发展。当然，笔者的调查研究发现，部分高校青年教师对崇高师德的追求逐渐淡化，对底线师德的要求不断下移，应予以重视和引导。

一方面，正确认识崇高师德导向的必要性，着力解决崇高师德“抽象”和“不当”的问题，教育引导广大高校青年教师心有大德、心有大我、心有大局。“我们需不需要崇高师德?”答案是当然需要。《高等学校教师职业道德规范》中关于高校教师要做到“爱国守法、敬业爱生、教书育人、严谨治学、服务社会、为人师表”的要求，以及《新时代高校教师职业行为十项准则》的期望，就是崇高师德价值诉求的一个重要展现。高校教师崇高师德的价值诉求跟共产主义理想一样，曾经激励无数高校教师选择和从事了“太阳底下这个最光辉的教育职业”。高校教师师德建设和发展都离不开崇高师德，高校教师专业发展需要高层次的道德引领。广大高校教师承担着维护和依循崇高师德标准的职责使命，这是教师职业区别于其他职业的显著标志。然而，在铸塑和导引广大高校教师追求与践履崇高师德的过程中，在一定程度上脱离实际、要求过高的“抽象”和“不当”现象仍然存在，制约和影响了高校师德教育工作的有序开展。高校师德“抽象”问题，是指关于高校教师职业道德规范的表述过于抽象，以至于忽略了崇高师德的现实易感性。高校师德“不当”问题，是指关于高校教师职业道德诉求过于苛刻，以至于塑造出诸如“病态”“不食人间烟火”“完人”等师德形象。两个极端师德取向的思维方式皆不可取，应予以批判和纠正。因此，做好新时代高校青年教师思想政治工作，仍需通过对崇高师德的内涵重新定位和结构适当调整，对待崇高师德的“抽象”问题，要尽量区分出层次、水平，适量增加合理、适当的底线道德成分进行调和；对待崇高师德“不当”问题，要立足于教师实际去影响或引导师德发展，建构起健康、颇具人性特点的教师职业道德体系。

另一方面，科学阐释底线师德规范的重要性，着力解决底线师德

“反抗”和“下移”的问题，教育引导广大高校青年教师心有戒律、心有底线、心有操守。“我们需不需要底线师德?”答案是当然需要。《关于建立健全高校师德建设长效机制的意见》中涉及高校教师师德禁行行为的“红七条”[①]要求，以及《关于高校教师师德失范行为处理的指导意见》的颁布，就是底线师德诉求持守的一个重要展现。毫无疑问，高校教师的教育教学活动需要底线师德予以保证，并在伦理上达到最起码的道德要求。高校教师坚守从教底线是实现崇高师德的根基所在，而这里的底线要求实际上就是一条“红线基准”，它能够使高校师德建设回归真实的社会沃土、立足于高校教师基本的职业操守，从而发挥高校教师师德体系职业性功能的作用和价值。当然，随着多元化价值观念的发展和社会转型期带来的负面影响，部分高校教师在坚守底线师德过程中出现了“反抗”和“下移”的现象，制约和影响了底线师德内在张力的有效发挥。底线师德“反抗”问题，是指有高校教师对师德标准的儒家道德设置向度的适应性问题提出质疑，认为新时代高校师德价值诉求要打破传统师德的束缚和羁绊。师德底线的“下移”问题，是指高校教师师德的潜在评价标准在社会整体道德发生多方位下移的情形下也随之滑坡，出现了“造假是无奈的选择”[②]等现象。因此，做好新时代高校青年教师思想政治工作，既要回应好优秀传统师德文化的当代价值，积极汲取其文化滋养和德行要义，又要防止底线师德继续滑坡，兜住最低师德要求，向广大高校青年教师讲好、讲清高校教师职业道德规范和师德“红线”的具体要求，进而发挥崇高师德和底线师德的合力引领作用。

四、正确看待思想压力和奋斗幸福

通过调研和访谈来看，目前高校青年教师群体大都面临巨大的工作压

① “红七条”涉及的具体内容：损害国家利益，损害学生和学校合法权益的行为；在教育教学活动中有违背党的路线方针政策的言行；在科研工作中弄虚作假、抄袭剽窃、篡改侵吞他人学术成果、违规使用科研经费以及滥用学术资源和学术影响；影响正常教育教学工作的兼职兼薪行为；在招生、考试、学生推优、保研等工作中徇私舞弊；索要或收受学生及家长的礼品、礼金、有价证券、支付凭证等财物；对学生实施性骚扰或与学生发生不正当关系。

② 王梦婕：《超七成高校青年教师认为学术不端系评价制度驱使》，《中国青年报》2012年9月14日。

力和生活压力，这一压力直接或间接地转变为巨大的思想压力，使他们“有苦说不出”。如前文所述，在分析“教师职业选择的理由”时，只有13.5%的高校青年教师认为“工作轻松”，有10.2%的高校青年教师认为“收入高”；在对教师教学过程中的压力进行调查时，排在前三位的分别是“学生的认可度”（63.3%）、“学校的考核”（61.2%）、“知识内容的准备”（48.6%）；对近三年高校青年教师有关专业核心论文发表情况的统计显示，“尚未发表”占27.9%，“1—5篇”占61.5%；对近三年高校青年教师有关国家、教育部和省级课题申请情况的统计显示，“没有”占49.6%，“1项”占26.1%，“2项”占17.9%。这反映了目前高校青年教师在教学科研和日常生活过程中面临着较大压力。这些压力已经聚成强大的思想压力萦绕在教师的内心世界，严重影响了高校青年教师的心理健康。认识这些思想压力，缓解这些思想压力，已然成为新时代高校青年教师思想政治工作的关键着力点。

一方面，教育和引导高校青年教师正确看待高校教师群体面临的思想压力。马克思曾指出：“我们判断一个人不能以他对自己的看法为根据，同样，我们判断这样一个变革时代也不能以它的意识为根据；相反，这个意识必须从物质生活的矛盾中，从社会生产力和生产关系之间的现存冲突中去解释。”[①]“物质生活”和“现存冲突”的观点，无疑为以马克思主义实践的观点分析和认识高校青年教师面临的思想压力提供了一个别样的剖析视角。在马克思主义看来，实践“就是人类为了自己的生存和发展所进行的能动地改造世界的一切社会性的客观物质活动”。[②] 这一实践活动既是“合乎目的性”与“合乎规律性”的统一，也是“人的尺度”和“物的尺度”的统一。从这个意义上讲，高校教师的工作（科研、教学、生活）作为一种实践活动，本质上也是一种“合乎目的性”与“合乎规律性”的统一，彰显着“人的尺度”和“物的尺度”的统一。高校教师工作的“合乎目的性”，强调教师基于学术研究兴趣、职业职责使命和自身生存发展，来追求真理、教书育人和获得收入，“合乎目的性”的驱动力在于“人的尺度”，即高校教师对世界未知的追求、育人育才的职责以及对美好生活的向往。高校教师工作的“合乎规律性”强调教师遵循科

① 《马克思恩格斯选集》第2卷，人民出版社2012年版，第2—3页。

② 李秀林：《辩证唯物主义和历史唯物主义原理》，中国人民大学出版社1990年版，第231页。

学研究规范、教书育人规律和晋职增薪体制，来进行学术研究、教育教学和价值获取，“合乎规律性”的判断力在于“物的尺度”，即高校教师对认识世界和改造世界的规律的自觉把握，也就是要依循科学研究规律、教育教学规律和教师成长规律。高校教师工作的实践特质既反映了高校教师的存在方式，也反映了教师实践活动在“合乎目的性”与“合乎规律性”的对立统一中的诸多矛盾。高校青年教师思想压力的实质就在于教师实践活动“合乎目的性”与“合乎规律性”对立方面的凸显，而“合乎”在教师工作平衡矛盾中的作用力被大大削弱。换言之，“合乎目的性”变成了“目的性”，“合乎目的性”的平衡和统一被学校规定的任务所打破，被晋职加薪的需要所冲击；“合乎规律性”变成了“规律性”，“合乎规律性”的平衡和统一被学术不端行为所破坏，被社会人际关系所摧毁。在这样一种环境中，高校青年教师面临着巨大的压力、无奈的选择和利益的诱惑。受压力、无奈和利益所迫，部分高校青年教师选择了“不合乎”，在其“目的性”和“规律性”上走向了“世俗化”的深渊，陷入了“不道德”的境地。这不得不让我们思考，当高校青年教师的眼界、志趣和情怀如果都聚焦到追求物质生活，都缩到与时代精神没有关系时，那我们的时代精神将在哪里安放？这迫切需要高校通过思想政治工作来帮助、引导和教育青年教师实现“合乎目的性”和“合乎规律性”的有机统一。

另一方面，教育和引导高校青年教师正确看待奋斗幸福是将思想压力转变为进取动力的重要精神支撑。习近平总书记对“奋斗幸福观”的积极阐释为新时代青年运动指明了前进方向，奋斗幸福已然成为新时代流行的一个热词，如“幸福都是奋斗出来的”“奋斗本身就是一种幸福”“做新时代的奋斗者”[①]“奋斗是青春最亮丽的底色”。[②]做好高校青年教师思想政治工作，就是要教育和引导广大高校青年教师正确认识奋斗幸福在个人成长发展中的意义和价值，从而不断提升心理健康素质。陈平原教授也曾指出：“平心而论，高校里的年轻人，待遇还是可以的……我当然希望年轻人生活好，但所谓‘一步到位’是不现实，也是不合理的。”[③]高校青年教师要认识到，把对美好生活的向往变成现实是一件不容易的事情，

① 习近平：《在北京大学师生座谈会上的讲话》，人民出版社2018年版，第12—13页。

② 习近平：《在纪念五四运动100周年大会上的讲话》，人民出版社2019年版，第9页。

③ 廉思：《工蜂：大学青年教师生存实录》，中信出版社2012年版，第173页。

既要得到真学问、练就真本领，又要有锲而不舍、自强不息的奋斗精神，踏踏实实、勤勤恳恳、兢兢业业。高校青年教师在日常教育教学和生活过程中一时有些压力并不可怕，这是正常的人生经历，可怕的是高校青年教师不能独立思考、善于分析和正确抉择，而被压力逼迫走上师德失范的道路，丢掉了高校教师原有的稳重自持、从容自信和坚定自励。因此，做好高校青年教师思想政治工作，要通过建立完善教师人文关怀和心理疏导机制，提高高校青年教师自我调适能力，帮助他们更好地应对工作压力、舒缓职业倦怠，引导他们正确认识和处理好义与利、群与己、成与败、得与失，自觉培育理性平和的良好健康心态，积极练就宠辱不惊的心理素质，保持乐观向上的人生态度，培养奋勇争先的进取精神，敢于面对和处理自己所面对的各种压力、困难和挫折。

第四节　以“四个相统一”加强师德师风建设

师德师风是高校教师素质评价指标的第一标准。“高等学校的师德建设是高校思想政治工作的组成部分，是高校教师思想政治教育的重要环节。”[①] 习近平总书记指出，加强师德师风建设，要“坚持教书和育人相统一，坚持言传和身教相统一，坚持潜心问道和关注社会相统一，坚持学术自由和学术规范相统一，引导广大教师以德立身、以德立学、以德施教”。[②]“四个相统一”要求紧紧抓住高等教育“立德树人”的根本任务，契合“四有好教师”的价值诉求。将新时代高校师德师风建设的认识提高到新阶段、新水平、新境界，既是对高校思想政治工作面临的新问题的审视和回应，也为高校师德师风建设提供了致思取向和具体路径。

一、坚持教书和育人相统一

坚持教书和育人相统一，是高校青年教师完成职责使命的核心。毫无

---

① 王树荫：《高等学校师德建设论》，《思想政治教育研究》2010 年第 5 期。

② 《习近平谈治国理政》第 2 卷，外文出版社 2017 年版，第 379 页。

疑问，教书育人是教师职责使命的核心要义，也是教师师德最基本的德性表现。教师的职业是传道、授业和解惑的有机结合，是教书和育人的有机统一。教书育人是教师通过教授书本理论知识的活动以阐述其蕴含的理论意义和深层道理，从而给学生以人生智慧、生活启迪和价值追循。一方面，教师教书做的是传播理论知识、思想文化和价值真理的工作。科学理论知识的传授、先进思想文化的传承、社会价值真理的传递需要通过教师教书来实现，它承载着培养新时代中国特色社会主义现代化强国建设所需优秀人才的基本职能，关系到教育提高人才培养能力这个核心问题。“我们对高等教育的需要比以往任何时候都更加迫切，对科学知识和卓越人才的渴求比以往任何时候都更加强烈。”[①] 这一教育要求和渴望，需要更多优秀教师发挥作用和力量，需要更多优秀教师更好地完成教书工作，始终做到潜心问道、认真教书、倾心教学。另一方面，教师育人做的是铸就生命灵魂、锤炼品性情操、塑造完满人格的工作。“一个老师，如果只知道‘授业’、‘解惑’而不‘传道’，不能说这个老师是完全称职的，充其量只能是‘经师’、‘句读之师’，而非‘人师’了。”[②] 对教师而言，传道育人和教书授业同样重要，甚至传道育人是第一位的，因为为人处世之道、社会发展之道、国家前途之道对学生成长成才至关重要，关系学生成长发展的方向和动力，关系学生能否成长为对社会和他人有用的人，更关涉国家和社会的未来发展。

应当看到，不同学科专业的高校青年教师，尽管学术背景、研究领域、讲授内容和教学方法不尽相同，但传道和育人的基本要求是一致的。高校青年教师要时刻铭记教书育人、立德树人的神圣职责，以扎实学识和深厚学养开启学生的智慧之门，以人格魅力和高尚师德塑造学生的生命灵魂。高校青年教师不能只做传授书本知识的教书匠，也不能只做铸就品性情操的灵魂工程师，而是要成为坚持教书和育人相统一的“大先生”，既当好“经师”，又当好“人师”。当然，这一要求对高校青年教师是很高的价值诉求，我们并非强迫高校青年教师在课后或是日常生活中必须挤出时间来专门关注、关心和服务于学生成长发展的需求和期待，我们强调高

---

① 《习近平谈治国理政》第 2 卷，外文出版社 2017 年版，第 376 页。

② 习近平：《做党和人民满意的好老师：同北京师范大学师生代表座谈时的讲话》，人民出版社 2014 年版，第 5 页。

校青年教师要在课堂教学过程当中把知识教育同能力教育、价值观教育有机结合起来，把知识传播、思想引领和价值塑造有机融入每一门课堂教学之中，“满足学生成长发展需求和期待，其他各门课都要守好一段渠、种好责任田，使各类课程与思想政治理论课同向同行，形成协同效应”。[①]

二、坚持言传和身教相统一

坚持言传和身教相统一，是高校青年教师落实教书育人的根本所在。南朝宋史学家范晔在《后汉书·第五伦传》中指出：“以身教者从，以言教者讼。”陶行知先生也提出：“学高为师，身正为范。”他们共同表达的意思无非教师要以自己的模范行动教导学生，学生就会接受教化；如若教师在讲台上只是流于言论，说一套做一套，学生就不会接受教化。换言之，教师的言表风范、言行举止、师德形象如何，将直接关系学生的健康成长，因为教师的理想信念和价值追求乃至一言一行，都对学生有着强烈的导向性和示范性，甚至会对学生的一生产生深远影响。另外，教师对学生的思想价值影响，不仅在于教学课堂上怎么说，更在于日常生活中怎么做。一个教师如果不能以身立教和以德立学，在大是大非、善恶曲直、义利得失等方面丢掉政治敏锐力、失去价值辨别力，那么教师给学生讲再多道理也只会是一句空话。可见，兼具“言教”和“身教”相统一、“学高”和“身正”相一致的教师队伍才是落实教书育人的根本。教师在教书育人过程中要做到信道、明道、有道和传道。其中，信道是根本、明道是前提、有道是基础、传道是首位。要想把学生培养成什么样的人，教师首先就应该是这样的人。“要引导和帮助学生扣好人生第一粒扣子，教师自己先要扣好人生每一粒扣子。让学生培育和践行社会主义核心价值观，教师自己首先要做一个社会主义核心价值观的忠实践行者。”[②] 这就要求高校青年教师不能仅仅停留在一般原则上强调教书育人，而必须通过一定的具体制度和有关规范来落实教书育人，让每一位高校青年教师都能自觉意识到自己立德树人和教书育人的职责使命所在，不忘初心、为人师表、

① 《习近平谈治国理政》第 2 卷，外文出版社 2017 年版，第 378 页。

② 张智：《“传道”是第一位的——学习习近平总书记关于教师责任和使命的重要论述》，《思想理论教育导刊》2016 年第 2 期。

以身示范、以德育人，用自己的真才实学、人格魅力和言行举止在传道授业解惑中感染学生、引导学生和启发学生。而且，高校青年教师要成为学生做人做事的镜子，严于律己、言行雅正、以身作则、率先垂范，以渊博的扎实学识和高尚的人格魅力赢得学生的敬仰，以优良的师德师风和模范的言行举止取得学生的认同，自觉成为“学高为师，身正为范”的践行者，把真善美的种子不断散播到学生心田，积极做学生锤炼品格、学习知识、创新思维和奉献祖国的“四个引路人”。

三、坚持潜心问道和关注社会相统一

坚持潜心问道和关注社会相统一，是高校青年教师弘扬优良学风的基本要求。一方面，一心向学、潜心问道是教师崇尚精品、严谨治学、讲求责任的优良学风，也是教师追从“士以弘道”的学术品格。高校是研究学问、传播真理、立德树人的殿堂。高校青年教师要有“衣带渐宽终不悔，为伊消得人憔悴”的职业境界，要有“板凳要坐十年冷，文章不写一句空”的执着坚守，既能耐得住寂寞以潜心问道，又能经得起诱惑以静心从教，做到潜心研究学问、专注教书育人。另一方面，关注社会、参与实践是高校青年教师汇聚思想和检验理论的重要途径，是教师践履“躬行实践”的责任担当。高校不是与世隔绝的世外桃源，高校青年教师不能只做书斋里的学问，还应关注社会现实、了解世情国情，这是因为高校青年教师问道的“道”来源于实践，又指导着实践的发展。高校青年教师只有聆听社会的声音，关注实践的演进，回应现实的呼唤，用心专一地研究和解决推动社会发展所面临的重大而紧迫的问题，才能真正问道于实践、服务于社会。我国知识分子历来都有心忧天下、经时济世的崇高志向，今天的高校青年教师更要以浓厚的家国情怀、强烈的责任担当和至诚报国的理想追求来关注社会现实，“聚焦人民实践创造，自觉把个人学术追求同国家和民族发展紧紧联系在一起，努力多出经得起实践、人民、历史检验的研究成果”①，进而在教书育人过程中引导学生认识和把握人类社会发展的历史必然性，让他们了解当代中国的现实国情和历史使命。

① 习近平：《在哲学社会科学工作座谈会上的讲话》，人民出版社2016年版，第13页。

目前我国高校青年教师在潜心问道和关注社会方面还存在一些亟待解决的学风问题。例如，有的高校青年教师急功近利、粗制滥造，不专心致志地做学问，“学问等身”者不少，“学问等心”者不多;一些高校青年教师远离现实、闭门造车、坐而论道，畅游在书斋的象牙塔里，从“学校门”到“学校门”，“不知有汉，无论魏晋”；还有一些曾经在国外长期求学生活的高校青年教师，尽管他们受过系统学术训练、掌握最新学科知识、熟悉学术前沿动态，但缺少社会实践锻炼，缺乏对国情社情的了解，不能很好地从实践中汲取养分、丰富思想。要知道，远见卓识源于亲身实践，高瞻远瞩始于基层调研。社会总是在发展中前进的，世情国情社情的新情况、新问题、新要求也总是在实践中层出不穷，学术研究需要理论创新以回应社会实践发展所提出的新问题新任务，而理论创新的学术研究实际上就是在社会实践中发现、筛选、探究和解决问题的过程。因此，要推动形成高校青年教师崇尚精品、严谨治学、注重诚信、讲求责任的学术品格和优良学风。

四、坚持学术自由和学术规范相统一

坚持学术自由和学术规范相统一，是高校青年教师进行科学探究的价值依循。学术自由作为大学的一个理念和学术活动的伦理原则是一所大学孜孜以求并赖以立足的最为宝贵的根基。高校肩负着科学研究和人才培养的职责重任，应该有研究已知、探索未知、开创新知的自由氛围和学术传承、学术争鸣、学术创新的自由空气。高校青年教师的学术自由主要包括学习自由、研究自由、讲授自由等，是高校青年教师在他们研究的领域内有寻求真理并将其晓之于他人而不受妨碍的一种自由。学术规范是高校青年教师共同体内形成的进行学术研究的基本规范，主要包括研究规范、评审规范、批评规范、管理规范、道德规范、价值规范等，是依循学术发展规律制定的有关学术活动的基本准则。实际上，高校青年教师的学术自由是他们开展科学研究所拥有的权利，高校青年教师的学术规范是他们进行科学研究应遵循的义务。我们所探讨的学术自由和学术规范相统一，主要是针对高校青年教师在学术问题和政治问题关系认知的价值规范意义上来讲的。高校青年教师“要正确区分学术问题和政治问题，不要把一般的学术问题当成政治问题，也不要把政治问题当作一般的学术问题，既反对打着学术研究旗号从事违背学术道德、违反宪法法律的假学术行为，也反对把学术问题和政治问题混淆起来、用解决政治问题的办法对待学术问题的简单化做法”。[①] 这为新时代高校青年教师思想政治工作坚持学术自由和学术规范相统一找到了理论指导和用力方向。学术探索无禁区，教师讲课有纪律。“无禁区”不代表无法纪、无纪律、无规范，“有纪律”不代表无自由、无探究、无争论。我们鼓励高校青年教师对学术研究特别是重大理论前沿问题自由畅想、大胆假设、认真求证，勇于提出自己的独到见解、创新观点、新知理论。我们提倡只要是学术问题都可以进行科学研究和大胆探索，但研究成果怎么使用要有学术规范，在教学课堂上怎么讲也要有纪律规矩。我们强调要实现政治立场坚定性和科学探索创新性的有效契合、学术自由和学术规范的有机统一，既反对打着“学术研究”旗号就不顾场合口无遮拦地发表反对马克思主义指导地位的言论，违反党和国家理论路线方针政策的错误观点，又批判举着“立场坚定”旗帜而反对高校青年教师提出科学合理的意见和批评，为沽名钓誉而标新立异要不得，因政治棒杀而死气沉沉也要不得。

应当看到，有些高校青年教师在课堂教学过程中时常以自己在国外留学或访问的经历来讲授和传播西方资本主义价值观念，有的高校青年教师在讲台上口无遮拦地对党和国家的路线方针政策妄加议论，甚至还有个别高校青年教师在网上撰写小文发牢骚、说怪话。这些现象虽然发生在少数高校青年教师身上，但影响恶劣。这给高校提出了加强和改进高校青年教师思想政治工作的重要任务。做好新时代高校青年教师思想政治工作，要加强高校青年教师对各种社会思潮的辨析和引导，守护高校这一意识形态的前沿阵地。当然，我们强调加强和改进高校青年教师思想政治工作，不是说要封闭高校青年教师对党和国家的具体政策和工作提出自己意见和批评的道路，恰恰相反，应鼓励和支持高校青年教师对党和国家的有关政策和举措进行分析、评估并提出宝贵建议，对这些意见和批评不是避而不听，而是要解决好如何反映和传递的问题，要通过正规渠道向上及时反映和积极汇报。但若在课堂上对学生讲授就要慎重考虑了，如果高校青年教师提出的意见和批评是不正确、不科学的，说者无意，听者却有心，容易诱导甚至是歪曲学生的价值观，影响不容小觑。因此，高校青年教师在学

① 习近平：《在哲学社会科学工作座谈会上的讲话》，人民出版社 2016 年版，第 28 页。

术研究中对重大政治和理论、重大社会和现象等问题发表观点和看法时，要始终坚持学术自由和学术规范相统一，以道德上的“仰之弥高”规约学术上的“钻之弥坚”，始终做到对国家负责、对社会负责、对学生负责、对自己负责。

第六章　新时代高校青年教师思想政治工作的优化路向

高校青年教师思想政治工作不容易做，需要共同努力。为进一步增强做好新时代青年教师思想政治工作的责任感和使命感，着力解决“怎么做”和“谁来做”等问题，迫切需要高校紧紧抓住新时代重要战略机遇期，立足于教育现代化建设全局，服务于高等教育的发展方向，从原则依循、创新工作、队伍建设等方面，积极建构一个全方位、多要素和高效率的工作系统，以为科学开展高校青年教师思想政治工作提供重要的价值遵循和实践指南。

第一节　切实遵循高校青年教师思想政治工作基本原则

高校青年教师思想政治工作基本原则是高校教师工作须遵循的最基本的规范、准则和依据，并规约着高校青年教师思想政治工作的发展方向、实践方式和工作成效。做好新时代高校青年教师思想政治工作，必须科学掌握和辩证应用从事这项工作的基本原则，才能使高校青年教师思想政治工作卓有成效，发挥出应有的功能与作用。

一、政治导向与业务提升相结合

坚持政治导向与业务提升相结合，是对培养又红又专知识分子队伍的历史继承和现实回应，有助于推动高校青年教师思想政治素质和业务素质的全面发展。

一方面，坚持政治导向原则是立足于党和国家发展大局的政治高度而确立的。列宁指出："资产阶级国家愈文明，它就愈会骗人，说学校可以脱离政治而为整个社会服务。""我们公开声明，所谓学校可以脱离生活，可以脱离政治，这是撒谎骗人。"① 毛泽东指出："政治与业务的关系，是两个对立物的统一。一定要批判不问政治的倾向。"② 邓小平也指出："把我国建设成为现代化的社会主义强国，并且在上层建筑领域最终战胜资产阶级的影响，就必须培养具有高度科学文化水平的劳动者，必须造就宏大的又红又专的工人阶级知识分子队伍。这些要求本身就是无产阶级政治的要求。"③ 从这个意义上讲，高等教育就是政治的一种独特表现形式，它既事关当下的政治生态，也塑造未来的政治生活，我们把握高校青年教师思想政治工作，必须学会从政治上去把握它的方向、原则和宗旨。这个方向就是"走自己的高等教育发展道路，扎实办好中国特色社会主义高校"，这个原则就是"我们的高校是党领导的高校"，这个宗旨就是"培养和造就社会主义建设者和接班人"。这无疑反映了教育坚持正确政治方向的必要性和重要性。高校青年教师思想政治觉悟越高，提升业务能力就应该更加自觉、更加刻苦。就高校青年教师思想政治工作而言，坚持政治导向原则，就是要将高校教师工作重点放到"凝聚政治共识"上来，教育和引导广大高校青年教师坚持正确办学方向，坚持高等教育"四为服务"的发展导向，坚持为国育人、为党育人，做党和人民满意的好老师。

另一方面，坚持业务提升原则是立足于新时代对高校青年教师业务素质新的更高要求而确立的。新时代建设社会主义现代化强国，实现高等教育内涵式发展，培养担当民族复兴大任的时代新人，以及信息化时代背景下知识获取方式和传授方式、教师教学和学生学习关系的革命性变化，都对高校青年教师队伍能力和水平提出了新的更高的要求，迫切需要"建设政治素质过硬、业务能力精湛、育人水平高超的高素质教师队伍"。④ 做好新时代高校青年教师思想政治工作，就是要推动高校青年教师队伍政治素质、业务能力、育人水平齐抓共进，教育和引导广大高校青年教师具备扎

① 《列宁全集》第 35 卷，人民出版社 2017 年版，第 77 页。
② 《毛泽东文集》第 7 卷，人民出版社 1999 年版，第 351 页。
③ 《邓小平文选》第 2 卷，人民出版社 1994 年版，第 104 页。
④ 习近平：《在北京大学师生座谈会上的讲话》，人民出版社 2018 年版，第 8 页。

实的知识功底、过硬的教学能力和科学的教学方法，以改变执教能力不足的短板，培养和造就一批高素质、专业化、创新型高校青年教师队伍。

政治导向与业务能力必须齐抓共进。只抓政治导向，忽视业务能力，高校青年教师就不能适应科技进步的大潮和教育现代化的大势；只抓业务能力，忽视政治导向，高校青年教师就有可能迷失方向。“科学技术人员应当把最大的精力放到科学技术工作上去。我们说至少必须保证六分之五的时间搞业务，也就是说这是最低的限度，能有更多的时间更好。”“学校应该永远把坚定正确的政治方向放在第一位。但这并不是说要把大量的课时用于思想政治教育。”① 这为我们处理二者之间的关系提供了价值参考和重要遵循。

二、从严要求与关心爱护相结合

坚持从严要求与关心爱护相结合，恰好反映了思想政治工作“刚”与“柔”的两个特性，有助于在严爱相济、严管厚爱的内在张力中保持思想政治工作功能的有效发挥，更好地促进高校青年教师成长。

一方面，坚持从严要求原则是立足于党和国家、社会和人民对好老师的期待而确立的。党和国家历来高度重视高等教育发展和高校教师队伍建设，尤其是中国特色社会主义进入新时代，以习近平同志为核心的党中央对教育发展的方向和高校教师队伍的素质提出了明确的规范要求。例如，我国高等教育要坚持“四为服务”的发展方向，高校教师要做“四有好老师”“四个引路人”“中华民族‘梦之队’的筑梦人”“大先生”，加强高校师德师风建设要坚持“四个相统一”，对高校教师师德失范行为实施“一票否决制”，对高校教师职务晋升中实施本科教学工作考评“一票否决制”。尤其是《新时代高校教师职业行为十项准则》的颁布，从“坚定政治方向、自觉爱国守法、传播优秀文化、潜心教书育人、关心爱护学生、坚持言行雅正、遵守学术规范、秉持公平诚信、坚守廉洁自律、积极奉献社会”方面明确规定了高校教师的职业行为规范。这既为高校教师发展提出了希望、立起了标杆、指明了方向，也明晰了高校青年教师思想政治工作从严要求这一原则的关键和重点，有助于教育引导广大高校青年

① 《邓小平文选》第 2 卷，人民出版社 1994 年版，第 94、104 页。

教师自觉承担教师特殊角色和崇高使命，为强国教育、办学治校、育人育才提供智力支持和力量源泉。

另一方面，坚持关心爱护原则是着眼于高校青年教师自身的生存境遇和发展需要而确立的。作为现实的、具体的人，高校青年教师在日常生活和教育工作中时常会面临家庭与事业、教学与科研等矛盾，这些矛盾转化为巨大的思想压力，影响了他们心理的健康发展，迫切需要得到关心和解决。例如，近年来越来越多的高校青年教师陷入了亚健康状态，个别高校青年教师甚至由于未能处理好工作与休息的关系而失去了生命。应当看到，高校教师工作“面对的是现实生活中活生生的人们，是人们柔软的内心世界，所要处理的是人们的思想感情方面的问题，因而不能把思想政治教育活动想象成机械的甚至刚性的方式”[①]，必须围绕教师、关心教师、服务教师，多为教师办实事、做好事、解难事。“满腔热情关心教师，让广大教师安心从教、热心从教、舒心从教、静心从教，让广大教师在岗位上有幸福感、事业上有成就感、社会上有荣誉感，让教师成为让人羡慕的职业。”[②]

三、正面引导与解疑释惑相结合

坚持正面引导与解疑释惑相结合，正是抓住了同一个思想政治教育工作过程的两个不可分割的方面，将正面灌输、正面传播和解答疑问、解释困惑有机结合起来，有助于提升高校青年教师思想政治工作的深刻性和针对性。

一方面，坚持正面引导原则是立足于思想政治教育的灌输原理而确立的。灌输理论是高校青年教师学习马克思主义基本理论知识的重要学理支撑，也是确立教育工作方针、原则、内容的直接理论根据。高校青年教师思想政治工作的重要任务是用马克思主义理论教育教师、改造教师、提高教师，增强教师群体认识和改造主客观世界的能力，在现阶段是保证党的教育方针的贯彻执行。完成这一重要任务，要求我们坚持正面引导和灌输。高校青年教师思想政治工作的过程，可以说是一个正面灌输和正向传

① 刘建军：《论思想政治教育的主渠道与微循环》，《思想理论教育》2014 年第 9 期。

② 《习近平在北京市八一学校考察时强调：全面贯彻落实党的教育方针　努力把我国基础教育越办越好》，《人民日报》2016 年 9 月 10 日。

播的过程，是高校把一定的思想政治品德传授给高校青年教师的过程，是对高校青年教师的成长成才进行引导的过程。当然，这个过程不是一种简单的正面灌输和传播的过程，还包含着解疑释惑的过程。

另一方面，坚持解疑释惑原则是立足于“高校思想政治工作实际上是一个解疑释惑的过程”[①] 而确立的。高校青年教师的问题首先是思想问题，对思想问题如果采取粗暴、压制、打压的方法将是有害无益的，我们“做任何工作，都为的是解决问题。我们说的做的究竟能不能解决问题，问题解决得是不是正确，关键在于我们是否能够理论联系实际，是否善于总结经验，针对客观现实，采取实事求是的态度，一切从实际出发”。[②] 针对高校青年教师的思想问题，我们要通过解疑释惑来解决高校青年教师在日常教学和工作中遇到的思想困惑。应当看到，高校青年教师的思想困惑主要有两种，一种是教育教学工作中产生的纯属认识层面的问题，如崇高师德与底线师德的关系、马克思主义信仰与宗教信仰的关系等；另外一种则是高校青年教师日常生活中由于实际生活问题而引起的思想困惑，如住房、待遇、婚姻等。针对前者，我们要从理论上做到解疑释惑；对于后者，我们要立足于解决高校青年教师合理的实际诉求（注意分清合理要求与不合理要求的界限）。当然，尽管一些实际问题不能马上完全解决，但只要我们真切关心了，也能够得到高校青年教师的理解和谅解。

四、问责惩处与注重激励相结合

坚持问责惩处和注重激励相结合，反映的是奖惩原则在高校青年教师师德师风建设中的具体应用。

一方面，坚持问责惩处是立足于对高校青年教师师德师风失范行为的零容忍而确立的。近年来，高校青年教师师德师风失范现象频繁出现，严重损害了高校教师队伍的形象和荣誉，应予以高度重视。对此，习近平总书记明确提出，高校一些“学术浮夸、学术不端、学术腐败现象不同程度存在，有的急功近利、东拼西凑、粗制滥造，有的逃避现实、闭门造

① 《习近平首次点评“95 后”大学生》，《人民日报》2017 年 1 月 3 日。

② 《邓小平文选》第 2 卷，人民出版社 1994 年版，第 113—114 页。

车、坐而论道，有的剽窃他人成果甚至篡改文献、捏造数据”。[①]“个别老师道德败坏、贪赃枉法的事，对这些害群之马要清除出教师队伍，并依法进行惩处，对侵害学生的行为必须零容忍。”[②] 值得一提的是，《关于高校教师师德失范行为处理的意见》已从主体责任、处理原则、调查机制、问题排查、失责情形等十个方面对高校教师师德失范行为提出了具体的处理办法，具有较强的现实指导意义。不难看出，对高校存在的“害群之马”，必须绝不姑息、逐一问责、严厉惩处。做好高校青年教师问责惩处工作，就要进一步建立健全师德建设保障机制，严格推行师德考核负面清单制度，积极完善教师诚信承诺和失信惩戒机制，落实好师德师风失范“一票否决制”和本科教学工作考评“一票否决制”，有效发挥问责惩处的警示作用。

另一方面，坚持注重激励原则是立足于高校青年教师为教育事业所做的劳动贡献而确立的。激励是人类特有的现象，注重激励就是重视人的因素和人的精神作用。高校教师同其他人一样，也有自己物质的、精神的需要，因而也需要激励。从一般意义来讲，高校青年教师的需求主要集中在事业的追求和发展上，表现在教学科研、育人育才成效上。同时，高校青年教师这一需要与物质需求的有效满足直接挂钩。因此，为把两种需要统一起来，就必须做好对高校青年教师的物质激励工作和精神激励工作。其一，物质激励是物质利益和按劳分配原则在学校教育管理中的具体应用。马克思提出：“‘思想’一旦离开‘利益’，就一定会使自己出丑。”[③] 潘恩指出：“任何缺少真正利益的事情只是一种杂凑，不能提供悠久的幸福。”[④] 高校青年教师思想政治工作也是这样，不能不看到这一实际而不讲物质利益，不进行必要的物质奖励。只有把高校青年教师的劳动贡献与物质利益挂上钩，才能使高校青年教师把物质利益的实现和劳动成果的创造联系起来，以增强事业心和责任感。其二，精神激励是运用各种精神手段和方式方法来激发高校青年教师主观能动性以增强教师职业的光荣感、责任感和使命感。对在教育教学工作中做出突出贡献的

---

① 习近平：《在哲学社会科学工作座谈会上的讲话》，人民出版社2016年版，第28页。

② 习近平：《做党和人民满意的好老师：同北京师范大学师生代表座谈时的讲话》，人民出版社2014年版，第13页。

③ 《马克思恩格斯文集》第1卷，人民出版社2009年版，第286页。

④ ［美］托马斯·潘恩：《常识》，马清槐译，商务印书馆2015年版，第28页。

高校青年教师应当通过表扬、授予荣誉称号等办法给予精神奖励，从而鼓励和肯定教师的职业工作。做好高校青年教师思想政治工作，要辩证地把物质激励和精神激励有机结合起来，发挥激励的最大功能和作用，以推动教师职业获得感提升。

五、教育培养与自我修养相结合

坚持教育培养和自我修养相结合，重点抓住了思想政治工作过程中教育与自我教育两个关键环节的规律，有助于提升高校青年教师思想政治工作实效性。

一方面，坚持教育培养原则是立足于一定社会思想品德要求与高校青年教师思想品德水平之间的矛盾而确立的。实际上，这个原则亦是对“为什么要对教师进行思想政治工作”的追问与回答。就高校青年教师思想政治工作而言，一定社会思想品德要求与高校青年教师思想品德要求水平之间的矛盾是其教育工作的内在依据，这一基本矛盾直接决定了我们必须对高校青年教师进行思想政治工作，以使之能够接近和达到一定社会发展所要求的思想品德水平。马克思在《关于费尔巴哈的提纲》中指出：“教育者本人一定是受教育的。”① 毛泽东也指出：“即使是对于马克思主义已经了解得比较多的人，无产阶级立场比较坚定的人，也还是要再学习，要接受新事物，要研究新问题。知识分子如果不把自己头脑里的不恰当的东西去掉，就不能担负起教育别人的任务。我们当然只能是一面教，一面学，一面当先生，一面当学生。”② 可见，从人们一般的实际的思想品德来看，它与一定社会发展所倡导的思想品德要求之间是存在一定距离的，很难完全一致，这就迫切需要通过教育培养的方式使之协调统一。这里的教育培养，主要通过思想疏导、政治引领、理论教育和道德建设来实现。

另一方面，坚持自我修养原则是立足于高校青年教师的素质能力及自我成长发展而确立的。自我修养是人的全面发展的重要途径以及自我完善的必由之路。从高校青年教师专业素质来看，自我修养是高校青年教师执教、治学和育人的基本能力；从高校青年教师成长发展来看，自我修养是

---

① 《马克思恩格斯选集》第1卷，人民出版社2012年版，第134页。

② 《毛泽东文集》第7卷，人民出版社1999年版，第271页。

高校青年教师进行自我管理、自我教育、自我完善的必由之路。就高校青年教师思想政治工作而言，自我修养是高校教师思想政治工作过程中实现教育内容内化于心、外化于行、固化于性的重要环节和必由之路。阿道尔夫·第斯多惠明确指出："只有他自己致力于他自己的教育和修养时，他才能实在地教育和培养别人。"[①] 习近平总书记也明确指出："师德需要教育培养，更需要老师自我修养。"[②] 可见，育人者必先育己，立己者方能立人，"教书者必先强己，育人者必先律己"。[③] 尽管"育人"是教师的职责所在，但"育己"和"育人"同等重要，甚至在一定意义上可以讲，教师更要"育己为先"，因为教师的自我发展是教育教学成功和学生全面发展的基本前提，这不仅是教师的义务，还是教师的权利，更是丰富和拓展教师生命内涵的重要途径。如果忽视或缺失这一重要环节，那么高校青年教师思想政治工作的实效性很难得到有效保证。

第二节　积极推动高校青年教师思想政治工作改革创新

做好新时代高校青年教师思想政治工作，要"因时而化、因时而进、因势而新"，应立足于时代发展背景、聚焦教师实际问题、回应教师真实声音、创新工作方式方法，以增强思想政治工作的吸引力和感染力，不断提升高校青年教师思想道德素质、政治觉悟水平和专业工作能力。应当看到，做好高校青年教师思想政治工作的有益路径多种多样，很难一一详述。基于上文高校青年教师思想政治工作存在问题和原则依循的探究，以及落实《关于加强和改进新形势下高校思想政治工作的意见》《高校思想政治工作质量提升工程实施纲要》和习近平总书记关于高校教师队伍建设的重要论述的相关要求，笔者在此着重对以下几个方面提出优化建议。

---

① 张焕庭：《西方资产阶级教育论著选》，人民教育出版社 1964 年版，第 340 页。

② 习近平：《做党和人民满意的好老师：同北京师范大学师生代表座谈时的讲话》，人民出版社 2014 年版，第 7 页。

③ 《江泽民文选》第 3 卷，人民出版社 2006 年版，第 502 页。

一、统筹推进课程育人

破解高校青年教师重科研、轻教学的现象，迫切需要发挥课程育人的功能与作用，教育和引导广大高校青年教师提升育人意识和能力。人才培养，育人为本；本科教育，教学为本。《高校思想政治工作质量提升工程实施纲要》明确提出，要“将课程育人作为教师思想政治工作的重要环节，作为教学督导和教师绩效考核的重要方面”。陈宝生在2018—2022年教育部高等学校教学指导委员会成立会议上指出：“高校教师不管名气多大、荣誉多高，老师是第一身份，教书是第一工作，上课是第一责任。”[①] 这迫切需要广大高校青年教师“回归本分”，始终做到潜心教书育人。基于此，做好新时代高校青年教师思想政治工作，就要以教学培养固本位，着力提高高校青年教师的教学能力和育人水平。

1. 抓好岗前“入校教育”培训，发挥职业生涯第一课的育人功能

高校青年教师从学生到教师身份的转换需要一个适应过程，岗前教育培训对高校青年教师的价值引导和教学帮助不可或缺且影响深远。高校青年教师入校后，应当参加由人事部门安排的为期至少一周的脱产“入校教育”课程培训。这一学校层面的教育培训内容当以本校校史教育、《新时代高校教师职业行为十项准则》规范教育、教学基础知识和技能教育以及思想政治教育学为主。其中，强调高校青年教师学点思想政治教育学在新时代教育背景下显得越来越重要，因为高校青年教师坚定政治方向、提升立德树人水平都离不开思想政治教育学的支撑和指导，这就要求高校青年教师在学习教育学、心理学等入职从业基础知识的基础上，要多学点思想政治教育学的观点和方法。入职考核合格后，院（系）教学督导组应为新入职高校青年教师制订教学培养计划，实施开课前的院级岗前培训，这一学院的教育培训可以由学院领导和高校青年教师所在系的优秀教师为授课教师，主要以本学院和本专业方向的授课情况为主要内容，对高校青年教师做精准的专业课岗前教育培训，包括学科建设境况、专业学术规范、教育教学改革等。总之，学校层面和学院层面教育培训的有机统一，有助于从

① 陈宝生：《坚持“以本为本”推进“四个回归”建设中国特色、世界水平的一流本科教育》，《时事报告（党委中心组学习）》2018年第5期。

普遍性要求和专业性发展两个维度来提升高校青年教师的教学意识和能力水平。

2. 做好岗后“入课教育”培训，引导高校青年教师明确教学职责使命

完成学院教学督导组的岗前教育培训之后，高校青年教师还应当积极参加“入课教育”培训。这里的“入课教育”培训主要由学校教务处牵头组织实施，是从全校范围内通过研究学生、研究教材、研究教师，采用教学名师讲座、青年教师教学研讨、观摩优秀教师课堂教学、参加教学授课竞赛、撰写教学心得等活动，有效回应“如何讲好一堂课”“如何发挥课堂育人功能”“如何提升教学艺术水平”等问题，从而实现规律把握与教学改革、教材指导与学生接受、教师主导与学生互动、教学即时性与教育日常化相统一，以引导高校青年教师明确教书育人职责使命，熟悉教学规律，掌握教学技巧，提升育人水平，引领广大高校青年教师心怀敬畏，站稳讲台，潜心教书，专心育人。

3. 落实高校“课程思政”理念，发挥专业教师课程育人的主体作用

长期以来，高校思想政治教育存在“孤岛”困境，思政教育与专业教学“两张皮”现象未能从根本上改变。例如，在教育理念上，一些教师不能正确认识知识传授与价值引领之间的关系；在队伍建设上，部分教师育德能力和育德意识有待提升；在人才培养上，各门学科思想政治教育资源没有得到充分挖掘；等等。这归根到底是“全课程、全员育人理念”，也就是我们现在所说的“课程思政”理念没有完全树立起来的缘由。基于此，习近平总书记明确指出：“要坚持把立德树人作为中心环节，把思想政治工作贯穿教育教学全过程，实现全程育人、全方位育人。”“其他各门课都要守好一段渠、种好责任田，使各类课程与思想政治理论课同向同行，形成协同效应。”[①] 近几年，随着“大思政”教育教学理念的推行，“课程思政”也随之被提出并在一些高校得到具体实施。“课程思政”实质上是一种课程观和教育教学新理念，它主要是立足于课程作为学科专业发展的基础地位，从育人维度来观照专业课程中的价值问题，实现思政寓课程、课程融思政，从而挖掘各类课程中的思想政治教育资源，共同致力于建构高校思想政治工作新理念、新思想、新模式。应当承认，各专业门类的系列课程都有一定的学科思想，都蕴含着丰富的思政素材、德育资源和哲学思

① 《习近平谈治国理政》第 2 卷，外文出版社 2017 年版，第 376、378 页。

想，高校青年教师要积极落实“课程思政”理念，以自己的专业课程为育人载体，把思想政治教育贯穿教学活动全过程，实现思政教育对课程世界观、人生观和价值观的引领，实现以润物无声、春风化雨的方式来引领学生学习知识技术、成为有用之人的目标。高校青年教师在这一“课程思政”的实施过程中，无疑可以实现教书育人和自我教育相结合，不断提升自身的育人使命感和责任感。

二、着力加强科研育人

破解思想政治工作说服力不强的问题，要着眼于高校青年教师自身的职业特性，着力加强科研育人，充分发挥高校青年教师在科学研究过程中实现自我教育和自我提升的积极性与主动性。应当看到，对高校青年教师进行单向度的思想政治教育，直接告诉他们教育的内容和结论，往往不易受到欢迎和认同。相反，鼓励、倡导和允许高校青年教师发挥主观能动性，通过科研的形式去对问题和答案进行独立探索和思考，由此得出的结论自然就说服了自己。例如，在个案访谈中一位教育学专业的高校青年教师明确指出：“通过阅读马克思主义相关书籍和比较外国教育经典著作不难发现，马克思在论述相关教育问题上的见解十分高明和敏锐，极具思想力和说服力，自己在科学研究中会经常引用马克思的一些教育观点或论断来作为著书立说和论文撰写的理论依据。”因此，要充分发挥科研育人这一更高级、更有效的方式，引导广大高校青年教师树立崇高的学术志向。

1. 把思想价值引领贯穿高校青年教师科学研究全过程，教育和引导高校青年教师坚定学术研究的正确方向

《高校思想政治工作质量提升工程实施纲要》提出，要“发挥科研育人功能”，“引导师生树立正确的政治方向、价值取向、学术导向，培养师生至诚报国的理想追求、敢为人先的科学精神、开拓创新的进取精神和严谨求实的科研作风”。这对做好新时代高校青年教师思想政治工作具有重要启示意义。一方面，着眼于教育和引导高校青年教师在科学研究方面树立正确的政治方向、价值取向和学术导向，积极服务于“培养人”这个中心、这个根本，把思想价值引领摆在科学研究的突出重要位置，将其贯穿高校青年教师论文设计、立项申请和成果运用的全过程，实现将国家和社会发展所提出的思想价值潜移默化地贯穿高校青年教师整个科学研究全过程。

例如，将思想价值引领贯穿国家社会科学基金青年项目和教育部人文社科青年项目的课题指南中，积极引导高校青年教师通过科学研究的方式来探究未知、解疑释惑，进而为国家、社会和人民破解难题、供给智慧。另一方面，着眼于加强思想理论建设，要把高校青年教师的思想政治表现作为其组建科研团队的底线要求。众所周知，一项科学研究的顺利申报、开展和完成，都离不开一个科研团队的团结、协作和支持。这就迫切需要将思想政治表现作为这个团队建设的底线规约，即要正确认识和处理好学术问题和政治问题的关系，在学术探索中坚持正确的政治立场和原则，切实解决学术研究中模糊正确价值导向、淡化社会主义主流意识形态的问题。当然，我们也要看到，这一思想价值引领是一种春风化雨式的隐性贯穿，切莫生搬硬套、机械穿引。

2. 完善和改进科研评价标准与方法，积极建构一个集教育、预防、监督和惩治于一体的学术诚信体系

如前所述，高校青年教师普遍承受着巨大的科研压力，媒体也曝光了个别教师在科研方面出现的学术不端行为，这迫切需要加以解决和改正。一方面，积极推行以质量为导向的科研评价指标。高校要积极探索创新科学研究评价标准和办法，确立以质量第一的多维度评价标准（期刊、同行、教师多维度综合性评价），打破唯论文、唯期刊、唯学历的评价导向，推进优秀成果和代表作评价，形成“奖励创新、注重质量、强调影响”的奖励办法，充分调动高校青年教师科研的积极性和主动性，发挥科研育人而不是科研竞争的功能。另一方面，积极建构一个学术诚信体系。学术诚信是一个大学精神的根本，也是一所高校学风建设的关键，更是一名高校青年教师学术品格的体现。近年来，我国高校涌现出许多青年教师学术不端的案例，甚至一些知名高校青年学者也陷入了学术不端的泥潭，影响十分恶劣。出现这一现象的原因有很多，但其中最为重要的是高校青年教师缺乏学术诚信意识和能力。有学者鲜明指出：“对于今天的青年学者来说，学术上的违规有时不仅是个人自觉的堕落，也不仅是在考核压力下无奈的取巧，有时事实上就是对学术规范的无知，因为现在越来越没有人告诉学生，学术规范是什么。”[①] 基于此，发挥科研育人的影响力和实效性，需要建构一

① ［英］弗兰克·富里迪：《知识分子都到哪里去了——对抗 21 世纪的庸人主义》，戴从容译，江苏人民出版社 2012 年版，第 3 页。

个集教育、预防、监督和惩治于一体的学术诚信体系，以规约、教育、影响和引领广大高校青年教师遵守学术道德规范，克服心浮气躁、急功近利的价值倾向。

3. 充分发挥学院学科带头人和优秀教师“传、帮、带”的作用，帮助和指导高校青年教师制定与明确自己的学术职业生涯规划

院（系）各学科带头人、资深骨干教师以及优秀知名教师，有着忠于人民教育事业的精神、严肃认真的治学态度、精益求精的教学方法，他们在对教师职业的敬畏、素养的提炼、价值的追求、责任的担当等方面的理解和把握上，较之于高校青年教师更为深刻、全面、系统，有着高校青年教师无法比拟的优势。有学者明确指出：“科研育人的对象也应该包括本校的青年教师。他们刚刚留校工作不久，正处在独立科研的初期，需要有人给予一定的指导和建议。如果本校本院系德高望重的教授或有实力的中年教授给他们做一些方方面面的指导，对他们的成长也是十分有利的。这其中也包括思想政治方面的进步。”① 可见，发挥学院各学科负责人、德高望重教授和知名教师的“传、帮、带”作用，对指导和帮助高校青年教师的职业发展格外重要。做好这一示范引领工作，学校学院要根据高校青年教师实际情况，有计划地将高校青年教师纳入学科发展建设的小组之中，各学科负责人或教授重点辅导新入职高校教师，通过向高校青年教师传述自己多年教学和科研经历来教育和引领他们对教师职业的敬畏和热爱，通过集体备课和专题研讨的方式来帮助破解高校青年教师在教学科研中遇到的困惑和难题，通过名师大家、学术带头人的人格修为、学养学识影响带动高校青年教师在“传”中学，在“帮”中进，在“带”中长。

三、切实强化实践育人

实践出真知、长才干，这是一条颠扑不破的真理。为避免高校青年教师出现从“学校门”到“学校门”、“不知有汉，无论魏晋”的境况，为破解高校教师工作理论教育强而实践教育弱的困境，今天的高校青年教师更要以家国情怀、心忧天下的态度关注现实、走入社会，在实践锻炼中汲取养分、丰富思想，这是因为“好老师不是天生的，而是在教学管理实践中、

① 刘建军：《进一步重视科研在高校育人中的地位和作用》，《中国高等教育》2015 年第 6 期。

在教育改革发展中锻炼成长起来的”。[①] 因此，做好新时代青年教师思想政治工作，要充分发挥实践育人的功能和作用，坚持与高校青年教师专业特长、职业发展、服务社会和育人育才等相结合，强化实践教学育人和社会实践育人机制，积极组织高校青年教师参加社会实践活动，引导他们在实践中树立对国家的忠诚、对社会的责任、对人民的感情、对教职的热爱。

1. 实践教学育人

较之于理论说服教育而言，实践教学是高校青年教师巩固理论知识和加深理论认识的有效途径，也是高校青年教师理论联系实际、培养掌握科学方法和提高教学能力的重要平台。如前所述，在高校青年教师思想政治工作内容方面，实践教学内容较之于理论教育内容占比较小，教育工作内容多倾向于从理论上进行理想信念、社会主义核心价值观、师德师风等方面的教育，实践教学成为高校青年教师思想政治工作过程中的一个薄弱环节，这也使一些高校青年教师厌倦了理论教育的枯燥乏味和抽象讲解，最终导致教育工作实效性不强。因此，做好新时代高校青年教师思想政治工作，要强化实践教学育人，按照特色性、实用性和混合性原则建构实践教学体系，积极发挥实践教学在全面提升高校青年教师综合素养和养成正确价值观中的育人作用。具体而言，可以通过教学竞赛带动实践教学，不断提升高校青年教师的教学水平和能力；可以通过实践教学与岗位技能培训相结合，着力推进“三个相结合”[②]，以岗位技能要求来指导实践教学；可以通过产学研合作以促进实践教学的发展，实现教育和科研在功能与资源优势上的协同与集成化创新，逐步形成适合自身发展和具有自身特色的科研道路。

2. 实践活动育人

各高校可以根据自己经费、地域等实际情况，积极组织高校青年教师在寒暑假期间参加社会实践活动，诸如通过参观红色教育基地、重走革命传统道路、缅怀革命英雄先烈、体验红色精神等实践活动，坚定高校青年教师的思想政治信念，增强高校青年教师的家国情怀。例如，吉林大学白求恩医学部每年都会利用暑假时间组织青年教师奔赴延安参与“学习延

① 习近平：《做党和人民满意的好老师：同北京师范大学师生代表座谈时的讲话》，人民出版社2014年版，第12页。

② “三个相结合”，即课堂、实验实训场所和企业环境相结合，学生、教师和工程技术人员相结合，教学、科研和工程项目相结合。

安革命精神　弘扬白求恩精神”活动，他们先后参观了“延安革命纪念馆”和“抗日军政大学纪念馆”，瞻仰了王家坪、杨家岭、枣园等革命旧址，学习了梁家河的“大学问”，聆听了“延安精神及其时代价值”和“白求恩与白求恩精神”等系列专题讲座，特别是在延安革命纪念馆参观有关白求恩事迹、医疗卫生部分以及现场教学《白求恩与白求恩精神》的时候，更让医学部的青年教师感到骄傲自豪和责任担当，进一步感受到吉林大学“红”“白”“黄”三源色精神的伟大力量和精神引领，加深了青年教师对“艰苦奋斗、实干担当”和“敢为人先、廉洁奉公”的深刻理解。全体青年教师深受教育，纷纷表示要在把心得、感受与学习成果带回各自工作岗位的同时，积极向同事们宣传延安革命精神，为白求恩精神的薪火相传贡献自己的力量。

3. 社会挂职锻炼

挂职锻炼主要是指高校青年教师在行政单位或者企事业单位从事具体业务工作，以提升高校青年教师职业责任意识和担当能力。例如，2014年安徽省颁布《关于实施高校青年教师社会实践计划的意见》（教秘人［2014］47号），明确选派360名高校中青年教师到企事业单位挂职锻炼，进一步增强了高校青年教师锻炼作风、培养能力、爱岗敬业、勇于担当的意识。再如，中国人民大学实施了“青年教师基层挂职锻炼计划”，2013年以来已经选派100多名青年教师到云南、广西等地区挂职锻炼，涉及教育、科技、文化、政法等多个领域，进一步增强了青年教师了解社会、服务社会的责任担当意识。另外，开展高校青年教师“志愿服务西部计划”已经成为许多高校的一个特色项目，通过这一计划让高校青年教师“到西部去，到基层去，到祖国最需要的地方去”，有助于提升他们对世情国情社情民情的进一步了解和体悟。以笔者为例，2017年8月至2018年1月，笔者志愿参加了援疆支教的工作，通过近半年的支教实践锻炼，不仅提升了自己的教学实践能力和水平，还增加了自己对少数民族地区高等教育发展的关注度，了解到边疆地区大学生对优质教育和优秀教师的渴望和需求，增强了自己教书育人的意识，坚定了自己为国家教育事业发展做出积极贡献的决心。

4. 参与大学生思想政治工作

高校青年教师与大学生年龄相仿、兴趣相投，他们的思想政治素质和道德情操，对大学生具有很强的影响力和感染力，要积极引导高校青年教师发挥自身优势，鼓励他们自愿担任学院相关专业的辅导员或班主任，发挥其在思想引领、专业认知、生涯规划、就业指导等方面的作用，并在做学生思想政治工作的过程中提升和改造自己的思想与认识，提高对思想政治工作的认同感。要建立健全高校青年教师参与学生思想政治工作的有效途径和长效机制，可以尝试把高校青年教师参与学生工作作为晋升专业技术职称的一个重要参考标准，从而激发高校青年教师参与学生思想政治工作的积极性和主动性。

四、深入推进文化育人

文化能够滋养人的心灵、涵育人的德行、引领社会的风尚，它对人们思想价值的形成和发展以及社会风尚的引领和传播具有重要影响。做好新时代高校青年教师思想政治工作，要更加注重文化化人和文化育人的潜移默化的隐性功能，达到文化浸润人、感染人和熏陶人的效果，滋养和涵育高校青年教师的心灵与品行。

1. 推动中华优秀传统文化、革命文化和社会主义先进文化走近高校青年教师

其一，实施“高校教师诵读中华经典工程”，组织高校青年教师积极参加“礼敬中华传统文化”建设活动，引导高雅文化、非物质文化等走近高校青年教师。高校可以借助和利用中华优秀传统文化产品中的教育因素发挥思想政治工作的教育功能和作用。例如，推荐高校青年教师阅读优秀文化作品，组织他们欣赏反映中华优秀传统文化的音乐作品、绘画作品及影视作品，通过这种文化的无形力量将思想政治教育信息和能量灌注进高校青年教师的思想中，实现文化潜移默化的作用。其二，挖掘革命文化的育人内涵，积极组织高校青年教师开展“传承红色基因、担当复兴大任”主题教育活动，以舞台剧、影视剧、歌舞剧、纪念日活动为载体，将革命文化熔铸于高校青年教师的内心世界。其三，开展社会主义先进文化教育，选树、宣传和推广一大批能够反映社会主义核心价值观的典型案例，引导广大高校青年教师做社会主义核心价值观的坚定信仰者和积极践行者。

2. 推进校园文化建设，提升校园文明程度，丰富校园精神文化生活

有条件的高校可以利用网络制作优秀校园人文景观、自然景观、教师

风采宣传纪录片，以增强高校青年教师的归属感和幸福感；可以积极引导高校青年教师参加学校或学院组织的各种文化文艺活动，尤其要重视发挥学院迎新晚会和毕业晚会的文化渲染作用；可以鼓励高校青年教师积极参加文化建设活动以感染、陶冶和教育自己。例如，文科类的高校青年教师可以通过诗歌创作等形式表达对美好生活的向往，理科类的高校青年教师可以通过自己的主题创造来展示对专业的热爱和对社会的贡献，以将文化意蕴与价值融入高校青年教师的精神世界之中。

3. 在国际比较中坚定文化自信

作为国家力量的重要体现，文化软实力的国际比较越来越受到世人关注和瞩目。站位于高校这一思想活跃、文化交流频发的地方，高校青年教师的文化自觉意识显得格外重要，也应当葆有这样的文化自信。这是因为我们有着5000多年文明发展中孕育的中华优秀传统文化，我们有着在党和人民伟大斗争中孕育的革命文化和社会主义先进文化，我们还善于汲取世界各国优秀的文化成果和遗产。高校青年教师在国际合作和交流中应当有文化比较意识，尤其是有机会到国外交流访学的高校青年教师，更要讲好中国故事，传播好中国声音。

五、创新推动网络育人

互联网的深刻变革和信息化的不断发展，使无人不网、无日不网、无处不网的境况越发变得日常化和生活化，越来越多的高校青年教师在闲暇时间利用网络传播载体来表达自己的教育教学和日常生活的见解和思考。笔者通过调查发现，高校青年教师通过电视节目来积极关注国内外重要政事的情况不容乐观，多数高校青年教师通过互联网对社会重点事件的关注度普遍较高。毫无疑问，高校意识形态领域出现的很多新问题和许多错误思潮，也都是因网而生发。因此，做好新时代高校青年教师思想政治工作，要树立互联网思维和意识，积极推动高校青年教师思想政治工作传统优势与信息技术高度融合，积极引导广大高校青年教师守好网络精神家园。

1. 加强网络工作统筹

各高校可以根据本校实际情况，及时调整单点着力、统一发力的工作思路，专门制订符合不同网络平台和受众群体的思想政治工作方案，形成有的放矢的新媒体网络矩阵，通过建设高校思想政治工作网，打造有关高校教师信息发布、工作交流和数据分析平台，着重加强高校教师思想政治工作信息管理系统共建与资源共享，培养一支政治强、业务精、作风硬的网络工作队伍。例如，西南交通大学党委教师工作部（教师发展中心），积极建构了高校教师思想政治工作网络平台，专门设置“工作动态”“教师发展”“教师思政”“资源服务”“国际交流”“相关下载”等栏目。其中，“教师思政”栏目下设“新入职教师岗前培训”“教师资格管理与语言文字工作”“思政与师德师风建设”“教师档案”“评奖评优”栏目，通过及时发布相关高校教师方针政策信息，以服务于高校教师个体成长发展需要，在高校教师群体中得到普遍好评，值得学习与推广。

2. 丰富网络工作内容

高校要积极整合网上教育教学有益资源，加强教师互动社区、主题教育网站、“两微一端”[①]、“新时代 e 支部”和“学习强国”等网络学习平台建设，创新网上高校青年教师党建园地、党校课程、论坛名站等思想政治工作服务平台，广泛开展“高校青年教师网络文化节”和“网络文明进校园”等网络建设活动，推广展示一批“网络名师名篇名作”，充分发挥高校青年教师人才优势，鼓励高校青年教师利用所学所知，开展本专业“经典书籍朗读之声”活动[②]，积极利用网络开展评选学生“最喜爱的老师”活动[③]，以增强思想政治工作的吸引力和感染力。

3. 强化网络素养教育

加强高校青年教师网络素养教育，有条件的高校可以制定“高校教师网络素养指南”，引导广大高校青年教师强化网络安全意识，增强网上言行的法律意识和责任意识，始终坚持网络舆论正确政治导向，教育和引导广大高校青年教师对待社会热点问题、教育教学问题、日常生活问题要正面发声、理性思辨，遵守网络行为规范，养成良好的文明网络生活方式，唱好网上好声音，传播网络正能量，唱响网上主旋律。

---

① “两微一端”主要是指微博、微信及移动客户端。

② 例如，西南大学马克思主义学院组织高校青年教师通过微信在线朗读马克思主义经典著作以提升网络育人效果。

③ 例如，郑州大学每年都会组织评选学生“最喜爱的老师”活动，通过网络的力量积极引导广大高校教师潜心教书育人、立德树人。

4. 加强网络工作管理

高校要强化互联网管理和治理，尤其是要依法加强新媒体管理，把网上舆论积极引导同网下思想政治工作有机结合起来，既能“面对面”，又会“键对键”，从而及时发现网上高校青年教师倾向性、苗头性和不良性的思想问题，通过整治网络有害信息、净化网络空间，守护好高校青年教师共同的网上精神家园。

六、不断深化服务育人

做好新时代高校青年教师思想政治工作，要始终坚持以人为本，把解决教师思想问题和解决教师实际问题结合起来，把握他们成长发展的合理需要与诉求，提供靶向服务、优质服务、贴心服务，减少无效供给、扩大有效供给、强化精准供给，在服务中关心人、帮助人，在服务中教育人、引导人。

1. 强化高校各类组织的服务育人职责

在“大思政”理念指导下，做好新时代高校青年教师思想政治工作，要更加突出强调全员全方位全过程育人，强化高校各类组织服务育人要求，深入研究、挖掘和梳理各类组织服务岗位所承载的育人功能，并作为工作职责要求，体现在高校青年教师思想政治工作的各个方面。高校各类组织要积极关注高校青年教师的发展需求和实际问题，注意倾听高校青年教师的合理诉求，把倾听高校青年教师的心声、满足高校青年教师的期待和要求自觉转为自己工作的职责和任务，积极创新教育工作服务形式，提高工作服务质量，促进高校青年教师自由全面发展。

2. 提升高校各类服务岗位的育人效能

做好新时代高校青年教师思想政治工作，要充分发挥高校各类服务岗位的育人效能，从校园建设、后勤管理、医疗卫生、网络建设、安全保卫等方面入手，增强有效供给，改善高校青年教师的生存环境和工作环境，促进他们的健康发展。例如，学校后勤部门要切实提高后勤保障水平和服务育人能力；学校图书馆要建设文献资源体系和服务体系，通过优化服务空间，提高服务效率；学校医院部门要制订高校青年教师健康教育教学计划，培养高校青年教师公共卫生安全意识和卫生行为习惯，做好高校青年教师的体检服务工作；学校保卫部门要提高安保效能，打造平安校园环境；学校信息化中心要积极建设综合信息服务系统，满足高校青年教师日常网络需要。

3. 打造高水准、多样性和精准化的服务供给体系，确保高校青年教师在岗位上有幸福感、在事业上有成就感、在社会上有荣誉感

其一，确保高校青年教师在岗位上有幸福感，就要在工作上更加体面和生活上更有尊严两个方面下真功夫。高校要优化高校青年教师工作的环境，领导要做高校青年教师的挚友和诤友，多关心和解决高校青年教师的实际问题，保障其切身利益，积极辅助解决他们在住房、子女教育等方面的实际问题，做到既讲道理又办实事。其二，确保高校青年教师在事业上有成就感，就要帮助高校青年教师找准角色定位，增强教师角色认同和使命认同，为高校青年教师提供成长发展的平台、资源和保障，使他们能够工作有条件、干事有平台、发展有空间、奋斗有希望，从而最大限度地调动他们的积极性、主动性和创造性。其三，确保高校青年教师在社会上有荣誉感，就要将高校教师摆在重要位置，在全社会大力弘扬尊师重教的良好风尚，让学生“亲其师”“信其道”，让社会敬重教师、相信教师。

第三节　配优建强高校青年教师思想政治工作队伍

“思想本身根本不能实现什么东西。思想要得到实现，就要有使用实践力量的人。”① 谁来做高校青年教师思想政治工作？谁有资格做高校青年教师思想政治工作？这是我们必须要解答的重要问题。我们认为，较之于学生思想政治工作队伍建设而言，无论是从高校青年教师的职业特点来看，还是从他们自身所具备的学识能力来讲，高校青年教师思想政治工作都更应该倾向于以自我思考、自我教育、自我修养、自我提高为主。然而，这是否意味着高校青年教师思想政治工作就可以没有一支专职队伍？当然不是。实践证明，高校青年教师思想政治工作队伍是一支不可或缺的队伍，也是一支值得信赖的队伍，要配优建强这支队伍，积极推动这支队伍的专业化和职业化建设。

---

① 《马克思恩格斯文集》第1卷，人民出版社2009年版，第320页。

一、明晰依靠力量

高校青年教师思想政治工作具有专业性、科学性和实践性的特点，这决定了高校青年教师思想政治工作必然是一个专业的工作，应建立一支专职队伍。另外，由于高校青年教师思想政治工作还具有经常性、群众性和业务性的特点，这也要求建设一支兼职队伍。两支队伍相互协作、密切合作，共同形成集管理、教育、服务和引领于一体的合力。具体而言，这支队伍不求所有、但为所用，由六路大军构成其主要依靠力量，即高校领导干部、党委教师工作部成员、教师党支部书记、知名资深教师、青年教师导师以及群团组织系统工作者。

1. 积极发挥高校领导干部队伍统筹、设计和规划的综合优势

高校党政领导干部是高校思想政治工作的主要负责人，应着力选聘政治素质过硬、理论水平较高、善于课堂讲授的领导干部充实到高校青年教师思想政治工作队伍，明确学校和学院两个层面的党政领导干部承担高校青年教师思想政治工作的职责，发挥其领导工作、顶层设计、统筹规划、具体落实和教育监督的作用。高校党政领导干部积极参与高校青年教师思想政治工作具有不可替代的作用，能够使思想政治工作渗透和贯穿高校教师教育工作各个方面，充分发挥其综合优势，使高校青年教师思想政治工作与教学、科研、后勤等管理工作有效结合起来，把做高校青年教师思想工作和解决实际问题有效结合起来，以提高高校青年教师思想政治工作的整体功效。

2. 充分发挥党委教师工作部牵头、组织和协调的职能

党委教师工作部的设置，是高校党委负责高校教师思想政治工作的具体部署，发挥着思想教育、师德师风建设和服务管理等功能。党委教师工作部队伍是高校青年教师思想政治工作队伍的重要组成部分，担负着组织、协调和执行等职责，发挥着牵头、组织和协调等职能作用。要按照少而精的原则，把这支队伍建设好、利用好，要严把部长、科员的准入关，打造一支“政治过硬、本领高强、求实创新、能打胜仗”[①] 的党委教师工作部队伍。当然，目前党委教师工作部的设置在高校还没有形成一定规

① 《习近平谈治国理政》第3卷，外文出版社2020年版，第315页。

模，高校没有设置党委教师工作部的，可将其职能赋予宣传部、教师发展中心等相关部门。

3. 积极履行教师党支部书记政治引领、组织生活、凝聚教师的职责使命

教师党支部是高校教师思想政治工作的重要战斗堡垒，也是凝聚、团结和联系广大高校青年教师的桥梁纽带。教师党支部书记作为最基本的组织负责人，发挥着具体落实党的教育方针政策、强化思想政治建设、规范党内组织生活、团结凝聚教师的重要职责。做好高校青年教师思想政治工作，要“注重从优秀辅导员、优秀大学生党员中选拔学生党支部书记”[①]，通过严格选配标准、加强培养培训、完善保障措施以强化支委班子建设，将熟悉和热爱党务工作的高校青年党员学术骨干教师纳入支委，选优配强支委书记和成员。

4. 充分发挥知名资深教师价值引领、学术指导和榜样示范的作用

这里强调的知名资深教师，主要是指在高校获得职称时间长，并在一定学术研究领域有特殊见地且学术水平和知识水平比较高的教师。他们可以是校内外知名资深教授（如“院士”“国家教学名师”“长江学者”等），也可以是学校内的知名学者，还可以是离退休的干部或优秀教师。这些教师在教育教学和科学研究方面取得了重大成就，为国家、社会和人民做出了巨大贡献，如果能够充分调动这些教师来做高校青年教师思想政治工作，并以“四个讲明白”“四个坚持不懈”“四个正确看待”“四个相统一”等为教育内容，将更能发挥其思想引领、生涯规划和人生启迪的作用。当然，我们也要看到，这些教师主要是作为兼职高校青年教师思想政治工作队伍而存在，他们的教育工作实效性的发挥更多还是通过学术讲座、专题研讨、对话交流等形式来呈现。

5. 积极发挥高校青年教师导师榜样示范、师德引领和言传身教的功能作用

这里所强调的导师主要有两类：一是高校青年教师“在学”时的研究生导师，二是高校青年教师入职后遴选的导师。就前者来讲，高校青年教师在走上高校教师职业岗位以前，有3—8年的时间都是跟读于自己的研究生导师，导师的人格魅力、价值追求、治学态度和为人处世，无疑对

① 《十八大以来重要文献选编》下，中央文献出版社2018年版，第492页。

他们的成长和发展产生了潜移默化、深远持久的重大影响。[①] 就后者而言，高校青年教师在走上高校教师职业岗位以后，有 1—5 年的时间都处于职业生涯发展的关键期，迫切需要一位职业规划导师来为自己“指路”和“导航”，以助力专业成长发展。正所谓“天边不如身边，道理不如故事”，将高校青年教师导师制作为加强高校青年教师思想政治工作的重要途径，有助于积极发挥导师在提升高校青年教师思想政治素质、培养学术创新能力、增强社会责任感、恪守学术道德规范等方面的积极作用。在有条件的高校，学院可以为高校青年教师遴选事业心和责任感极强、教学经验丰富、学术水平较高的导师，并采取一对一“传、帮、带”的模式，从思想政治、教学科研、师德师风等方面对高校青年教师进行全方位的指导。

6. *充分发挥群团组织系统工作人员的服务、保障和关怀作用*

习近平总书记指出：“要树立大宣传的工作理念，动员各条战线各个部门一起来做，把宣传思想工作同各个领域的行政管理、行业管理、社会管理更加紧密地结合起来。”[②] 做好高校青年教师思想政治工作亦如此。我们要充分发挥高校群团组织系统在这一工作中的组织保障作用，从人文关怀的视角聚焦高校青年教师的实际需要。例如，学校教职工代表大会积极保障高校青年教师参与学校民主管理和监督的权利，积极向学校提出解决与高校青年教师利益直接相关的福利等问题。学校妇女联合会积极发挥维护女教师利益、促进男女教师平等的职责，团结和动员女教师投身高等教育事业改革，教育和引导女教师增强“自尊、自信、自立、自强”精神，充分展现高校“半边天”的形象。学校共青团要不断增强团组织的吸引力、凝聚力和战斗力，组织 28 岁以下的高校青年教师积极学习党的路线方针政策，做好团员发展、团员教育、推优入党工作。不难看出，高校群团组织系统工作者对营造一个健康和谐安全的高校教师教育工作环境具有重要的推动作用，应予以高度重视并建设好这支高校青年教师思想政治工作队伍。

总的来说，建立一支专兼职相结合的高校青年教师思想政治工作队

---

① 这一重要影响可从高校青年教师博士学位论文后记中关于导师对自己做人、做事和做学问的回忆中得到印证。

② 《习近平谈治国理政》，外文出版社 2014 年版，第 156 页。

伍，是新时代高校青年教师思想政治工作优化策略的题中应有之义。当然，我们也要承认，高校青年教师思想政治素质的提高更为主要的还是依靠他们自身的学习和修养。

二、准确角色定位

建设一支专兼职相结合的精干、稳定且高水平、有威信的工作队伍，是做好新时代高校青年教师思想政治工作的重要组织保证。这支队伍在思想政治工作过程中担负着统筹、组织、协调和执行的任务，发挥着重要的管理、教育、服务和引领的作用，是高校青年教师的知心人、热心人和引路人。

1. 做高校青年教师的知心人

要求得到充分的尊重和信任，是高校青年教师的一个重要特点。正所谓“人之相知，贵相知心”“士为知己者死”。思想政治工作者只有足够了解、尊重和信任高校青年教师，才能得到他们的尊重。因此，思想政治工作者必须尊重高校青年教师，成为他们的知心朋友。其一，以诚待人。“思想政治工作是一项真诚‘交心’的工作，而不是一种简单的宣传工作，不是某种双方谈判的工作，更不是忽悠人的工作。”[①]将心比心、以心换心，是拉近与高校青年教师沟通和对话的重要方法，可以使高校青年教师更愿意接近、了解、信任思想政治工作者，从而更加愿意交流思想感情，甚至倾吐自己的内心秘密，这有利于思想政治工作者了解和掌握高校青年教师的真实想法。其二，平等待人。高校青年教师具有极强的自尊心，迫切希望在人际关系中得到别人的平等对待。思想政治工作者不论是对成绩斐然的高校青年教师，还是对初入教职的高校青年教师，在人格上都应该一视同仁，在平等对话、沟通和研讨中融洽双方之间的关系。其三，宽厚待人。高校青年教师爱发表不同思想观点，也爱提出各种批评意见，这是教师职业自身特有的一种现象。面对不同观点和各种批评，思想政治工作者要有宽容的气度，对哪怕有明显缺点的高校青年教师也应当多包容、多宽容。

---

① 刘建军：《新时代思想政治工作的十大原则——习近平对思想政治工作原则的创新发展》，《学术界》2018年第9期。

如果求全责备，看似严格要求，实际上会使高校青年教师产生逆反心理，使他们更加厌恶思想政治工作。当然，宽厚待人，不是不讲原则和立场，而是要允许高校青年教师有克服缺点和改正错误的一个过程，是要让高校青年教师更加感受到“爱之深，责之切”的真情。

2. 做高校青年教师的热心人

思想政治工作是做人的工作的，这要求高校青年教师思想政治工作者必须关心教师、服务教师，做高校青年教师的热心人，通过自己对工作的热忱、对教师的关心来提高他们对思想政治工作的认识和认同。其一，关注高校青年教师思想动态。在经济全球化和信息社会化背景下，高校青年教师的思想价值观念呈现多元化发展趋向，思想政治工作者要及时了解和把握高校青年教师思想动态，积极引导主流思想价值、纠正错误思想价值倾向。其二，关怀高校青年教师专业成长。教学科研能力的高低和水平是制约与影响高校青年教师职业发展的重要因素。由于教学资历和科研经验不足，许多高校青年教师在教育教学和科学研究中总会遇到一些困惑和瓶颈，迫切需要有经验的教师的指导和帮助，思想政治工作者要抓住这些关键节点，注重以事业和专业凝聚人、鼓舞人、激励人，热心帮助高校青年教师在教学科研上取得新成绩，助力他们的职业健康发展。其三，关心高校青年教师实际问题。高校青年教师在日常生活中难免会遇到一些磕磕绊绊，如婚姻问题、住房问题、子女教育问题、赡养老人问题。思想政治工作者要热心关注和辅助高校青年教师解决这些实际问题，如举办高校青年教师与当地企业、事业单位青年工作者的联谊活动，为单身教师提供稳定的教师公寓，尽力帮助解决配偶工作和子女入学教育。这对提升高校青年教师积极性、主动性和创造性具有重要的促进意义。

3. 做高校青年教师的引路人

高校青年教师正处于人生的爬坡期、开拓期和上升期，他们的理想信念仍需铸育、师德师风仍要塑炼、知识体系仍待完善、情感心理仍未成熟，迫切需要思想政治工作者加以正确教育和引导。高校青年教师思想政治工作表面上看做的是高校青年教师的思想工作，实际上它将影响高校青年教师的思想观念、价值理想、师德师风和精神面貌，是触及高校青年教师灵魂的一项重要工作。所以，高校青年教师思想政治工作者肩负着重大的历史使命和时代任务，必须教育和引导广大高校青年教师铸就理想信念、涵育家国情怀、掌握丰富知识、提升育人意识、树立创新思维、锤炼高尚品格。高校青年教师思想政治工作者要做高校青年教师的指导者和引路人，帮助他们打下专业成长成才的思想基础。做高校青年教师的引路人不是一件容易的事情，思想政治工作者要严于律己、以身作则，充分发挥自己的表率、示范和引领作用。

三、提升核心素养

毫无疑问，较之于学生思想政治工作队伍思想素质和工作能力而言，高校青年教师思想政治工作队伍的素质要求更高。从思想政治教育学理上讲，我们认为这支队伍必须要有思想、讲政治、懂教育，才能底气足、信心满、腰杆硬地肩负起高校青年教师思想政治工作的职责使命。

1. 重在有思想

高校青年教师思想政治工作是要讲道理的。其中，最主要的是要讲清世界的发展大势、时代的历史使命、教育的时代任务、教师的战略地位，讲清楚高校青年教师如何应对在日常生活和教学科研中所遇思想困惑的道理。要想把这些道理讲得通透彻底和直抵人心，要想让高校青年教师自觉领会“道理”之中所蕴含的“真理”，前提就是要有理，而有理重在有“思”，因为“无论是采取什么样的鲜活素材，采用什么样的灵活方法，最终还是由思想去引导，靠思想去驾驭”。[①] 思想政治工作者要想触及高校青年教师的灵魂，使他们将教育内容和要求自觉转化为信念信仰和价值观，更要靠思想的说服力量，以思想的方式和洞见来把握现实、引导价值、铸就品性。这无疑对高校青年教师思想政治工作队伍提出了“有思想”的素质要求。成为一个有思想的思想政治工作者，是一件不容易的事情，不仅需要有丰富的人生阅历和广泛的阅读思考，还需要用一生的时间来提升自己的思想。在“有思想”的诸多要素考量中，不可缺乏的就是马克思主义思想和中国特色社会主义思想，这是做好高校青年教师思想政治工作的根基，也是以思想的方式洞察世界和把握现实最有力的武器。想要拥有这一思想武器，思想政治教育工作者就

---

① 庞立生：《思政课教学重在有“思”》，《中国教育报》2017年9月11日。

必须努力提升自己的马克思主义理论素养，熟练掌握马克思主义的“看家本领”，自觉学习和应用习近平新时代中国特色社会主义思想，做到真学、真懂、真信、真行，从而汇聚起强大的洞观世界、把握现实和破解问题的思想力量。

2. 核心是讲政治

高校青年教师思想政治工作具有意识形态性的基本属性，必须旗帜鲜明地讲政治。有学者明确指出：“教师在传授知识时，自身的政治立场是很难隐瞒的，不是宣传正确的立场，就是宣传或纵容错误的立场。政治课自不待言，专业课也不例外。因此要求教师在政治方向上不能有丝毫含混，必须立场坚定，旗帜鲜明，并有权威。”① 陈宝生也强调：“我们在任何时候都要讲政治，每一位教育工作者从本质上讲都是政治工作者，这是由中国特色社会主义教育的本质特征决定的。所以领导要讲政治，教育工作者也要讲政治，都要讲政治，这是一个重要的工作方法。”② 就高校青年教师思想政治工作队伍的素质要求而言，旗帜鲜明、棱角分明地讲政治，是做好高校青年教师思想政治工作的核心要旨。思想政治工作者要从自觉站在党和国家发展的大局、中华民族伟大复兴的高度、满足人民美好生活的期待上来看待高校教师教育工作。讲政治，要理直气壮地讲共产主义远大理想和中国特色社会主义共同理想，坚定“四个自信”；讲政治，要牢牢站稳政治立场，把办好人民满意的高等教育事业作为最大的政治，坚持社会主义大学办学方向，“培养中国特色社会主义事业的建设者和接班人，而不是旁观者和反对派”③；讲政治，要严守政治规矩和政治纪律，做到课堂讲授守纪律、公开言论守规矩；讲政治，要提高政治能力、保持政治定力，力争在思想观念、价值取向和社会思潮多元、多样、多变的意识形态阵地中，始终做到立主导、谋共识、定方向；讲政治，要有自我革命的精神，做到“坚持真理、修正错误”。高校青年教师思想政治工作队伍要特别坚定、特别刚强、特别过硬地讲政治，这既是党性要求所系，也是岗位责任

---

① 胡奕信等：《教师道德修养》，江西高校出版社 2010 年版，第 65 页。

② 陈宝生：《写好高等教育“奋进之笔”——在教育部直属高校工作咨询委员会第二十七次全体会议上的讲话》，《中国高等教育》2018 年第 Z1 期。

③ 《习近平会见清华大学经济管理学院顾问委员会海外委员和中方企业家委员》，《人民日报》2017 年 10 月 31 日。

使然。

3. 关键是懂教育

这里的教育，主要是指思想政治教育中的“教育”。做好高校青年教师思想政治工作，思想政治工作者需要从教育思想、教育使命、教育行为、教育生活和教育方法[①]等方面去审视和彰显高校青年教师思想政治工作的特色与优势。其一，懂教育的思想。教育的思想服务于思想政治教育的根本任务，中国共产党的教育思想集中体现在党的教育方针、聚焦于办学育人方向，当前更是反映“两个一百年”奋斗目标和中华民族复兴梦的教育思想，教育工作者要懂得用这一教育思想引领高校青年教师思想政治工作。其二，懂教育的使命。教育的使命是思想政治教育的价值取向，它与党、国家和民族的使命密切关联、融为一体，当前更是反映高等教育“四为服务”发展方向的教育使命，教育工作者要懂得勇于担当这个时代赋予的教育使命。其三，懂教育的行为。教育行为是思想政治教育的基础，它对受教育者起着重要的价值引领和示范带动作用，当前更是反映《新时代高校教师职业行为十项准则》的教育行为，教育工作者要懂得严于律己、以身作则。其四，懂教育的生活。教育的生活彰显的是思想政治教育“有滋有味”的日常生活特质，旨在营造一个富有内涵、颇接地气的教育生活，当前更是反映提升高校青年教师获得感、幸福感和荣誉感的教育生活，教育工作者要懂得把解决思想问题和解决实际问题相结合。其五，懂教育的方法。教育的方法在一定程度上决定着思想政治教育的效果，它是将思想政治工作谈问题、摆事实、讲道理往实、往深、往心里做的重要载体，当前更是反映“因事而化、因时而进、因势而新”的教育方法，教育工作者要懂得认识和把握高校青年教师思想政治工作规律、教书育人规律、教师成长发展规律，特别是掌握科学的教育方法论。总之，思想政治工作者只有懂教育，才能简洁明了、富有哲理、深入浅出地把道理讲得富有感染力和吸引力，才会使高校青年教师有“醍醐灌顶”和“豁然开朗”的感觉。

---

① 陈宝生：《切实推动高校思想政治工作创新发展——深入学习贯彻习近平总书记教育工作重要讲话精神》，《光明日报》2017 年 8 月 4 日。

第四节　建立健全高校青年教师思想政治工作领导机制

机制是一个工作组织内部的机理的理论表达，是对工作组织内部的机理进行统筹协调和实践性部署，集中表现为工作体制运行的有效方式，重在展现一个工作运作过程和方式中各要素的关系性与功能性。就领导体制而言，高校青年教师思想政治工作实行怎样的领导体制，事关党对高校青年教师的领导和社会主义办学的方向，直接关系到高校青年思想政治工作能否得到真正的加强。破解党和国家高度重视与高校支持体系相对薄弱之间的深层次矛盾，迫切需要加强党对高校青年教师思想政治工作的领导，积极发挥各级党组织的育人保障功能，理顺高校党委的领导体制机制，推动高校各级党组织自觉担负起职责任务。

一、积极改善高校党委对高校青年教师思想政治工作的领导

党的领导关乎党管高校、办学治校和育人育才的正确方向，它既是高校坚持社会主义办学方向、扎根中国大地办大学、培养社会主义建设者和接班人、造就担当中华民族复兴大任时代新人的根本保证，也是高校思想政治工作科学开展的逻辑起点。高校青年教师思想政治工作领导体制，是在坚持社会主义办学方向，坚持党对高校青年教师领导的前提下，以办学治校、育人育才的目标为主要职能，以权限划分为主要内容的一种内部领导体制。高校党委是全面领导和统筹协调高校青年教师思想政治工作的责任主体，发挥着把方向、谋大局和抓落实的政治核心作用。高校党委要履职到位、明晰职责、明确任务、协调分工，加强对高校青年教师思想政治工作宏观层面的顶层设计，克服高校重业务能力提升、轻思想政治教育的“一手硬、一手软”的工作弱化现象。一方面，高校党委书记要亲自出马，抓紧抓实抓好高校青年教师思想政治工作，要加强思想政治工作调查研究，多同广大高校青年教师接触与交流，善于跟高校青年教师做朋友、

做挚友，认真听取高校青年教师合理诉求与意见，获得第一手资料，掌握最鲜活情况，做到心中有数、心中有方，以增强思想政治工作的预见性和实效性。另一方面，高校党委要在旗帜鲜明讲政治上当标杆，牢牢掌握党对高校教师工作的领导权（如北京交通大学成立学校青年教师思想政治工作领导小组，东北师范大学成立师德建设委员会），站稳高校正确办学方向的立场，扎实办好中国特色社会主义大学，对在高校青年教师思想政治工作中遇到的敏感问题，要敢抓敢管、善抓善管、常抓常管，特别是对做好高校意识形态工作，要站到一线、态度鲜明。

二、扎实做好高校党委教师工作部的日常工作

目前一些高校陆续成立党委教师工作部以积极开展高校青年教师思想政治工作。当然，我们要看到，党委教师工作部的建设还存在一些亟待解决的突出问题，如有的高校对成立党委教师工作部的重大意义认识不够深刻，有的高校党委教师工作部自身职能定位和与其他部门的职能区分不清，有的高校党委教师工作部基本上还是形式上的一种挂靠。我们需要扎实做好党委教师工作部建设，从顶层设计和制度落实两个方面强化高校教师教育管理和服务工作。在顶层设计上，党委教师工作部要加强谋划设计、健全统筹机制，在高校党委的领导下设置为独立的办公部门（建议设部长 1 名，副部长 1 名，工作者若干名），形成由党委统一领导、党委教师工作部牵头、多单位共同参与、教师党支部具体落实的高校教师思想政治工作协调机制，这样才能对党委教师工作部承担高校青年教师思想政治工作的谋划设计、组织协调和推动落实等工作具有实质性的推动作用。在制度落实上，党委教师工作部要强化组织实施、引导服务，充分发挥思想引领、师德建设和管理服务的职能作用，建立高校青年教师思想动态滚动调查分析研判机制，以多种方式开展教职工思想政治教育活动，积极推进学校师德师风建设，参与评选和宣传学校优秀教师典范，探索高校青年教师思想政治工作新途径，助力高校青年教师职业生涯发展规划，辅助解决高校青年教师日常教育教学过程中遇到的实际问题。只有这样，党委教师工作部才能真正发挥其纵向承上启下、横向统筹协调的工作使命，以避免陷入党委教师工作部被弱化或被边缘化的困境。

三、强化提升院（系）党委做好高校青年教师思想政治工作的能力

加强高校学院层级的组织建设，提高院（系）组织做思想政治工作能力，是做好高校青年教师思想政治工作的重要基础。中共中央、国务院《关于加强和改进新形势下高校思想政治工作的意见》明确指出："要强化院（系）党的领导，发挥院（系）党委（党总支）的政治核心作用，履行政治责任，保证监督党的路线方针政策及上级党组织决定的贯彻执行。认真执行民主集中制原则，通过院（系）党政联席会议讨论和决定本单位重要事项，健全院（系）集体领导、党政分工合作、协调运行的工作机制，提升班子整体功能和议事决策水平。"对此，做好新时代高校青年教师思想政治工作，院（系）党委要切实承担起做好学院内部青年教师思想政治工作的主责主业。要坚持思想政治引导与夯实基础相结合，定期分析和摸清摸实学院内部高校青年教师思想政治状况，强化知识分子统战工作的组织保障，不断增强思想政治工作针对性；要坚持思想政治引导与学习教育相结合，积极成立高校青年教师理论学习研究会，有条件的学院可以专门设立专项党建研究基金以支持高校青年教师深入研究重大理论与实践问题，做好积极吸纳高校青年教师入党工作，主动帮助引导学院内部的青年学术骨干、拔尖青年人才、海外留学归国青年教师向党组织积极靠拢；要强化发展支持和组织保障做好教师服务工作，在科研启动经费、研究生名额和周转房供应等方面制定措施向高校青年教师倾斜，以提升高校青年教师的获得感和幸福感。

四、充分发挥教师党支部政治引领、组织育人和凝聚教师的主体作用

高校教师党支部是教育、管理、监督和服务高校党员教师的基本单位。必须承认，目前一些高校教师党支部存在一些亟待解决的问题，迫切需要加强高校教师党支部建设，以充分发挥其思想政治价值引领、规范党的组织生活、团结凝聚教师共识、促进学校中心工作等方面的主体作用。破解这一问题，要牢固树立"党的一切工作到支部"的鲜明导向，把高

校青年教师思想政治工作目标和任务落实到支部，把从严管理高校青年教师党员落实到支部，实现全面从严治党向基层延伸。要严格按照《关于加强新形势下高校教师党支部建设的意见》来“对标”和“对表”，以“两学一做”为抓手，加强党员教师党性修养；要完善教师党支部政治理论学习制度，每月集中学习培训时间不少于3个学时，可以适当将“三会一课”和网络学习时间计入学时，并采取灵活多样的方式系统开展马克思主义理论教育，尤其是要向高校青年教师重点宣传习近平新时代中国特色社会主义思想，通过融合式讨论、项目式研究等方式，扎实推进这一思想入耳、入脑、入心；要坚持以人为本，做好高校青年教师党员心理疏导和人文关怀工作，不断把教师党支部建成党员之家、教师之家，增强教师的组织归属感和实际获得感；要选优配强党支部书记，注重选拔“党性强、业务精、有威信、肯奉献”的党员教师担任支部书记，强化党支部书记培养培训，完善党支部书记履职尽责激励保障措施，充分发挥党支部书记的模范带头作用。

结　语

高校青年教师思想政治工作抓的是当下，传承的是根脉，面向的是未来，事关党和国家对高等教育的全面领导，事关教育强国建设的目标实现，事关社会主义建设者和接班人的接续培养，是高校思想政治工作永不落幕的主题。高校青年教师思想政治工作一直是学术界关注和研究的一个重点问题，伴随着党和国家愈加重视高校教师思想政治工作，以及思想政治教育学科建设和专业发展的整体推进，高校青年教师思想政治工作研究也不断前行，取得了丰硕的研究成果，为高校青年教师思想政治工作的实施开展提供了重要的理论支撑和实践基础。可以说，对当前高校青年教师思想政治工作的相关研究热度不减，这不仅有着科学的方向导引，是对党和国家全面深化新时代教师队伍建设改革的积极响应；而且指向深刻的现实根源，是对当前部分高校青年教师师德师风失范情况的问题反思；更有着自觉的学科意识，是对拓展思想政治教育研究领域的学术探讨。站在新时代的历史起点上，立足于党中央治国理政的战略全局，站位于实现中华民族伟大复兴“中国梦”的认识高度，着眼于“四个全面”战略布局的政治高度，积极探究新时代高校青年教师思想政治工作理论与实践问题，无疑有助于引领新时代高校青年教师队伍建设的方向与进程。

较之于学生思想政治工作的整体性、系统化研究而言，教师思想政治工作还存有诸多薄弱环节和问题需要进一步强化与破解。开展新时代高校青年教师思想政治工作研究，就是对其薄弱环节和问题的自觉关注与有益解答。通过对学界现有高校青年教师思想政治工作研究成果的科学梳理，经由高校青年教师思想政治工作历史演进的回顾镜照，反思当前个别高校青年教师师德师风失范情况，调研高校青年教师思想政治工作的现实境遇，我们发现：现存问题影响因素的复杂性、理论破解现实问题的滞后性、触及意识形态问题的敏感性、教育实施主体责任的模糊性，都在一定程度上加剧了做好高校青年教师思想政治工作的艰难性，迫切需要加强和改进高校青年教师思想政治工作。

本研究立足于习近平总书记关于教师思想政治工作的系列讲话和重要论述，以新中国成立以来高校青年教师思想政治工作的发展脉络为经，以当前高校青年教师思想政治工作的深层次矛盾为纬，在“为什么—是什么—怎么办”的逻辑基础上，通过个案访谈和实证调查的方法，深入探究关涉高校青年教师思想政治工作根本性和全局性的重要问题。研究发现，新中国成立以来我国高校青年教师思想政治工作取得了显著成绩，其教育工作格局基本形成、规章制度逐步完善、作用成效日益凸显，同时积累了许多值得传承和学习的宝贵经验。当然，我们也要看到，目前高校青年教师思想政治工作依然存在一些亟待解决的现实问题，如党和国家高度重视与高校支持工作相对薄弱、思想政治工作“供给”与青年教师“需求”之间的矛盾等。这些深层次矛盾和问题制约与影响了高校青年教师思想政治工作的科学化发展。这提醒我们，做好新时代高校青年教师思想政治工作，既要增强忧患意识，看到教育工作存在的待解问题，看到教育工作的艰难性，又要坚定工作信心，变压力为开创高校青年教师思想政治工作新局面的动力，为努力培养造就堪当民族复兴大任的大国良师打下决定性基础。

中国特色社会主义进入新时代，这是我国历史发展的新方位。民族复兴的实现、教育强国的建设、优秀人才的锻造、青年教师的培养，都离不开高校青年教师思想政治工作功能和作用的有效发挥。做好新时代高校青年教师思想政治工作，要围绕中心、服务大局，凝聚教师、关心教师，以改革奋进的状态守好教书育人的“一段渠”，种好立德树人的“责任田”，牢固树立“四个意识”，增强“四个自信”，系统回答好高校青年教师思想政治工作“谁来做”“做什么”“怎么做”的问题。具体而言，要选优建强一批专兼职高校青年教师思想政治工作队伍，依循又红又专、严爱相济、奖惩分明、内外兼修等原则，不断推动思想政治工作创新发展，打造思想政治工作育人体系，着力筑牢崇高的理想信念、铸育高尚的道德情操、增强精湛的业务能力以及提升高超的育人水平。

能不能从学理上建构一个高校青年教师思想政治工作体系，以用于指导新时代高校青年教师思想政治工作的科学开展？这是本研究一直思考的一个重点和难点问题。然而，囿于笔者水平有限，诸如对党和国家关于高校青年教师思想政治工作文件文献的精神学习、内容提炼和措施落实等问题的梳理有待进一步上升到学理言说的理论高度，对高校青年教师思想政治工作的理论基础建构、方法论支撑、体制机制创新等问题的研究仍待进一步深入，对高校青年教师的个案访谈规模和质量有待进一步扩充与提高，这些不足和缺陷使得本书在对一些理论、思想和观点的正确表达上还存有思不言及、言不尽意之处，无疑成为本研究在今后接续探索中需要着重加强和改善的地方。

附　录

高校青年教师思想动态调查问卷

尊敬的老师：

您好！非常感谢您能抽出宝贵的时间来填写这份问卷。为了解和掌握高校青年教师的思想动态，进一步提升高校青年教师思想政治工作的针对性和实效性，现对高校青年教师的职业道德素质和思想政治素质等情况进行问卷调查。请根据自己的实际情况勾选选项，如无特殊标明均为单选题。本次调查结果绝不外泄，仅作为科研使用，请放心填写。感谢您对本次问卷调查的配合与支持，祝您工作顺心，万事如意！

新时代高校青年教师思想政治工作研究课题组

1. 您的性别：

A. 男　B. 女

2. 您的年龄：

A. 30 岁以下　B. 30—35 岁　C. 36—40 岁

3. 您的政治面貌：

A. 中共党员　B. 民主党派　C. 无党派人士　D. 群众

4. 您的最高学位：

A. 其他　B. 学士　C. 硕士　D. 博士

5. 您的专业技术职务：

A. 正高级　B. 副高级　C. 中级　D. 初级　E. 其他

6. 您的学科归属：
   A. 人文社科类　B. 工学类　C. 理学类　D. 医学类
   E. 管理学类　　F. 艺术类　G. 其他
7. 您是否有过连续的境外学习或工作经历：
   A. 3 年以上　　B. 1—3 年　C. 1 年以下　D. 无
8. 您参加过的学术团体情况（多选）：
   A. 国际或海外学术团体　B. 全国性学术团体
   C. 省级学术团体　D. 地市级或县市级学术团体　E. 无
9. 您选择从事高校教师这一职业的原因（多选）：
   A. 热爱教育事业　B. 对学术研究感兴趣　C. 工作稳定　D. 声誉好
   E. 为国家社会发展做贡献　F. 收入高　G. 工作轻松
   H. 为人类文明进步做贡献　I. 其他
10. 您对习近平总书记对教师群体所提期望和要求的了解情况如何？

选项	非常了解	了解	不清楚	不了解
做“有理想信念、有道德情操、有扎实学识、有仁爱之心”的“四有好老师”				
做中华民族伟大复兴中国梦“梦之队”的筑梦人				
做“先进思想文化的传播者、党长期执政的坚定支持者、学生健康成长成才的指导者和引路人”				
做“为人民服务，为中国共产党治国理政服务，为巩固和发展中国特色社会主义制度服务，为改革开放和社会主义现代化建设服务”的践行者				

11. 您在课堂教学中讲授的主要内容有（多选）：
    A. 专业一般知识　　　　B. 国内前沿理论介绍
    C. 自己对学科的基本看法　D. 国外前沿学术动态　E. 其他
12. 您在课堂中与学生交流的内容主要有（多选）：
    A. 与专业相关的知识　B. 学生密切关注的问题和社会热点
    C. 与自己的工作和生活关联的事情　D. 没有确定的主题　E. 其他

13. 您对教师向学生传递价值观的看法：

选项	非常同意	同意	一般	不同意	非常不同意
向学生传递正面价值观，积极去影响学生					
告诉学生社会的阴暗面，让学生全面认识和了解社会					
讲述自己的生活或成长经历，让学生汲取有益经验					

14. 您在教学过程中的压力主要有（多选）：
A. 学校的考核　B. 上课的形式　C. 知识内容的准备
D. 课时量的多少　E. 学生的认可度　F. 其他
15. 您近三年核心论文发表情况：
A. 尚未发表　B. 1—5 篇　C. 6—10 篇　D. 10 篇以上
16. 您近三年主持国家、教育部和省级课题共计：
A. 没有　B. 1 项　C. 2 项　D. 3 项　E. 3 项以上
17. 您撰写论文、申请课题的目的（多选）：
A. 学术兴趣　B. 晋升职称　C. 获取科研奖励
D. 为国家提供理论支撑和解决社会问题的方案　E. 其他
18. 您觉得影响您论文发表、课题中标的因素有哪些？（多选）
A. 学校名气　B. 研究方向　C. 职务职称　D. 发表费用
E. 人际关系　F. 自身质量　G. 其他
19. 您平均每个月阅读书籍的数量：
A. 1—2 本　B. 3—4 本　C. 5—6 本　D. 6 本以上
20. 您平时阅读《共产党宣言》等马克思主义相关书籍吗？
A. 经常　B. 偶尔　C. 很少　D. 从不
21. 您怎么看待某大学“长江学者”的师德失范行为？
A. 性质恶劣，严厉惩处　B. 给予机会，宽容对待
C. 习以为常，平静对待　D. 事不关己，不闻不问
22. 您认为当前部分高校教师学术道德失范的原因是（多选）：
A. 学术规范、规章不明确　B. 学术道德教育不够
C. 教师自律不够　D. 现行评价制度驱使

E. 监督机制不健全　　F. 社会风气

G. 处罚不够严厉　　H. 其他

23. 您认为下列哪个方式防止学术不端行为最有效?

A. 改革科研能力评价体制　　B. 完善学术审查机制

C. 加强师德教育　　D. 加大惩罚力度

E. 无有效方式

24. 对于以下观点，您的态度是:

选项	非常同意	同意	不确定	不同意	非常不同意
把个人理想自觉融入国家发展事业当中					
培养社会主义建设者和接班人,而不是反对者和旁观者					
要有崇高师德的导引,但我只能做个普通教师					
教师的一言一行,不会对学生思想和行为产生多大影响					
所有课程都有育人功能,所有老师都要发挥育人职责					
教学质量好不好,不会影响我的职务晋升					
可以适当在校外兼职					
为成功发表论文,找点人脉资源和关系实属正常					
教学收入低,科研收入高,我倾向于选择搞科研					
教师有言论自由,可以在课堂上自由发表观点					
评价教师队伍素质的第一标准应该是师德师风					
对教师师德失范行为,实行师德"一票否决制"					
党员教师可以信仰宗教					

25. 您平时观看中央电视台的《新闻联播》节目吗？
A. 经常 B. 偶尔 C. 极少 D. 不看

26. 您对以下所列事件的关注度：

选项	非常关注	关注	不清楚	一般	不关注
世界杯					
房价走势					
娱乐圈“阴阳合同”					
霍金逝世					
港珠澳大桥主体工程全线通车					
“慧眼”卫星发射成功					
西安交通大学博士研究生自杀事件					
世界哲学大会					
马克思诞辰200周年					
党的十九大					
中美贸易摩擦					
第五次《中华人民共和国宪法修正案》					
改革开放40年					
长生生物问题疫苗					
中国共产党与世界政党高层对话会					

27. 您在讨论和分析社会热点问题时的立场：
A. 政党立场（比如共产党或民主党派）
B. 政府立场（国家管理者立场）
C. 学术立场（比如“左派”“右派”或自由派）
D. 群众立场（底层立场）

28. 如果您的同事在网络上发布不妥言论，您的态度是：
A. 认为他说得有道理，理解并支持
B. 认为他的想法偏激，与他沟通并帮助他形成客观理性的认识
C. 无所谓，听之任之
D. 找学院或学校领导反映情况
E. 其他

29. 对以下观点，您的态度是：

选项	非常认同	认同	不确定	不认同	非常不认同
没有理想信念，精神上就会“缺钙”，要坚持共产主义远大理想和中国特色社会主义共同理想					
中国特色社会主义进入了新时代，我国社会主要矛盾已经转化为人民日益增长的美好生活需要和不平衡不充分的发展之间的矛盾					
自觉巩固马克思主义在高校意识形态领域的指导地位					
做社会主义核心价值观的积极践行者					
坚持正确政治方向，扎根中国大地办大学					
党对高校工作实行全面领导					

30. 您所在学校、院系领导对青年教师的关心程度如何？

A. 非常关心　B. 关心　C. 一般　D. 不关心　E. 非常不关心

31. 您认为学校或学院应多久组织一次集体政治理论学习？

A. 半月　B. 一月　C. 半年　D. 自学

32. 有教师指出：“思想政治工作主要是对学生而言的，没有必要对教师进行思想政治工作教育。”您的态度是？

A. 非常赞同　B. 赞同　C. 不确定　D. 不赞同　E. 非常不赞同

33. 关于思想政治工作，您更倾向于选择的方式是（多选）：

A. 传统的政治理论学习会　B. 形势与政策报告

C. 社会实践活动　D. 优秀教师榜样示范教育

E. 主题研讨交流　F. 演讲、辩论、看电影

G. 网络培训教育　H. 您的建议：________________

____

____

本问卷到此结束，再次感谢您的配合与支持！

参考文献

一、重要文献

［1］《马克思恩格斯全集》第 2 卷，人民出版社 1958 年版。
［2］《马克思恩格斯全集》第 3 卷，人民出版社 2002 年版。
［3］《马克思恩格斯全集》第 36 卷，人民出版社 1974 年版。
［4］《马克思恩格斯全集》第 40 卷，人民出版社 1982 年版。
［5］《马克思恩格斯全集》第 42 卷，人民出版社 1979 年版。
［6］《马克思恩格斯选集》第 1—4 卷，人民出版社 2012 年版。
［7］《马克思恩格斯文集》第 1—10 卷，人民出版社 2009 年版。
［8］《列宁选集》第 1—4 卷，人民出版社 2012 年版。
［9］《列宁全集》第 6 卷，人民出版社 2013 年版。
［10］《列宁全集》第 45 卷，人民出版社 1990 年版。
［11］《列宁全集》第 39 卷，人民出版社 1986 年版。
［12］《列宁论教育》，人民教育出版社 1990 年版。
［13］《毛泽东选集》第 2—4 卷，人民出版社 1991 年版。
［14］《毛泽东文集》第 6—8 卷，人民出版社 1999 年版。
［15］《邓小平文选》第 1—2 卷，人民出版社 1994 年版。
［16］《邓小平文选》第 3 卷，人民出版社 1993 年版。
［17］《邓小平文集（一九四九——一九七四）》，人民出版社 2014 年版。
［18］《邓小平论教育》，人民出版社 2017 年版。
［19］《江泽民文选》第 1—3 卷，人民出版社 2006 年版。
［20］《胡锦涛文选》第 1—3 卷，人民出版社 2016 年版。
［21］《习近平谈治国理政》，外文出版社 2014 年版。

[22]《习近平谈治国理政》第2卷，外文出版社2017年版。
[23]《习近平谈治国理政》第3卷，外文出版社2020年版。
[24] 习近平：《做党和人民满意的好老师：同北京师范大学师生代表座谈时的讲话》，人民出版社2014年版。
[25] 习近平：《青年要自觉践行社会主义核心价值观——在北京大学师生座谈会上的讲话》，人民出版社2014年版。
[26] 习近平：《在北京大学师生座谈会上的讲话》，人民出版社2018年版。
[27]《习近平关于全面深化改革论述摘编》，中央文献出版社2014年版。
[28]《习近平关于青少年和共青团工作论述摘编》，中央文献出版社2017年版。
[29]《习近平关于社会主义社会建设论述摘编》，中央文献出版社2017年版。
[30]《十八大以来重要文献选编》下，中央文献出版社2018年版。

二、学术著作

[1] 陈万柏、张耀灿：《思想政治教育学原理》，高等教育出版社2015年版。
[2] 陈学明、黄力之、吴新：《中国为什么还需要马克思主义——答关于马克思主义的十大疑问》，天津人民出版社2013年版。
[3] 陈桂生：《“教育学视界”辨析》，华东师范大学出版社1997年版。
[4] 蔡颖：《新时期师德修炼》，东北师范大学出版社2010年版。
[5] 单春晓：《高校思想政治教育工作新视界》，人民出版社2011年版。
[6] 冯刚：《高等思想政治教育创新发展研究》，中国人民大学出版社2009年版。
[7] 冯刚：《改革开放以来高校思想政治教育发展史》，人民出版社2018年版。
[8] 风笑天：《社会变迁中的青年问题》，北京大学出版社2014年版。
[9] 高芸：《高等学校青年教师培养的理论与实践》，中国地质大学出版社2008年版。
[10] 顾明远：《改革开放30年中国教育纪实》，人民出版社2008年版。
[11] 侯惠勤：《马克思的意识形态批判与当代中国》，中国社会科学出版社2010年版。

[12] 郝文斌：《高校教师思想政治工作实证研究》，人民出版社 2019 年版。
[13] 教育部课题组：《深入学习习近平关于教育的重要论述》，人民出版社 2019 年版。
[14] 荆惠民：《改革开放以来思想政治工作大事记》，中国人民大学出版社 2008 年版。
[15] 顾海良：《高校思想政治教育导论》，武汉大学出版社 2006 年版。
[16] 李德顺：《价值论——一种主体性的研究》，中国人民大学出版社 2013 年版。
[17] 雷颐：《孤寂百年：中国现代知识分子十二论》，广西师范大学出版社 2015 年版。
[18] 林樟杰：《高等学校思想政治工作新认识》，上海教育出版社 2009 年版。
[19] 李定开、谭佛佑：《中国教育史》，四川民族出版社 1990 年版。
[20] 李海峰：《高校思想政治理论课教师角色研究》，人民出版社 2012 年版。
[21] 刘国成：《教师职业道德论》，黑龙江教育出版社 2012 年版。
[22] 梁勇：《新时期高校党的建设和思想政治工作》，经济管理出版社 2017 年版。
[23] 廉思：《工蜂：大学青年教师生存实录》，中信出版社 2012 年版。
[24] 李向前、王国洪：《高校青年教师思想政治工作读本》，研究出版社 2013 年版。
[25] 李宜江：《“青椒”的历史印痕——大学青年教师学术与生活的社会考察》，教育科学出版社 2017 年版。
[26] 何祥林：《高校青年教师思想政治教育研究》，人民出版社 2019 年版。
[27] 宁秋娅：《高校青年教师思想政治工作研究》，光明日报出版社 2018 年版。
[28] 彭继红：《中国共产党意识形态工作研究（1949—2009）》，湖南大学出版社 2011 年版。
[29] 钱中文主编：《巴赫金全集》第 1—5 卷，河北教育出版社 1998 年版。
[30] 邱柏生：《思想政治教育接受学》，山西人民出版社 1992 年版。
[31] 任纯祥、邓士荣、陆桂云：《高校教师思想政治工作通论》，吉林大学出版社 1990 年版。

[32] 孙正聿：《马克思与我们》，中国人民大学出版社 2018 年版。
[33] 沈壮海：《思想政治教育有效性研究》，武汉大学出版社 2016 年版。
[34] 舒志定：《教师教育哲学》，北京大学出版社 2012 年版。
[35] 唐珍名：《高校教师思想政治工作有效性提升研究》，湖南大学出版社 2016 年版。
[36] 王伟光：《纵论意识形态问题》，社会科学文献出版社 2016 年版。
[37] 吴琦：《意识形态与国家安全》，华中师范大学出版社 2011 年版。
[38] 王双印：《高校思想政治教育工作研究》，江西人民出版社 2013 年版。
[39] 王树荫：《中国共产党思想政治教育史》，中国人民大学出版社 2016 年版。
[40] 荆惠民：《思想政治工作概论》，中国人民大学出版社 2007 年版。
[41] 许继霖：《中国知识分子十论（修订版）》，复旦大学出版社 2015 年版。
[42] 谢德明：《思想政治工作的理论、方法与智慧》，中共中央党校出版社 2008 年版。
[43] 袁贵仁：《改革开放 30 年中国教育重大历史事件》，教育科学出版社 2008 年版。
[44] 袁贵仁：《改革开放 30 年中国教育重大理论成果》，教育科学出版社 2008 年版。
[45] 俞吾金：《意识形态论》，人民出版社 2009 年版。
[46] 饶定轲：《教师思想政治工作概论》，高等教育出版社 1992 年版。
[47] 杨芷：《教师职业道德》，高等教育出版社 2007 年版。
[48] 中共中央党史研究室：《中国共产党历史（1949—1978）》，中共党史出版社 2011 年版。
[49]《中国教育事典（高等教育卷）》，河北教育出版社 1994 年版。
[50]《中国教育年鉴（1949—1981）》，中国大百科全书出版社 1984 年版。
[51]《中华人民共和国教育大事记（1949—1982）》，教育科学出版社 1984 年版。
[52] 本书编写组：《习近平总书记教育重要论述讲义》，高等教育出版社 2020 年版。
[53] 张焕庭：《西方资产阶级教育论著选》，人民教育出版社 1964 年版。
[54] 朱旭东：《教师教育思想流派》，北京师范大学出版社 2017 年版。
[55] 张耀灿：《中国共产党思想政治教育史论》，高等教育出版社 2006 年版。

[56] 张耀灿、陈万柏：《思想政治教育学原理》，高等教育出版社 2016 年版。
[57] 郑永廷：《社会主义意识形态发展研究》，人民出版社 2002 年版。
[58] 郑永廷：《思想政治教育方法论》，高等教育出版社 2010 年版。
[59] 张澍军：《德育哲学引论》，人民出版社 2002 年版。
[60] 张俊超：《大学场域的游离部落——大学青年教师发展现状及应对策略》，中国社会科学出版社 2009 年版。

三、译著

[1] [法] 爱弥尔·涂尔干：《职业伦理与公民道德》，渠敬东译，商务印书馆 2015 年版。
[2] [美] 爱德华·萨义德：《知识分子论》，单德兴译，三联书店 2016 年版。
[3] [美] 宾克莱：《理想的冲突——西方社会中变化着的价值观念》，马元德等译，商务印书馆 1996 年版。
[4] [德] 费希特：《论学者的使命 人的使命》，梁志学、沈真译，商务印书馆 2017 年版。
[5] [英] 富里迪：《知识分子都到哪里去了——对抗 21 世纪的庸人主义》，戴从容译，江苏人民出版社 2012 年版。
[6] [德] 黑格尔：《小逻辑》，贺麟译，商务印书馆 2011 年版。
[7] [德] 格奥尔格·林德：《怎样教授道德才有效——德育心理学家给教师的建议》，杨韶刚、陈金凤、康蕾译，中国轻工业出版社 2018 年版。
[8] [美] 赫伯特·马尔库塞：《单向度的人——发达工业社会意识形态研究》，刘继译，上海译文出版社 2008 年版。
[9] [苏] 加里宁：《论共产主义教育和教学》，陈昌浩、沈颖译，人民教育出版社 1957 年版。
[10] [美] 孔飞力：《中国现代国家的起源》，陈兼、陈之宏译，三联书店 2013 年版。
[11] [苏] 罗可拉夫：《斯大林与文化》，蒋天佐译，人民出版社 1951 年版。
[12] [法] 雷蒙·阿隆：《知识分子的鸦片》，吕一民、顾杭译，译林出版社 2012 年版。

[13]［美］迈克尔·罗斯金等：《政治科学》，王震译，华夏出版社 2001 年版。
[14]［美］迈克尔·W. 阿普尔：《意识形态与课程》，黄忠敬译，华东师范大学出版社 2001 年版。
[15]［美］迈克尔·W. 阿普尔：《教育与权力》，曲囡囡等译，华东师范大学出版社 2008 年版。
[16]［美］塞缪尔·亨廷顿：《文明的冲突与世界秩序的重建》，周琦等译，新华出版社 1998 年版。
[17]［美］托马斯·潘恩：《常识》，马清槐译，商务印书馆 2015 年版。
[18]［英］维克托·迈尔－舍恩伯格、肯尼思·库克耶：《大数据时代：生活、工作与思维的大变革》，周涛译，浙江人民出版社 2013 年版。
[19]［美］韦恩·A. 雷顿：《狂人、知识分子和学术涂鸦人》，王松奇等译，中国金融出版社 2014 年版。
[20]［美］亚伯拉罕·马斯洛：《动机与人格》，许金声译，中国人民大学出版社 2009 年版。
[21]［美］约翰·杜威：《民主主义与教育》，陶志琼译，中国轻工业出版社 2014 年版。
[22]［法］伊丽莎白·巴丹德、罗贝尔·巴丹德：《一个知识分子的政治理想》，马为民等译，华东师范大学出版社 2016 年版。
[23]［英］亚当·斯密：《道德情操论》，谢宗林译，中央编译出版社 2008 年版。

四、文件文献

[1]《关于进一步加强高等学校思想政治理论课教师队伍建设的意见》（教社科［2008］5 号），2008 年 9 月 23 日。
[2]《高等学校教师职业道德规范》（教人［2011］11 号），2011 年 12 月 23 日。
[3]《国务院关于加强教师队伍建设的意见》（国发［2012］41 号），2012 年 8 月 20 日。
[4]《关于加强高等学校青年教师队伍建设的意见》（教师［2012］10 号），2012 年 9 月 20 日。

[5]《关于加强和改进高校青年教师思想政治工作的若干意见》（教党［2013］12号），2013年5月4日。

[6]《教育部关于严禁教师违规收受学生及家长礼品礼金等行为的规定》（教监［2014］4号），2014年7月8日。

[7]《关于建立健全高校师德建设长效机制的意见》（教师［2014］10号），2014年9月29日。

[8]《高等学校预防与处理学术不端行为办法》（中华人民共和国教育部令第40号），2016年6月16日。

[9]《高校思想政治工作质量提升工程实施纲要》（教党［2017］62号），2017年12月4日。

[10]《教师教育振兴行动计划（2018—2022年）》（教师［2018］2号），2018年2月11日。

[11]《关于全面落实研究生导师立德树人职责的意见》（教研［2018］1号），2018年1月17日。

[12]《关于全面深化新时代教师队伍建设改革的意见》（中发［2018］4号），2018年1月20日。

[13]《新时代高校教师职业行为十项准则》（教师［2018］16号），2018年11月8日。

[14]《关于高校教师师德失范行为处理的指导意见》（教师［2018］17号），2018年11月8日。

[15]《关于加强和改进新时代师德师风建设的意见》（教师［2019］10号），2019年11月15日。

[16]《关于加快构建高校思想政治工作体系的意见》（教思政［2020］1号），2020年4月22日。

五、报刊论文

[1] 陈宝生：《做好教育战线意识形态工作》，《紫光阁》2016年第12期。

[2] 陈宝生：《办好中国特色社会主义高校　切实履行好立德树人根本职责》，《时事报告（党委中心组学习）》2017年第1期。

[3] 陈宝生：《办好人民满意的教育是我们的奋斗目标和前进动力》，《中国校外教育》2018年第2期。

[4] 陈宝生：《写好高等教育“奋进之笔”——在教育部直属高校工作咨询委员会第二十七次全体会议上的讲话》，《中国高等教育》2018 年第 Z1 期。
[5] 陈立思：《对当前高校思想政治工作中几个问题的思考》，《中国青年社会科学》2017 年第 3 期。
[6] 陈立思：《高校教师思想政治工作与人才、统战工作的结合》，《中国青年社会科学》2018 年第 4 期。
[7] 陈东琼：《新时代高校青年教师思想政治工作论析》，《思想教育研究》2018 年第 12 期。
[8] 程奎、严蔚刚：《提升高校教师思想政治素质：意义、标准和路径》，《黑龙江高教研究》2019 年第 1 期。
[9] 成桂英、王继平：《课程思政是提高高校教师思想政治工作实效性的有力抓手》，《思想政治工作研究》2019 年第 8 期。
[10] 陈华栋：《人才培养功能与高校青年教师思想政治工作》，《思想理论教育导刊》2014 年第 6 期。
[11] 范猛、许玉乾：《高校青年教师思想政治工作的时代嬗变及优化路径》，《国家教育行政学院学报》2015 年第 3 期。
[12] 冯刚、曾永平：《“思想政治工作”与“思想政治教育”概念辨析》，《思想理论教育》2018 年第 1 期。
[13] 顾海良等：《学习贯彻习近平总书记重要讲话精神 大力培育和践行社会主义核心价值观》，《思想理论教育导刊》2014 年第 7 期。
[14] 关锋：《“新时代中国特色社会主义思想”的多维解读》，《华南师范大学学报》（社会科学版）2017 年第 11 期。
[15] 高歌、赵丽娜：《构建“三全育人”新平台的实践探索》，《学校党建与思想教育》2019 年第 10 期。
[16] 高地、杨晓慧：《高校青年教师思想政治工作科学化的瓶颈问题及应对策略》，《思想理论教育》2013 年第 9 期。
[17] 黄蓉生、李栋宣：《高校思想政治理论课教师“四有特质”的时代论析》，《思想理论教育导刊》2015 年第 12 期。
[18] 侯锡铭：《论新时代高校青年教师思想政治工作》，《中国青年社会科学》2018 年第 3 期。
[19] 何祥林、吴长锦：《高校青年教师思想政治工作状况与对策思考——基

于6所高校的实证调研》,《思想教育研究》2016年第1期。
[20] 侯勇、孙其昂:《论精神生活的现代性遭遇与超越之路》,《南京师范大学学报》(社会科学版)2010年第4期。
[21] 姜朝晖:《新时代高校人才培养的战略定位与发展路径》,《重庆高教研究》2018年第1期。
[22] 靳诺:《高校思想政治工作根本任务的科学概括》,《思想理论教育导刊》2017年第1期。
[23] 靳诺:《立德树人:高等教育的根本任务和时代使命》,《中国高等教育》2017年第18期。
[24] 骆郁廷:《论教育者先受教育的规律》,《思想理论教育》2017年第12期。
[25] 刘建军:《论师德师风建设的"四个相统一"》,《中国高校社会科学》2017年第6期。
[26] 刘建军、张苗苗:《高校教师思想政治工作:意义、原则和方法》,《思想理论教育》2018年第7期。
[27] 李辉:《关于构建高校教师思想政治工作长效机制的思考》,《思想理论教育》2018年第7期。
[28] 李忠军:《"铸魂育人"是思想政治教育本质核心内涵的探讨》,《思想理论教育导刊》2015年第10期。
[29] 刘迪:《高校教师思想动态的实证分析——以黑龙江省为例》,《思想政治教育研究》2017年第3期。
[30] 李瑞德:《当前高校教师思想政治工作中的深层次矛盾及应对策略》,《思想教育研究》2018年第7期。
[31] 刘承功:《高校"三全育人"的核心要求、目标任务和实现路径》,《思想理论教育》2019年第11期。
[32] 骆郁廷:《新形势下加强和改进高校教师思想政治工作的几点思考》,《武汉大学学报》(哲学社会科学版)1994年第2期。
[33] 李琦:《高校教师思想政治工作的时代转向和路径优化》,《思想教育研究》2019年第1期。
[34] 刘武根、屠永永:《论新时代增强高校教师思想政治工作实效性的途径》,《思想理论教育导刊》2019年第10期。
[35] 马俊、王长华:《新时代高校教师思想政治工作的内涵、特征和优化路

径》，《社会主义研究》2018 年第 3 期。
[36] 宁秋娅：《把握时代特点　创新青年教师网络思政工作》，《中国高等教育》2014 年第 21 期。
[37] 秦苗苗、曲建武：《改革开放 40 年我国师德建设的历程、经验与启示》，《上海教育科研》2018 年第 9 期。
[38] 施一公：《我的人生观念与事业追求》，《档案记忆》2017 年第 12 期。
[39] 孙其昂：《现代性视域中的高校教师思想政治工作》，《思想理论教育》2013 年第 9 期。
[40] 沈壮海：《加强和改进高校宣传思想工作的主线、基础和重点》，《中国高等教育》2016 年第 6 期。
[41] 佘双好、于欧：《新历史条件下思想政治工作发展的风向标——学习习近平总书记关于思想政治工作的论述》，《学校党建与思想教育》2017 年第 15 期。
[42] 师永平：《当前高校青年教师思想政治教育浅析》，《前沿》2012 年第 12 期。
[43] 谈毅：《高校青年教师思想政治工作模式的探索与思考》，《思想理论教育》2013 年第 9 期。
[44] 吴林龙、张韬喆：《深入把握习近平关于教师职责使命论述的理论内涵》，《思想教育研究》2017 年第 5 期。
[45] 万美容、李芳：《师德建设：新时代振兴教师教育的基础工程》，《思想理论教育》2018 年第 7 期。
[46] 王树荫：《高等学校师德建设论》，《思想政治教育研究》2010 年第 5 期。
[47] 万金城：《高校党委教师工作部的运作与功能定位》，《思想理论教育》2018 年第 7 期。
[48] 吴明永、曾咏辉：《关于新时期加强高校青年教师思想政治教育的探讨》，《教育与职业》2008 年第 15 期。
[49] 熊晓梅：《坚持立德树人理念　推进教师思想政治教育工作》，《中国高等教育》2013 年第 15 期。
[50] 徐振剑：《新形势下加强高校教师思想政治教育工作的思考》，《思想理论教育导刊》2017 年第 8 期。
[51] 夏吉莉、白显良：《加强高校教师思想政治工作的几点思考》，《学校党

建与思想教育》2018 年第 9 期。

[52] 颜吾佴：《培育和践行社会主义核心价值观的实现途径》，《思想理论教育导刊》2014 年第 7 期。

[53] 杨晓慧、张泽强：《“四个服务”：高校教师思想政治工作新理念》，《中国青年社会科学》2017 年第 3 期。

[54] 严金发：《把握特点规律　强化活化高校青年教师思政工作》，《中国高等教育》2014 年第 7 期。

[55] 姚植兴：《高校教师思想政治教育困境及对策的研究》，《教育评论》2015 年第 4 期。

[56] 杨洁、朱炎军：《高校青年教师思想政治发展现状研究》，《学校党建与思想教育》2019 年第 9 期。

[57] 尹雪梅：《高校青年女教师心理健康扶助机制的建构对策》，《思想政治教育研究》2011 年第 4 期。

[58] 中共教育部党组：《努力培养造就堪当民族复兴大任的大国良师》，《求是》2018 年第 4 期。

[59] 张澍军、苏醒：《论“立德树人”根本任务与思想政治教育学科建设使命》，《思想教育研究》2013 年第 7 期。

[60] 张东：《“中国梦”引领下的高校青年教师思想政治工作探析》，《理论观察》2015 年第 1 期。

[61] 张智：《“传道是第一位的——学习习近平总书记关于教师责任和使命的重要论述”》，《思想理论教育导刊》2016 年第 2 期。

[62] 曾朝夕：《高校教师思想政治教育绩效管理的定量评价指标研究》，《思想理论教育导刊》2016 年第 11 期。

[63] 陈先达：《谈坚持用马克思主义指导哲学社会科学发展——对一些模糊认识和错误观念的辨析、澄清》，《北京日报》2016 年 6 月 20 日。

[64] 陈先达：《马克思主义信仰和宗教信仰的不同在哪里》，《吉林日报》2017 年 2 月 20 日。

[65] 陈先达：《马克思主义理论工作者的素养和品格》，《光明日报》2018 年 10 月 15 日。

[66] 陈宝生：《切实推动高校思想政治工作创新发展——深入学习贯彻习近平总书记教育工作重要讲话精神》，《光明日报》2017 年 8 月 4 日。

[67] 廉思：《高校青年教师思想状况调查》，《学习时报》2011 年 10 月24 日。

[68] 刘树杰：《共产党人的“三层楼”》，《人民日报》2018 年 7 月 4 日。
[69] 蓝晓霞：《思政工作不能重生轻师》，《光明日报》2016 年 12 月 22 日。
[70] 庞立生：《思政课教学重在有“思”》，《中国教育报》2017 年 9 月 11 日。
[71] 《青年长江学者与她“404”的论文》，《中国青年报》2018 年 10 月 24 日。
[72] 施一公：《父亲是我最崇拜的人》，《光明日报》2015 年 3 月 3 日。
[73] 铁铮：《高校教师思想政治工作是重中之重》，《人民政协报》2016 年 12 月 14 日。
[74] 阮博：《做好新时代高校教师思想政治工作的“辩证法”》，《中国社会科学报》2018 年 12 月 19 日。
[75] 钟新文：《青年懂中国，才能接好棒》，《人民日报》2014 年 9 月 6 日。

六、外文文献

[1] Muriel J. Bebeau, "Designing an Outcome-based Ethics Curriculum for Professional Education: Strategies and Evidence of Effectiveness", *Journal of Moral Education*, Vol. 22, No. 3, 1993.
[2] Alan J. Reiman & Sander Deangelis Peace, "Promoting Teachers' Moral Reasoning and Collaborative Inquiry Performance: A Developmental Role-taking and Guided Inquiry Study", *Journal of Moral Education*, Vol. 31, No. 1, 2002.

索　引

M

Q

R

S

X

Y

Z

后　记

本书能够有幸入选第九批《中国社会科学博士后文库》，对我这样一个刚刚走上工作岗位的高校青年教师而言，着实是一件使人万分激动的事情，也确是一件令人永远铭记的大事，真心感谢专家评委们对我的鼓励、肯定和支持。

摆在读者面前的这本著作，是我 2019 年博士学位论文的主体成果。之所以将“高校青年教师思想政治工作研究”作为博士学位论文选题，主要有两个方面的缘故。一是在读硕士研究生期间我一直关注由西方发起的慕课技术革命问题，发现一些西方高校教师在慕课中存在意识形态输出问题，这给维护我国意识形态安全带来严峻挑战和冲击，于是我从马克思主义理论学科视野出发，在导师康秀云教授的指导下，撰写了 5 篇有关西方慕课与意识形态安全的学术论文，揭示了西方高校教师在慕课中的言论不当、价值误解、知识错误等问题，算是有了一些前期域外研究的知识储备。二是在博士学位论文选题上，康老师建议我基于西方教师的前期研究成果，多关注教师思想政治工作这一研究课题。于是我立足于高校青年教师这一特殊研究对象，着手准备高校青年教师思想政治工作文献资料和实证研究，历时一年半时间完成了毕业论文撰写并顺利通过答辩。当然，在博士后流动站工作期间，我仍然将教师思想政治工作作为自己的学术研究方向，接续探索教师思想政治工作、师德师风建设等相关理论和实践问题，并获立了中国博士后科学基金项目“习近平关于教师思想政治工作的重要论述研究”（项目编号：2019M661198）和吉林省教育厅高校思想政治工作专项研究项目“新时代高校师德典型选树研究”（项目编号：JJKH20201201SZ）两个资助项目，发表了《恪守师德底线，探寻崇高导向》《新中国 70 年高校教师思想政治工作的历程与经验》《把握好新时代思政课教师队伍建设的辩证法》等研究成果，也算是对这个研究问题的深化拓展。

平心而论，研究教师思想政治工作这一课题着实是一件不容易、不轻松的事情。一是研究者的身份问题时常让我产生不自信的心态。记得写作期间，我多次向导师请教这样一个问题：作为一名学生来研究教师思想政治工作是否合适？现在看来，与其说是有“自知之明”，实际上还是不够自信，但导师的教诲永刻心间。她说我作为一名学生始终都是跟着教师一起成长发展，教师的一言一行都能真实地观察到、体悟到，而且学界关于教师思想政治工作的研究文献资料也十分丰富，从学术研究视角来看所谓的身份问题并非一个大问题。值得一提的是，2017 年 7 月至 2018 年 1 月，我作为援疆支教的一员，有幸参与到伊犁师范大学思政课教育教学活动之中，有了一些教师工作经历，这让我对教师教育教学和科学研究工作有了一些体验，无疑为本研究提供了实践支撑。二是研究成果的发表问题时常令我陷入焦虑的状态。从学界发文情况来看，关于教师思想政治工作的研究成果总体上呈现理论研究少、核心期刊少、学术成果少的特点，多数研究成果都是学校党委宣传部、人事处等研究人员的经验总结，而且只有少数核心期刊文章；从自身投稿情况来讲，近几年我也撰写了一些关于教师思想政治工作的文章，但是现实的发表情况却不尽如人意。一方面确是自身研究水平、研究能力和研究成果质量仍有待进一步提升，另一方面也着实能反映出教师思想政治工作确是一个艰难的研究课题。三是研究课题的重难点问题时常让我遁入迷茫困惑的境地。在选题研究过程中，有这样几个问题一直困扰着我：为什么要对教师进行思想政治工作？教师需不需要思想政治教育？教师需要怎样的思想政治教育？谁来做教师的思想政治工作？如何真正有实效地做好教师思想政治工作？等等。如何从学理上、根据上讲清楚这些问题着实不容易。必须承认，尽管我在这本著作中从历史、理论、实践和比较等维度，尝试做了一些积极探索，但依然存在一些研究上的不足和缺陷。当然，正如外审专家和评委专家提出的中肯意见那样，教师思想政治工作这个选题还有很多值得探究的重大学理问题，一定要沉下心来、久久为功，一个问题接着一个问题地探讨和解决，努力为筑牢教师思想政治工作阵地贡献自己的一点绵薄之力。

本书从选题到完稿再到付梓整整历时三年，这一学术研究过程离不开康秀云教授的精心指导和教育培养。习近平总书记指出：“一个人遇到好老师是人生的幸运，一个学校拥有好老师是学校的光荣。”① 我很幸运遇到了康秀云这样的好老师，这成为我读书期间最幸运、最幸福的事情。可以说，没有康老师的耳提面命和关心帮助，我定不能顺利完成学业和学有所获。康老师是师门所有学生心中当之无愧的好导师。在科学研究上，导师独有的学术人格魅力、严谨的治学求真态度和顽强的拼搏奋斗精神，总是让我们由衷地肃然起敬；在教育教学中，导师兢兢业业、勤勤恳恳，围绕学生、关爱学生，对学生用情用心用力，为学生真诚授业、给学生免费赠书、帮学生解疑释惑，总是让我们钦佩不已；在日常生活里，导师待人谦和、温柔贤淑、善良可爱，时常会邀请我们这些异地求学的学生到她家里过节，经常会给予经济困难的学生一些物质上的资助和支持，总是让我们由衷地感动至极。跟导师一起学习、探索和追梦的每一个瞬间都让我倍感幸福和难忘，导师良苦用心的谆谆教诲终将转化为我日后做人做事的精神源泉。我还要感谢我的博士后合作导师庞立生教授。庞老师有着深厚的哲学理论功底，他总是能从更高站位、更广视野、更深理论上，为我带来学术研究上的启发和启示，我所获立的“习近平关于教师思想政治工作的重要论述研究”项目，就是在庞老师指导下完成的，著作修改也得到了庞老师的耐心指导。对导师的教育培养之情无以回报，著作的出版算是我向两位导师提交的一份答卷。

另外，在我读研过程中，还有很多要特别感谢的人。始终牢记父母对我的养育之恩。我的父母是山东省一个偏远地区的地地道道的朴实农民，尽管他们没有多少文化知识，也没有出过多远的门，更没有富余的物质基础，但他们却有着一颗诚实善良的心，有着一双勤劳能干的手，有着一股拼搏奋斗的劲，是他们教会我要做一个真诚正直的人，做一个知恩图报的人，做一个乐观开朗的人；是他们让我懂得“不忘初心，方得始终”的真理，懂得“人穷志不穷”的道理，懂得“幸福都是奋斗出来的，奋斗本身就是一种幸福”的事理。始终铭记爱人和妞宝的包容、理解，因为你们的支持、付出和牺牲，我才能够安心读书学习，进而顺利完成学业。始终不忘师门小伙伴、舍友、朋友、同学和会友给予我最真挚的情感和情谊，是你们的温暖和鼓舞陪伴我走过了美好的校园时光，我定会将这份美

---

① 习近平：《做党和人民满意的好老师：同北京师范大学师生代表座谈时的讲话》，人民出版社2014年版，第4页。

好记忆珍藏心间、细细品味。始终记得著作初稿的第一个读者孙胜男，她在著作阅读过程中做了一些文字校对和格式修改工作，谢谢你诚挚的读后感言和中肯的修改意见。

需要说明的是，本书 2020 年 7 月入选第九批《中国社会科学博士后文库》，同时是中国博士后科学基金项目“习近平关于教师思想政治工作的重要论述研究”（项目编号：2019M661198）和东北师范大学教育部师德师风建设基地学术著作出版基金项目的研究成果。本书在写作过程中，参阅了国内外诸多相关研究成果，这对我的思索和研究提供了重要思想基础，在此向学界前辈们致谢与致敬！本书的顺利出版，还要诚谢社会科学文献出版社曹义恒老师及相关工作人员为本书出版付出的辛劳。他们的指导、建议和专业工作为著作增色了许多。

路漫漫其修远兮，吾将上下而求索。在读书生涯中，收获良多、感恩不尽，我定会将这些美好的回忆和宝贵的财富，转化为未来工作和生活的不竭动力，立志做一名党和人民满意的“四有”好老师！

郗厚军

2020 年 10 月于东北师范大学马克思主义学部

第九批《中国社会科学博士后文库》专家推荐表 1

《中国社会科学博士后文库》由中国社会科学院与全国博士后管理委员会共同设立，旨在集中推出选题立意高、成果质量高、真正反映当前我国哲学社会科学领域博士后研究最高学术水准的创新成果，充分发挥哲学社会科学优秀博士后科研成果和优秀博士后人才的引领示范作用，让《文库》著作真正成为时代的符号、学术的示范。

推荐专家姓名	康秀云	电　　话	
专业技术职务	教授	研究专长	思想政治教育理论与实践
工作单位	东北师范大学	行政职务	党委教师工作部副部长
推荐成果名称	新时代高校青年教师思想政治工作研究		
成果作者姓名	郗厚军		

（对书稿的学术创新、理论价值、现实意义、政治理论倾向及是否具有出版价值等方面做出全面评价，并指出其不足之处）

研究新时代高校青年教师思想政治工作，是深化高校青年教师思想政治工作理论研究的迫切需要，也是高校开创和探索高校青年教师思想政治工作新途径的必然要求。因此，该选题对进一步丰富和完善高校青年教师思想政治工作理论，深化高校青年教师思想政治工作的理论研究，开创和探索高校青年教师思想政治工作的新途径，增强高校青年教师思想政治工作的实效性，促进高校青年教师的健康成长，具有重要的理论意义和实践意义，颇具较大学术出版价值。该研究思路清晰，观点正确，材料翔实，作者在进行问卷调查和个案访谈的基础上，对新时代高校青年教师思想政治工作进行了实证研究，这是难能可贵的，既有理论，又有实际，基本上做到了观点和材料的统一，在有些问题的论述上有一定新意。具体表现在以下几点：一是对研究核心概念进行了较为准确的理论界定；二是通过问卷调查和个案访谈得到的第一手客观数据，深入挖掘了高校青年教师思想政治工作存在的深层次矛盾，并创新性地理性审视和系统回答了高校青年教师思想政治工作是否可有可无、如何正确认识高校青年教师思想政治工作以及我们需要怎样的高校青年教师思想政治工作等问题；三是在高校青年教师思想政治工作优化策略上，基于认真落实党和国家有关政策文件的指导意见，提出了内容上的侧重点和路径上的着力点的建构策略，从而实现目标、内容、任务、原则、方法、队伍等工作体系的科学建构。当然，该研究仍旧存在一些不足和改进之处。例如，对调查问卷的分析可以再深入一些，对教师思想政治工作队伍建设内容再继续深入探究一些。

签字：康秀云

2019 年 12 月 5 日

<table>
<tr><th colspan="4">第九批《中国社会科学博士后文库》专家推荐表 2</th></tr>
<tr><td colspan="4">《中国社会科学博士后文库》由中国社会科学院与全国博士后管理委员会共同设立，旨在集中推出选题立意高、成果质量高、真正反映当前我国哲学社会科学领域博士后研究最高学术水准的创新成果，充分发挥哲学社会科学优秀博士后科研成果和优秀博士后人才的引领示范作用，让《文库》著作真正成为时代的符号、学术的示范。</td></tr>
<tr><td>推荐专家姓名</td><td>庞立生</td><td>电　话</td><td></td></tr>
<tr><td>专业技术职务</td><td>教授</td><td>研究专长</td><td>马克思主义意识形态理论研究</td></tr>
<tr><td>工作单位</td><td>东北师范大学</td><td>行政职务</td><td>马克思主义学部部长</td></tr>
<tr><td>推荐成果名称</td><td colspan="3">新时代高校青年教师思想政治工作研究</td></tr>
<tr><td>成果作者姓名</td><td colspan="3">郗厚军</td></tr>
<tr><td colspan="4">（对书稿的学术创新、理论价值、现实意义、政治理论倾向及是否具有出版价值等方面做出全面评价，并指出其不足之处）

高校青年教师思想政治工作是学术界长期关注的重要课题。该书稿撰写思路清晰，结构总体合理，写作比较规范，文字流畅，颇具学术出版价值。具体而言，书稿选题立足于新时代的历史方位，着眼于党和国家对高校教师队伍建设的新形势新期待新要求，突破了学界对高校青年教师思想政治工作的点位式研究，实现了“由点到面”的体系化探讨；立足于整体性、有序性和系统性，科学梳理了高校青年教师思想政治工作的历史沿革，丰富和发展了学界现有相关研究；以问题为切入点，采取实证调查和个案访谈，创新性地理性审视和系统回答了高校青年教师思想政治工作的几个前提性问题；基于认真落实党和国家有关高校教师队伍建设政策文件的指导意见，提出了路径优化上的三个着力点的建构策略。这一积极探究在建构教师思想政治工作理论框架和指导具体实施工作上具有重要理论价值与实践意义。当然，如果作者有充足时间，可以在书稿最后一章的内容架构上适当将原则遵循和队伍建设单独撰写成章，构成书稿撰写的八章整体架构。

签字：庞立生

2019 年 12 月 5 日</td></tr>
</table>